Kuaile Taijiao Zhuanjia Zhidao

# 快乐胎教专家指导

付娟娟/编著

中国人口出版社
China Population Publishing House
全国百佳出版单位

**图书在版编目 (CIP) 数据**

快乐胎教专家指导 / 付娟娟编著 . — 北京：中国人口出版社，2014.9

ISBN 978-7-5101-2395-5

Ⅰ . ①快… Ⅱ . ①付… Ⅲ . ①胎教 Ⅳ . ① G61

中国版本图书馆 CIP 数据核字（2014）第 221477 号

# 快乐胎教专家指导

付娟娟 编著

出版发行 中国人口出版社
印　　刷 沈阳美程在线印刷有限公司
开　　本 820毫米 × 1400毫米　1/24
印　　张 10.5
字　　数 200千
版　　次 2014年11月第1版
印　　次 2014年11月第1次印刷
书　　号 ISBN 978-7-5101-2395-5
定　　价 35. 80元

社　　长 张晓林
网　　址 www.rkcbs.net
电子信箱 rkcbs@126.com
总编室电话 (010) 83519392
发行部电话 (010) 83514662
传　　真 (010) 83515922
地　　址 北京市西城区广安门南街80号中加大厦
邮政编码 100054

# 前言

什么是胎教?

胎教是为了让胎宝宝接受更多的优良信息，让他发育得更好、更聪明、更漂亮。优良的信息并非指教育，而是让孕妈妈将美好的感受传递给胎宝宝，换句话说，只要是让孕妈妈感到愉悦的事情都可以认为是胎教。

细细想一想，让你感觉非常棒的事情有哪些？美丽的风景、愉快的心情、低吟浅唱的曲子、静静的阅读、和丈夫一起的电影时光、爱意浓浓的手工时间……要相信，这些欢快的感受胎宝宝也能体会得到。来自母亲的爱与快乐的感受，是这世界上最伟大的胎教力量，任何东西也替代不了。

怀胎10月是一段充满期盼的生命之旅，你希望孩子将来是什么样的人，在胎儿期就可以做一点努力，让自己更充实、更快乐，日后它们可能会产生你无法想象的潜移默化的影响。

这本《快乐胎教专家指导》为准爸爸孕妈妈准备了故事、散文、诗歌、音乐、绘画、游戏、手工、情绪调节、体操、电影与好书推荐等许许多多有趣的素材，每一周都提供一个新鲜话题，每一天都有好玩的胎教内容，尽情地去感受快乐吧，这样才能发现快乐，进而创造更多的快乐，这便是胎教的核心。

当然，胎教并不是孕妈妈的“专利”，一家人和睦幸福也是非常好的胎教，本书每周为准爸爸准备了一份精彩的胎教内容。胎教并不复杂，它可能就在你的生活中，只要一伸手，轻轻就能抓住，也许仅仅是说一会儿话、读一会儿书、唱一首歌、看一部电影，又或者是一两个特意准备的小菜、一个简单的亲吻、一个不经意的拥抱甚至是一个带笑的眼神，如果可以的话，希望准爸爸可以和妻子一起参与到每一次温馨的胎教活动中来。

另外，本书还提供了详细、科学、系统的每周胎儿发育情况和每月孕妈妈身体变化情况，孕妈妈可以对照着来安排胎教内容以及作息与饮食，同时，准爸爸孕妈妈可以参考每个月的胎教专家指导来调整胎教重点。

相信每一位父母都能找到属于自己的快乐胎教方法，也希望这本书能够帮你打开心扉，愉悦地走过10月孕程，孕育出理想中的聪明宝宝!

快乐胎教专家指导

# 目录

## 孕一月 小种子开始“发芽”

CONTENTS

## 孕二月 妊娠反应来了

## 孕三月 胎宝宝“有模有样”

CONTENTS

## 孕四月 胎心音变得很有力

CONTENTS

## 孕五月 初觉胎动，激动人心

CONTENTS

## 孕六月 小腹隆起，“孕”味十足

CONTENTS

## 孕七月 能听到妈妈的声音

CONTENTS

# 孕八月 孕妈妈肚子越来越大了

CONTENTS

# 孕九月 胎宝宝越来越胖了，无比可爱

CONTENTS

# 孕十月 嘿，宝贝，我们就要见面了

# 孕一月

# 小种子开始『发芽』

生命是美丽的，对人来说，美丽不可能与人体的正常发育和人体的健康分开。

——车尔尼雪夫斯基

# 胎宝宝发育情况

*Taibaobao Fayu Qingkuang*

## 孕1周至孕2周，精子与卵子

孕1周至孕2周，孕妈妈其实还没有怀孕。此期，孕妈妈应该正在经历怀孕前的最后一个月经周期。之所以从现在开始计算孕周，是因为目前为止还不清楚确切的受孕时间（受精卵形成的时间）在哪一天，为了避免误差，医学上往往把上一个月经周期结束到下一次排卵之间大约两周的时间也计入孕期。

现在，精子与卵子分别存在准父母的体内，还没有结合变成胎宝宝。优质的精子和卵子可以为生育一个健康聪明的宝宝打下良好的基础。

### 精子

精原细胞发育成成熟的精子，这一过程大约需要64天，每个精子均承载着准爸爸的基因密码。准爸爸每次射精会排出3~6毫升的精液，含有大约两亿个精子，它们都冲出来争取与卵子结合，但只有数十条至一二百条精子有幸进入子宫，而它们最多只有4天的寿命，最终能遇到卵子的只有少数几个，最终能与卵子结合的幸运儿只有一个，没能遇到卵子的精子便会自然死亡。

### 卵子

孕妈妈的体内有两个卵巢，它们在孕妈妈还是胎宝宝的时候就已经存在了。卵巢储存卵细胞，生成卵子。胎宝宝期，女婴的体内有700万个原始卵细胞，这些卵细胞随着胎宝宝的发育而慢慢减少，待到女婴出生时则减少到100万个，到了青春期就只有50万个。

孕妈妈到了青春期后，大约每月都有一个卵细胞发育成熟并释放出来，准备与精子结合。这个释放的过程称为排卵。排出的卵子进入输卵管，然后在输卵管中存活2~3天，以等待与精子的相遇，不能相遇卵子便会萎缩丧失活力，随着月经排出体外。

### 快乐驿站

如果孕妈妈月经周期是28天的话，那么大约在本孕周的第7天左右发生排卵，具体时间因人而异，孕妈妈可以通过测量基础体温，或使用排卵试纸得出更准确的时间（尤其适合月经周期不规律的孕妈妈）。

# 孕3周，开始生命的旅程

## 受精卵形成，胎宝宝性别确定

胎宝宝的身体，是从进入孕期的第三周开始发育的。

排卵后，卵子会进入输卵管最粗的壶腹部等待精子。精子被射入阴道后，就会借助尾部的摆动向输卵管方向游动。经过大约3天，数亿个精子中只有200个左右到达了输卵管壶腹部。精子们遇到卵子后，会将头部朝向卵子将其包围，当1个精子穿过卵子外面的透明带进入细胞内部后，卵子透明带及细胞膜会形成一层保护屏障，阻止其他精子进入。进入卵子的精子头部很快水化、膨胀，成为圆形的精原核，同时卵子也变为成熟的卵细胞——卵原核。

精原核与卵原核在卵细胞中央相遇，将各有的23条染色体合并为46条，这标志着受精完成。

## 受精卵前往子宫

受精过程的完成也就是受孕过程的开始。受精卵承载着孕妈妈和准爸爸的遗传密码，一边迅速分裂繁殖，一边向子宫腔移动，在孕妈妈的腹部，一个实实在在的生命已经开始它神奇的旅程了。

### 快乐驿站

人体细胞的染色体有23对，其中22对为常染色体，一对为性染色体。性染色体又分X染色体和Y染色体两种。孕妈妈的性染色体是XX，只能形成含一条X染色体的卵子；准爸爸性染色体是XY，可分别形成含X染色体或含Y染色体的两种精子。如果与卵子结合的是含X染色体的精子，这一受精卵就会发育成女宝宝；如果与卵子结合的是含Y染色体的精子则发育成男宝宝。

# 孕4周，受精卵完成着床

## 受精卵着床，胚胎形成

受精卵形成3~4天后到达宫腔时已发育成为一个具有多个细胞的实体，形状像桑葚，所以称之为桑葚胚。桑葚胚继续分裂成一个中空的泡状物，叫胚泡。

约2天后，胚泡与子宫内膜接触，着床开始。经过4~5天的时间，胚泡钻入并埋于子宫内膜里，从而建立起母子间结构上的联系，以实现物质交换的过程。

在着床的过程中，胚泡不断进行细胞分裂，到受精后约第12天（本周末期），胚泡几乎全部被子宫内膜增生的上皮所覆盖，形成一个小小的隆起，这就是胚盘。

此后胚胎的发育进入三胚层时期，三胚层标志着生命最初状态的出现。

到第4周结束的时候，胎宝宝已经发育成为头和身体直接相连、拖着长长的尾巴、形如小海马的小生命，并开始通过一些轻微症状向孕妈妈宣告自己存在了。

## 胎宝宝最容易受损伤的时期

此期的小胚胎最容易受到损伤，多数的先天畸形都发生在这一时期，因此孕妈妈此时要格外注意，不要接触X线和其他射线，不要做剧烈运动，并避免感冒、受凉，避免吃药，多吃营养健康食物。

### 快乐驿站

一般情况下，受精卵着床是在无声无息中进行的，准妈妈不会有什么特别的感觉。如果神经足够敏感的话，可能会察觉自己身体发生的微妙变化，比如基础体温骤降骤升，小腹胀痛，乳房胀痛，阴道出血等，但这都是个别情况，不具有普遍性和代表性。如果没有出现上述情况，也不用担心，只要生殖系统健康，各项功能正常，受精卵一般都能顺利着床。

# 孕妈妈身体变化情况

*Yunmama Shenti Bianhua Qingkuang*

## 身体发生轻微改变

由于胎宝宝刚刚开始形成和发育，孕妈妈的身体在孕期第1个月不会发生很明显的变化，只有些轻微的外观改变。

1 皮肤红润或灰暗。皮肤的变化因人而异，有些孕妈妈的皮肤变得更加柔细，且焕发妊娠的红光；有些则会在面颊、鼻子、眼部周围出现黄褐斑，外阴、肚脐周围和下腹部皮肤颜色加深，小而红的蜘蛛痣也可能出现在身体的任何地方。

2 头发和指甲长得快了。头发和指甲可能会变得比以前任何时候都生长快速。一些以前从未生出过毛发的部位，如腹部、脸部可能会有毛发长出。

3 子宫变大。子宫开始增大、变软，逐渐成为球形，子宫血管变粗，弹性增加，子宫颈变软。

4 乳房变大、乳腺增生。受雌性激素的影响，孕妈妈的乳房会在受孕后明显增大，乳晕颜色变深，乳腺管和腺泡也会开始增生，为以后哺乳打下基础。

5 阴道伸展性增强。阴道黏膜开始变得肥厚、充血，阴道壁组织逐渐变得松软，伸展性逐渐增强。

6 轻微尿频。由于新陈代谢加快，肾脏负担加重，孕妈妈会发现自己的小便次数增多了，少数孕妈妈还会因此发生肾盂肾炎。

7 胸闷、气短。由于胎宝宝的发育需要消耗氧气，孕妈妈身体对氧气的需要量大大增加，有些孕妈妈会在此时感到胸闷、气短、容易疲劳，有些孕妈妈则没有感觉。

8 注意力不集中，情绪不稳定。怀孕后，孕妈妈会觉得精神很难集中，健忘、情绪不稳定。如果孕妈妈有经前综合征的话，那么怀孕期间情绪不稳定的情况会更加严重，很容易时哭时笑，也很容易对准爸爸无缘无故发脾气。

## 体内变化“翻天覆地”

虽然孕妈妈感觉不到变化，但在孕妈妈体内，激素的水平却在逐渐升高。怀孕引发的激素变化会“告诉”身体暂停排卵和月经。

因此，到本孕月的第4周周末，月经规律的孕妈妈如果没有来例假，那就有可能是怀孕了。

# 本月胎教专家指导

Benyue Taijiao Zhuanjia Zhidao

## 防止胎宝宝受伤害

对于孕妈妈来说，受孕这一过程悄无声息，孕妈妈根本就不知道自己怀孕了。不过，无论孕妈妈有没有确定怀孕，在没有做避孕措施的情况下，请暂时把自己当孕妇对待，不要随意使用药物，远离X射线。

## 陶冶情操，扩大视野

这个月，胎宝宝还以精子和卵子的形式分别存在于准爸爸和孕妈妈的体内，因此，欣赏名画、看经典的文学作品、参观各种感兴趣的景点等陶冶情操的方式，无疑是此期不错的胎教方式。

## 引导准爸爸参与到胎教中来

准爸爸是胎教不可或缺的男主角，孕妈妈不妨把自己所有的需求都跟准爸爸沟通，让准爸爸更明白在孕期自己都要做什么事情，这样更有利于胎宝宝的成长。

## 消除焦虑情绪对胎教有益

这个时候，孕妈妈可能还不知道有没有成功受孕，心情总是很忐忑。有焦虑的情绪很正常，但过分焦虑可能会影响到受精卵的着床，因此，孕妈妈要想办法消除焦虑情绪。

# 孕1周

Yun Yi Zhou

## 知识课堂：快乐是最好的胎教

孕妈妈孕期的情绪是脆弱的，但也是至关重要的，在胎教的过程中，孕妈妈的情绪调节非常关键，快乐才是最好的胎教。

### 孕妈妈的情绪怎样影响到胎宝宝

研究显示：孕妈妈情绪不佳，长期过度紧张，如发怒、恐惧、痛苦、忧虑，会对胎宝宝造成不良影响，出生的宝宝好动，情绪不稳定、易哭闹、消化功能紊乱、发病率高；孕妈妈如果拥有良好的环境和心态，并且能坚持对腹中的胎宝宝进行适当的胎教，那么将来宝宝的语言能力、运动能力、听力、适应力等都会表现更佳。

这是因为孕妈妈与胎宝宝拥有共同的血液循环，会通过不知不觉中的内分泌改变来影响胎宝宝的发育。

当孕妈妈受到强烈的精神刺激、惊吓、忧郁、悲痛时，植物神经系统活动会迅速加剧，内分泌发生变化，释放出来的乙酰胆碱等化学物质可以通过血液经胎盘进入胎宝宝体内，影响胎宝宝正常的生长和发育，孕妈妈情绪低沉还会直接影响食欲。

如果母亲心情快乐，大脑下垂体会相应分泌一种良性激素，也可以说是快乐激素，之后到达全身，当然也会到达子宫的血管，通过脐带送到胎宝宝身上，由脐带血管的放松过程中，提供给胎宝宝更多、更好的养分和氧气，促进胎宝宝更好地发育。

因此，孕妈妈请不要忽视自己与胎宝宝之间这条情感传递途径，随时想到腹中的小生命是个聪明伶俐的宝宝，需要很多快乐的因素，多给他一些温暖和爱，保持良好的情绪，让他健康成长。

### 保有一颗平常心

孕妈妈不用高估自己也不能低估自己，要将孕育一个宝宝看作是一件平常事，既积极主动尽力而为，又顺其自然不苛求事事完美，做好每天要做的事情，享受生活，享受做好每一件事情所带来的快乐，这会让自己有足够的力量承担挫折和苦闷。

### 对准爸爸说的话

妊娠后，妻子体内激素分泌变化大，会产生种种令人不适的妊娠反应，因而情绪不太稳定，这时，准爸爸应了解到这可能是因为怀孕引起的一系列生理及心理的变化，给予妻子足够的耐心和爱心，还应加倍爱抚、安慰、体贴妻子，尽可能使她感到快乐，多做美味可口的食物，营造美好的生活环境，尽心尽力当好妻子和腹中宝宝的“后勤部长”，这会让她感到快乐。

## 胎教让孕妈妈和胎宝宝受益无穷

### 胎教让孕妈妈受益

1 充实生活。孕妈妈常常有孤独的感觉，尤其是离开工作岗位，加上怀孕期间身体上诸多不适，导致生活范围受限、生活内容无趣，一些孕妈妈在家里除了看电视就不知道还能干吗，时间久了人也会变得呆板。孕妈妈将胎教加入日常生活中，不仅能使生活变得丰富多彩，还可以使头脑灵活，心情保持舒畅，胎宝宝也会感觉到外面多彩美丽的世界。

2 修养身心。胎教会促使孕妈妈学习知识，提高个人修养，培养兴趣爱好，改变不良生活习惯，以便给胎宝宝提供一个良好的身教平台。10个月的孕育旅程，便会将孕妈妈潜移默化地影响成为一位知识丰富、内外兼修的女性，使孕妈妈终生受益。

### 胎教对胎宝宝的好处

1 提高宝宝智商。胎教的内容情感化、艺术化，形象和声音于一体，从而可促进胎儿右脑的发育，使宝宝出生后知觉和空间感灵敏，更容易具有音乐、绘画、整体和几何、空间鉴别能力，并使孩子情感丰富，形象思维活跃，直觉判断正确。同时，胎教给胎宝宝大脑以新颖鲜明的信息刺激，具有怡情养性的作用，从而又有利于胎宝宝大脑的健康和成熟。

2 完善宝宝个性。人的性格雏形来源于胎儿期，胎教对胎宝宝的影响是整体性

的，胎宝宝学习的结果也是整体性的，因此胎教有助于胎宝宝以及胎宝宝出生后精神素质各个方面的塑造，即有助于其个性的完善。

3 学习兴趣高。受过良好胎教的宝宝学习兴趣高，喜欢听儿歌、故事，喜欢看书，容易接受新的知识。同时，宝宝的记忆力较同年龄的宝宝强，记忆的速度也较快。

4 语言能力强。受过良好胎教的宝宝开始说话的时间较早，语言能力较强，5~6个月时便可以发出声音来表达各种意思，使妈妈很快能明白宝宝的心理活动。

### 快乐驿站

孕妈妈的习惯将直接影响到宝宝的习惯。如果有些孕妈妈本身生活无规律，有不良的习惯，那么一定要从怀孕时就从自身做起，尽快纠正它们，这样才能培养出具有良好习惯的宝宝。

## 优孕是成功胎教的起点

优孕是力求在最佳状态下，让最健康最富活力的精子和卵子结合，把父母双方的精良基因如容貌、智慧、个性等，在受精卵中高度重新组合并表达，从而怀上一个各方面更优良的宝宝，日后胎教的起点自然就更高。因此，成功的胎教不仅仅是怀胎10个月的努力而已，在精子和卵子结合那一刻前3个月至6个月，就应该开始孕育的准备了。

### 准爸爸应该做的准备

1 改变饮食。多吃绿色蔬菜、坚果和鱼类，同时坚决戒烟戒酒。还应适当补充叶酸，叶酸不足会降低精液的浓度，减弱精子的活力，或造成精子中染色体分离异常，加大宝宝出现染色体缺陷的概率。

2 调整体重。男性身体过度肥胖，会导致腹股沟处的温度升高，损害精子的成长，从而导致不育。

3 远离不利精子生长的环境。少去桑拿房、蒸汽浴室，高温的环境不仅直接伤害精子，还抑制精子生成。另外，剧烈的运动会破坏精子生长所需的凉爽环境，骑车会使睾丸外囊血管处于危险之中，建议爸爸在骑车时穿有护垫的短裤，并选择减震功能良好的自行车。

4 放松心情。准爸爸在精神压力大的时候，应主动做些能让自己放松的事情，如散步、洗澡等，然后再享受性生活，因为精神压力过大也对精子的成长有负面影响。

## 孕妈妈应该做的准备

1 注意饮食。受孕前的一个月，应多吃些富含蛋白质的食物，如瘦肉、鸡、鱼及蛋类，蔬菜和水果也应多吃，要保证身体的营养需求，进而优化卵子的质量。

2 调整体重。太瘦或太胖都会降低怀孕的概率，孕前尽量将体重控制在标准范围内。

3 调整月经。月经的正常与否是子宫环境和内分泌正常与否的信号。痛经、经期提前或推后、排卵期出血、月经血块多、经量过多或过少，可能都是孕育能力受到伤害的表现。因此，一旦有月经异常，就应该积极治疗、调理，然后再考虑受孕计划。

**快乐驿站**

在身体达到最佳状态后，受孕环境的选择也很重要，在精神愉快时受精，受精卵更易于着床，而且宝宝的智力也相对高。同房的时候，准爸爸不妨精心布置一下房间，温暖的灯光、诱人的花香、悠扬的音乐都是不错的陪衬。

# 制订专属于胎宝宝的胎教计划

孕妈妈和胎宝宝是“一心同体”的，如果想要胎宝宝获得规律的生活，准爸爸和孕妈妈对胎教活动和生活有必要进行适当规划，以便于良好作息的实施。

## 安排好胎教时间

准爸爸和孕妈妈要根据自己的作息规律，每天留出一些足够安静的时间来进行胎教，这就要求孕妈妈能妥善安排好生活中的其他事情，比如工作、家务等，进行胎教的时候能心无旁骛、专心投入，这样的胎教才能发挥最大的效能。

当然，如果恰逢胎教时间心情烦躁，就应该先采取放松措施，听点轻松的音乐，与准爸爸聊聊天等，耐心等待时间冲淡心中的不快。

## 计划好胎教项目

制订胎教计划，要根据自己的兴趣爱好来进行，比如孕妈妈想象力丰富的话，则可以时常进行自由发挥；不善于讲故事的话则可以给宝宝多念书；动作表情丰富的话，可以多进行表演；喜欢下棋的爸爸妈妈则不妨多计划下棋对弈的内容。

**快乐驿站**

作息和胎教计划应该符合早睡早起的规律，实验证明，早睡早起的妈妈生的宝宝也同样会早睡早起。

# 讲故事《宝贝，慢慢来》

## 宝贝，慢慢来

小水獭兰波正在列一张单子，上面写满了“会做”与“不会做”的事情。

“会做”的比“不会做”的长很多很多，上面有：向前翻跟头、向后翻跟头、对青蛙很友好、堆很棒的沙滩城堡、跳过滑溜溜的石头。“不会做”的那列很短，上面只有：游泳。

有谁听说过不会游泳的水獭？兰波很羡慕自己的朋友们，他们全都会游泳了。

有时，兰波假装自己会游泳，事实上，他只是单脚在河床上很快地跳。

有时，他就是在河岸上跑来跑去，怕自己被正在水中翻滚和打转的朋友们忘记了。

然而，更多的时候，兰波只是站在他很喜欢的滑溜溜的石头上，一心盼望着自己会游泳。

每一天，妈妈都会说：“今天你应该尝试着学游泳了。”

可是，每天都并非如此。

一个阳光明媚的星期一，在池塘边，姐姐对兰波说：“你现在应该开始从一点点做起，慢慢来。”

“从一点点做起，慢慢来？”兰波问。

“是的，相信我，亲爱的弟弟，从一点一点做起，慢慢来可以把不会做变成会做的。”

在这个星期一，兰波开始从一点一点做起，他跳跃着走过河床，每次都努力使自己的脚能多离开河底一会儿。

星期二，他能跳得更高了，有东西握着的时候还能漂浮一阵子呢。

星期三，兰波自己完全可以漂浮起来了。

星期四，他会一点一点踢水，后来还能踢着水游到池塘中间的石头那边。

星期五，兰波自己就能“扑通”跳进水中，溅得水花飞溅，不由得从河这边游到河对岸。

很快的，（星期六和星期天）他就能不知不觉游到很深很深的池塘里，后来，他甚至还可以在水下玩翻滚的游戏。

在星期天的晚上，兰波所有的朋友和家人都在河边为他欢呼、加油。

“我做到了，”兰波对姐姐说，“我真的学会了游泳。”

“你确实做到了，”姐姐紧紧地拥抱着这个可爱的小弟弟，笑着说，“你看，从一点一点做起，慢慢来，就会有大收获！”

安博•斯图尔特（英国）

# 准爸爸是胎教不可或缺的主角

在以往的观念中，总以为胎教是孕妈妈一个人的事，而事实上准爸爸在胎教中的作用是不可忽视的，一个聪明健康小宝宝的诞生，准爸爸功不可没。

## 准爸爸参与胎教好处多多

1 胎宝宝对准爸爸低频率的声音比对孕妈妈高频率的声音更敏感，接收到爸爸的声音更容易，准爸爸每天坚持跟胎宝宝讲话，可以使得胎宝宝出生后智力及情绪稳定，能加深与宝宝的感情。

2 准爸爸贴心地照顾孕妈妈的日常起居，可以使孕妈妈和胎宝宝无忧无虑地度过孕期。家庭和睦温馨比一切胎教手段都更值得做出努力，在夫妻互敬互爱的基础上，胎教能起到锦上添花的作用。

3 准爸爸能丰富生活情趣，给孕妈妈讲个小笑话，哪怕只是说一两句甜言蜜语或分担些家务，都能令孕妈妈感到快乐。胎宝宝也能感受到愉快的心情，日后能成为一个快乐的宝宝。

4 准爸爸可以协助孕妈妈一起胎教，使得胎教氛围充满爱意，胎教更加生动有效，也能让孕妈妈感受到体贴与关心，从而保持一个好心情。

# 准爸爸胎教：做孕妈妈的坚强后盾

在怀孕这一特殊时期，准爸爸作为孕妈妈最亲密的人，要全程呵护好孕妈妈，为孕妈妈挡风遮雨，做她身后最强有力的支柱。

## 给孕妈妈更多的爱

怀孕后，孕妈妈的性情往往会发生变化。这是因为怀孕后，大脑皮层功能出现暂时的失调，兴奋和抑制不平衡，自制力减弱。所以她们或是趋向抑制状态，表现为倦怠、嗜睡，对外界事物缺乏兴趣；或是趋向于兴奋状态，表现为易怒、激动、烦躁。总之，妊娠妇女在家中常常表现得特别挑剔，精神上更加脆弱。

准爸爸应尽力满足孕妈妈，包容她，爱护她，理解她，随时想到自己是解决孕妈妈不良情绪的一剂良方，帮助她保持安定平稳的情绪。

## 照顾好孕妈妈的生活起居

怀孕后孕妈妈的体形会发生变化，生活中总会遇到麻烦，准爸爸要多留心，看看孕妈妈有什么事情需要帮助，比如孕妈妈肚子大，洗脚后不好弯腰擦脚、不能从高处拿东西，准爸爸要及时帮忙。

另外，家务琐事很繁重，准爸爸应承担起家务责任，为家庭做一回“家庭妇男”也未尝不可，烧几道菜、收拾一下厨房、打扫一下卫生，这些事情不需要做得多么专业，但总是能令孕妈妈倍感温暖的。

## 帮助孕妈妈建立健康规律的生活

准爸爸要时刻注意冷暖风寒，督促孕妈妈随气候的寒热增减衣服；要督促孕妈妈按时起居；要注意孕妈妈营养的摄入，饭菜要多样化，并要摄取蛋白质含量高、富含多种维生素及各种矿物质的饮食，建立健康规律的生活，保证胎宝宝的发育。

# 孕2周

## 知识课堂：音乐可以让孕妈妈情绪平和

良好的情绪不仅对胎宝宝大脑的发育有相当的影响，而且也属于胎教的范畴。因此，在整个孕期，孕妈妈都要保持乐观稳定的情绪。

### 音乐有助稳定情绪

科学家认为，当人处在优美悦耳的音乐环境之中，可以改善神经系统、心血管系统、内分泌系统和消化系统的功能，可以调节体内血管的流量和神经传导，良性的音乐能提高大脑皮层的兴奋性，改善情绪、激发感情、振奋精神，同时有助于舒缓紧张、焦虑、忧郁、恐怖等不良心理状态。

对于孕妈妈来说，受怀孕的影响，孕妈妈有时候可能会感觉焦虑、抑郁、紧张等。如果每天听30分钟的音乐，可以简单有效地缓解紧张、焦虑。

### 适合孕妈妈的音乐

和胎宝宝共享着同一个血液系统的孕妈妈对于那些旋律优美、节奏舒缓、曲调欢快的音乐会很有好感，而那些节奏强烈、音色单调（特别是迪斯科）的音乐则会受到孕妈妈和胎宝宝的排斥，因此，在选择乐曲时不妨跟着好感走。

# 爱是胎宝宝的最佳营养

## 夫妻之间的爱

人们常常说，孩子是爱情的结晶。因此，胎教首先源于爱。

爱是胎教的基础，首先表现为，受孕的那一刻正是准爸爸和孕妈妈感情达到高峰的一个瞬间。准爸爸和孕妈妈充满强烈的爱意和美好的意念，带着爱和美好的意愿充满激情地进入角色，使受孕瞬间双方同时达到爱的极致和美妙的极限性高潮，这就为孕育一个健康优秀的宝宝打下了基础。

## 父母对孩子的爱

父母实施胎教时必须充满着爱心。只有用充满爱的心灵去孕育胎宝宝，才能时刻关注胎宝宝的成长，并积极付诸行动，与胎宝宝进行积极的交流和沟通。

在一个充满爱心的孕育过程中，父母能深切感受到胎宝宝的点滴变化，体验到从未有过的为人父母的爱，情感逐步得到升华，从而产生出一种对胎宝宝健康成长极为重要的亲情。正是这种感情，给意识萌芽中的胎宝宝传递了一种爱的信息，为其日后形成热爱生活、积极向上的优良性格打下基础。

### 快乐驿站

建议准备怀孕的夫妻，在选择好了最佳受孕的日子里，尽量培育夫妻间浓浓的爱意，制造温馨的氛围，培养甜蜜的感觉，让双方在情感、心理和行为等方面都达到高度和谐时同房。

# 电影：《白兔糖》

导演：萨布
编剧：宇仁田由美
主演：芦田爱菜，松山研一
类型：剧情，喜剧
语言：日语
片长：113分钟

## 影片简介

河地大吉在爷爷的葬礼上遇到了6岁的小女孩。爷爷死后小女孩无依无靠，而家人在激烈讨论后都不愿意照顾这个小女孩，认为这个爷爷的“私生女”会带来很大的麻烦。河地大吉不忍心小女孩无依无靠，固执地将她领回了家。河地大吉在和小女孩相处的日子里才发现照顾小孩的种种麻烦和痛苦，然而这并没有使河地大吉退缩。相反，他选择了每天奔波，甚至降级来承担这份责任，而小女孩的体贴和懂事也打动、改变了河地大吉。

## 胎教点读

《白兔糖》是让人感觉很温暖的一部电影，影片以诙谐的情节和演员滑稽的表演，一波三折的剧情，构建了一部“父女”亲情感人至深的轻喜剧。

影片里年轻妈妈说“与孩子度过的时光，也正是我们的时光”。这句话很值得我们反复玩味和深思，孕育胎宝宝的时光，也是“我们的时光”。有可能这段时光会给孕妈妈身体带来颇多不适，给生活带来一些不便，但这也是生命中宝贵又不可或缺的一段生活，如果细细体会，感觉一个生命在慢慢成熟长大，就会有很多的感动，有时候甚至有要抓住这段时光的冲动，因为它确实过一天就少一天了。

### 快乐驿站

看电影容易让人放松心情，舒缓情绪，获得有益的信息，一部好电影还可以提升孕妈妈和胎宝宝的美学修养。

# 讲故事《小猪吃面包》

## 小猪吃面包

嘟嘟，嘟嘟，小猪胖助玩着玩着肚子饿啦。嘟嘟，嘟嘟，他跑到妈妈那儿去要点心吃。

妈妈正在吱吱地织毛线活儿，让胖助去买面包吃，胖助赶紧嘟嘟，嘟嘟，向狐狸面包店跑去。

这狐狸面包店有点怪，不卖巧克力面包，也不卖奶油面包，什么馅面包、果酱面包、咖喱面包、鸡蛋面包，全不卖。他卖的是：猪模样的“猪面包”、兔子模样的“兔子面包”、“大象面包”、“老虎面包”、“骆驼面包”、“狮子面包”，还有“大猩猩面包”……各种各样形状的面包。

“哎，哎，一个猪面包，够吗？”

胖助刚要点头，他忽然想着自己还一次也没吃过别的面包呢，于是他说：“叔叔，今天不买猪面包，给我拿兔子面包吧。”

顾客说的话，就得听，没办法，狐狸往袋子里装进一个兔子面包。

嘟嘟，嘟嘟，嘟嘟，往家跑的时候，胖助忍不住，啊呜吃了一口。呀，真好吃……啊呜，一口，再一口，最后，整个面包都啊呜，啊呜，啊呜吃完了。

刚吃完，胖助啪地变成了兔子。

“咦咦？”胖助吓一跳。变成兔子，生下来还是头一回，他高兴极了，那儿蹦蹦，这儿跳跳，又蹦又跳地回到家。

“妈妈，我回来啦！”

“咦，咦，小兔，你弄错家了吧？”

“我没弄错呀。”

“哦，你是找胖助玩的吧？”妈妈笑眯眯地问。

“胖助买面包去啦，马上就回来。”

变成小兔的胖助于是帮妈妈缠毛线。

“胖助回来得可真晚，准是在哪儿玩哪。”咕噜咕噜地缠毛线，妈妈这样说。

胖助差一点哧哧笑出声来，好容易缠完了毛线，妈妈说：“小兔，你辛苦了。给你帮忙钱，你也去买面包吧。”

“是——”

蹦蹦，蹦蹦，胖助跑到狐狸面包店：“叔叔，给我拿一个猪面包。”

“咦？呀！怎么回事？猪来买兔子面包，兔子来买猪面包，今天真是怪日子。”

狐狸叔叔眨着眼睛，往袋子里装进一个猪面包。

蹦蹦，蹦蹦，来到半路，胖助把猪面包啊呜，啊呜……果然，他又啪地恢复了猪模样。要是吃了老虎面包，去帮忙缠毛线，妈妈会吓成什么样子呢？这么一想，胖助觉得好笑哇好笑，他哧哧，哧哧地笑着跑回家去了。

——小泽正（日本），安伟邦译

# 准爸爸胎教：给准妈妈营造一个良好环境

胎教最重要的条件之一是使胎宝宝生活在优良的环境中，即优境胎教。胎宝宝所生活的环境大概可以分为两部分：内环境——妈妈的身体；外环境——孕妈妈生活的环境。

## 营造良好内环境

准爸爸要尽一切所能，让孕妈妈保持身心健康愉悦，养成良好的生活习惯，保证合理的营养。

## 营造优质外环境

1 为孕妈妈布置一个舒适的居室。

A. 家具要尽可能地靠墙放，棱角不要突出太多，尽量让空间相对地增大，孕妈妈需要一个宽敞的空间进行活动。

B. 色调要朴素，典雅优美，装饰品主要以简单明亮、令人愉悦的图画、照片为主，如美丽的山水画、风光图、宝宝微笑的照片等。

C. 为孕妈妈准备木板床，铺上较厚的棉絮，避免孕妈妈因床板过硬，缺乏对身体的缓冲力，从而转侧过频，多梦易醒。还可以在床边加一张活动式桌子，让孕妈妈坐在床上看书或享受美餐。

D. 控制温度及湿度，室温夏季以27~28℃、冬季以16~18℃为宜，室内外温差不要超过5℃，空气湿度应为30%~40%。

2 积极参与胎教。

准爸爸积极参与胎教，这是父爱的一种具体表现，胎宝宝能够通过听觉和触觉，感受到不仅有母爱，而且还有父爱的温暖，这对于胎宝宝的感情发育具有莫大的好处。

### 快乐驿站

吸烟不但危害自己的健康，还影响着吸自己二手烟人的健康。如果准爸爸有吸烟的习惯，一定要自己下定决心戒烟。烟瘾上来的时候，要多想想对胎宝宝可能造成的不良影响，多幻想一下以后宝宝可爱的模样，以此来告诫自己。

# 孕3周

Yun San Zhou

## 知识课堂：千万别把怀孕征兆当感冒症状

怀孕初期的征兆有些像感冒症状，如体温升高、头痛、精神疲乏、脸色发黄等，有时候，还会感觉特别怕冷，这很容易让没有怀孕经验的孕妈妈当成感冒治疗。如果这时吃药、打针，对脆弱的胎宝宝伤害会很大。

### 发现怀孕的蛛丝马迹

1 月经推迟超过10天。

2 胃口发生变化，食欲不佳，有时恶心、呕吐，本来喜欢吃的东西不爱吃了，本来不喜欢吃的东西变得特别爱吃。

3 乳房感觉肿胀，触碰有痛感。

4 出现尿频。

5 精神疲乏，没有力气，想睡觉。

发现这些症状后，孕妈妈应该立即想到是不是怀孕了，可千万不要当自己感冒了去打针吃药。

### 快乐驿站

很多孕妈妈有这样的担心：把怀孕征兆当成了感冒，吃了感冒药，胎宝宝还能要吗？其实，吃药也不一定会造成畸形，胎宝宝到底会不会受严重影响，跟感冒药的成分、剂量、服用时间等都有一定关系，可以咨询医生，分析一下。如果吃的剂量较小、时间较短、药性也较温和，可以跟踪一下胎宝宝的发育情况再决定去留。

# 名画欣赏：《向日葵》

## 胎教点读

这幅名作是梵高所画，名为“向日葵”，是梵高一生中最重要的艺术作品。

梵高是一位生活在法国的荷兰画家，具有强烈的个性和坎坷的人生经历，因此，他的艺术语言有奔放而热烈的情绪。

梵高笔下的向日葵不仅仅是植物，而且是一首赞美阳光和旺盛生命力的欢乐颂歌。他以大胆恣肆、坚实有力的笔触，把向日葵的黄色画得极其刺眼，每朵花如燃烧的火焰一般，细碎的花瓣和葵叶像火苗一样布满画面，整幅画犹如燃遍画布的火焰。那种充满激情的色彩，那种畅神达意的线条，脱却了自然物象的束缚，而进入了颇为自觉的艺术状态。

观看这幅画，孕妈妈一定为那激动人心的画面效果而感动，心灵为之震颤，激情也喷薄而出。这份情感腹中的胎宝宝也能感受得到，他的感受也同样可以获得升华。

### 快乐驿站

向日葵为什么向着太阳转呢？是因为它很喜欢太阳吗？其实压根不是它喜欢太阳，相反是害怕太阳。它身上有一种叫作生长素的物质，胆小怕光，一见阳光，它就跑到背光的侧面去躲避起来，随着太阳在空中的移动，植物生长素也像捉迷藏一样，不断地背着阳光移动。因此，我们常常看到向日葵花盘始终对着太阳，每天从东转到西，周而复始。

如果有兴趣的话，孕妈妈不妨把自己现在不知道或曾经不知道的一些疑问拿出来与胎宝宝探讨一下，如月亮为什么跟着人走？天空为什么是蓝的？可以让准爸爸上网帮忙查查答案，以增强宝宝的见识，也可以发挥孕妈妈的想象力，随意地告诉胎宝宝孕妈妈所认为的答案，提高学习的乐趣。

# 讲故事《逃家小兔》

## 逃家小兔

从前，有一只小兔子，他不想待在家里，于是，他对妈妈说：“我要逃跑。”

“如果你跑了，”妈妈说道，“我一定会追上你，因为你永远是我的小兔子。”

“如果你追上我，”小兔子说，“我就变成一条鱼儿，跳进凉凉的小溪，从你身边游开。”

“如果你变成一条凉凉小溪中的鱼儿，”妈妈说，“我就变成一个渔夫，我会抛下鱼饵等着你。”

“如果你变成一个渔夫，”小兔子说，“我就变成一块石头，在高高的山崖上，让你够不着。”

“如果你变成一块高高山崖上的石头，”妈妈说，“我就变成一个登山的人，我会爬上山顶，找到你。”

“如果你变成一个登山的人，”小兔子说，“我就变成一朵番红花，藏在一个秘密的花园里。”

“如果你变成一朵秘密花园里的番红花，”妈妈说，“我就变成一个园丁，我会在花丛里发现你。”

“如果你变成一个园丁，发现了我，”小兔子说，“我就变成一只鸟儿，从你身边飞走。”

“如果你变成一只鸟儿，从我身边飞走，”妈妈说，“我就变成一棵树，让你来我枝头做窝。”

“如果你变成一棵树，”小兔子说，“我就变成一艘小船，扬着帆，离开你。”

“如果你变成一艘小船，扬帆离开我，”妈妈说，“我就变成风，吹着你，让你开往回家的方向。”

“如果你变成吹着我的风，”小兔子说，“我就去参加马戏团，做个空中飞人，在你摸不着的地方荡秋千。”

“如果你去做空中飞人，”妈妈说，“我就做一个走钢丝的人，我会穿过空气，走到你身边。”

“如果你变成一个走钢丝的人，向我走来，”小兔子说，“我就变成一个小男孩，跑进大屋子里躲起来。”

“如果你变成一个小男孩，跑进大屋子里，”兔妈妈说，“我就变成你的妈妈，用双手捉住你，把你抱在怀里。”

“得啦，”小兔子说，“也许我还是就待在这儿，做你的小兔子吧。”

他也真的这么做了。“来，吃根胡萝卜吧。”兔妈妈说道。

——玛格丽特•怀兹•布朗（美国）

# 准爸爸胎教：学会控制自己的情绪

孕期是一个非常特殊的时期，孕妈妈需要得到准爸爸的精心呵护。如果准爸爸缺乏耐心，不能控制自己的情绪，这将有损于孕妈妈和胎宝宝的健康。

## 随时想到妻子现在是孕妈妈

孕妈妈情绪不稳定，特别需要向准爸爸倾诉，有时候可能冲准爸爸发发脾气。这时，准爸爸要想到孕妈妈是因为妊娠后，体内激素分泌变化大，产生种种令人不适的妊娠反应，因而情绪不太稳定，要用自己无限的耐心包容孕妈妈，用风趣的语言以及幽默的笑话宽慰和开导孕妈妈，这是稳定孕妈妈情绪的良方。

## 摆脱“早孕反应”

不少准爸爸会在妻子怀孕的时候，自己产生类似怀孕的生理症状，心情变幻不定和忧郁是最明显的两个表现。

为什么会发生这种情况，现在的研究虽然还没有明确的说法，但普遍认为，是因为宝宝的到来会影响到夫妻间现有的正常生活，准爸爸还来不及做好心理准备，需要一个过程接受这种改变，接受做父亲这种新角色。

如果准爸爸因为“早孕反应”而导致情绪不好，可以试着经常和孕妈妈描绘一下未来三个人的生活，想象自己会是一个什么样的父亲，并勇敢地告诉周围的人，自己马上要做爸爸了。这样，准爸爸就会听到很多过来人的建议和祝福，使自己很快适应准爸爸的这个角色。

### 快乐驿站

有的准爸爸会出现比较严重的“早孕反应”，比如晨吐、挑食、情绪波动大、敏感易怒等。可准爸爸往往又不好意思找医生咨询，心里满腹疑问。其实，研究发现，有多达60%的准爸爸在妻子怀孕的时候都或多或少地受到影响，其中一些情况甚至会持续很长时间。不过，一般来说都不需要就医，随着自己逐渐进入角色，这些不适也会慢慢地消失。

# 孕4周

## 知识课堂：怎样确认是否怀孕

月经超期，基础体温升高，频繁上厕所，乳房胀痛，这些都是怀孕的正常反应。孕妈妈一旦发现自己有怀孕的症状，就要用可靠的方式验证一下，看看是不是自己期待已久的结果。那么，有哪些方法能够帮助孕妈妈确认是真的怀孕了呢?

### 用早孕试纸检测

从理论上讲，排卵的第9天，也就是月经的第23天，如果是妊娠就可以用早孕试纸检查出是否怀孕。

如果怀孕，孕妈妈体内的HCG值，也就是人绒毛膜促性腺激素水平会升高，验孕纸或验孕棒可以比较准确地捕捉到这一信息，准确率可以达到95%~98%。

为了降低测试不准确的概率，孕妈妈在具体操作之前要仔细阅读测试卡的使用说明，小心谨慎地按照说明操作。

### B超确认

由于测试的方法和时间差异，用早孕试纸检测不可能达到100%的准确率，而且，葡萄胎也会导致验孕纸或验孕棒出现两条明显红线，所以孕妈妈最好还是到医院做精确验孕。

最精确的验孕方法是到医院做B超，B超可以在月经超期1周后做，如果怀孕了，这个时候已经是孕5周了，超声波屏幕上可以看到圆形的妊娠环。B超诊断还可以看出是否是宫外孕，能提高妊娠的安全性。

**快乐驿站**

准备怀孕的孕妈妈要留心自己最近来月经的日子，它很实用，如果孕妈妈接下来怀孕了，很快就能预测出自己生产的日子：末次月经第一天加上9个月零1周（280天）即可，比如末次月经是1月1日（加9个月+7天），则预产期为10月8日。

# 和胎宝宝一起亲近大自然

在我们生存的这片土地上，不管是神奇辽阔的草原、挺拔峻峭的高山、幽静神秘的峡谷、惊涛拍岸的河海，无不开阔着我们的胸襟，启迪着我们的思考，给我们以希望。孕妈妈在大自然中感受到这一切，将提炼过的感受传递给胎宝宝，就使得胎宝宝也能受到大自然的陶冶。

## 出去走走

早上起床后，如果天气不错，不妨到有树林或者草地的地方去散散步，走一走，感受一下一天中大自然带来的最清新的感觉，呼吸一下新鲜的空气。

大自然的色彩和风貌对促进胎宝宝大脑细胞和神经的发育是十分重要的。

## 给胎宝宝描述自然美景

孕妈妈漫步在大自然的美景中时，可以把内心的感受描述给腹内的胎宝宝，如蓝色的天空、翩翩起舞的蝴蝶、歌声悦耳的小鸟，以及沁人肺腑的花香等。宝宝可以通过和妈妈的“心灵感应”体会这种美的感受。同时，孕妈妈还可以跟胎宝宝讲一讲自己看到的是什么，它们是什么样子，比如花儿会有五彩斑斓的颜色，树上的鸟叫什么名字等。通过孕妈妈的感受和描述，胎宝宝可以更好地和孕妈妈一起体味大自然的美好。

# 读散文诗《爸爸，你一定不能走》

## 爸爸，你一定不能走

在这沉睡的乡村里，中午寂静无声，恍如阳光灿照的午夜，我的假日已经过去了。

整整一个早晨，我的4岁的小女孩跟着我，从这间屋子走到那间屋子，严肃而沉默地望着我准备行装，到后来她厌倦了，就带着一种奇怪的静默坐在门旁，自言自语地咕噜：“爸爸一定不能走！”

在吃饭的时候，一天一度的睡意袭上了她的身子，可是她的母亲已经把她忘记了，孩子伤心得连抱怨的话都不想说了。

最后，当我伸出手臂向她道别的时候，她一动都不动，只是悲哀地望着我说：“爸爸，你一定不能走！”

她这句话逗得我笑出了眼泪，使我想到这小小的孩子竟敢向这个为生计所驱使的巨大世界挑战，她不用别的，仅仅凭借这几个字：“爸爸，你一定不能走！”

——泰戈尔《游思集》

### 快乐驿站

真正拥有一个孩子后，生活就会发生许多无法预料的幸福片段，孩子对父母的依恋是以那样天真而纯洁的原始冲动上演着，没有比做了父母的人更能体会到这微妙感觉的了。养育孩子，不仅仅是心甘情愿的付出，更是沉甸甸的人生收获和新生命的故事，准爸爸孕妈妈才刚刚开始呢，未来还有数不尽的好时光。

# 讲故事《晚安，月亮》

## 晚安，月亮

在绿色的大屋子里，有一架电话机，一个红气球，还有两幅画。

一幅画上，是一只正在跳过月亮的母牛；一幅画上，是三只坐在椅子上的小熊。

这儿还有两只小猫，一副手套，一个玩具房子，还有一只小耗子。

一把梳子，一个刷子，一碗糊糊，一位安详的老婆婆，正轻轻地说："嘘……"

晚安，屋子。

晚安，月亮。

晚安，跳过月亮的母牛。

晚安，灯光。晚安，红气球。

晚安，小熊。晚安，椅子。

晚安，小猫。晚安，手套。

晚安，大钟。晚安，短袜。

晚安，小房子。晚安，小耗子。

晚安，梳子。晚安，刷子。

晚安，不在这里的人。晚安，糊糊。

晚安，说"嘘"的老婆婆。

晚安，星星。晚安，天空。

晚安，所有角落里的声音。

——玛格丽特•怀兹•布朗（美国）

### 快乐驿站

在怀孕中晚期，身体的原因可能令孕妈妈的睡眠出现一些困难，这需要孕妈妈注意调节，相信一颗做母亲的心，以及对胎宝宝和对未来最真诚的期待，会给孕妈妈带来无穷的力量。在每一天睡前，也不妨跟身边的"人们"道一声晚安。

# 准爸爸胎教：帮助孕妈妈释放怀孕带来的压力

压力不仅对孕妈妈身心健康不利，也会殃及胎宝宝，针对孕妈妈孕期压力增大的情况，准爸爸要及时采取措施，来帮助孕妈妈调节情绪，释放压力。

## 引导孕妈妈唱歌

唱歌可以使孕妈妈在抒发情感与内心寄托的同时，让胎宝宝能享受到美妙的音乐，而且，唱歌可以释放压力，准爸爸可以经常在孕妈妈面前唱歌，引导孕妈妈跟着哼唱，这是和胎宝宝沟通的一种胎教方法，更是调节自己情绪的一种好方法。

## 给孕妈妈讲故事

在睡觉之前给孕妈妈讲一个故事，分散孕妈妈的不适感，同时还可以培养自己给胎宝宝讲故事的能力。

## 一起做运动

在计划好的运动时间，陪孕妈妈一起去运动。运动不但可以锻炼身体，而且能缓解压力，让人保持平和的心态。因为当人体运动的时候，身体会产生一种叫腓肽的激素，腓肽被称为“快乐因子”，能愉悦神经。

## 来次大扫除

给家里来次清洁，认真地将房间各个角落都打扫一下，清洁厨房和炉具等，整洁的环境会令孕妈妈心情大好。

## 给孕妈妈一些惊喜

给孕妈妈写一封信，告诉她自己爱她的原因，然后附上一些小礼品，或者是给孕妈妈制作一件特别的礼物，这样既纯朴又浪漫的事定会让孕妈妈倍感温暖。

## 准备减压食物

让孕妈妈吃一些有助于平静心情的食物，可以抑制导致压力的激素。像全麦面包、糙米、燕麦片等富含B族维生素的食品，都有助于提高孕妈妈体内抗压力激素的水平。

### 快乐驿站

大笑是放松身体、排除紧张的好办法。所以，孕妈妈去看一看笑话、喜剧电影，或者在家里与亲朋好友聚会，让自己忘情地开怀大笑，是减压的好方法。

# 孕二月

# 妊娠反应来了

我们几乎是在不知不觉地爱自己的父母，因为这种爱像人活着一样自然，只有到了最后分别的时刻，才能看到这种感情的根扎得多深。

——莫泊桑

# 胎宝宝发育情况

Taibaobao Fayu Qingkuang

## 孕5周，大部分器官开始分化形成

### 三个胚层正在分化

这周，小胚胎的细胞将分化成外胚层、内胚层和中胚层三个胚层。现在，三个胚层正在分化，每一层都将形成身体的不同器官：里层将形成一条原始管道，发育成肺、肝脏、甲状腺、胰腺、泌尿系统、膀胱等内脏器官；中层将变成骨骼、肌肉、心脏、睾丸（或卵巢）、肾、脾、血管、血细胞和皮肤的真皮等部分；外层将形成皮肤、汗腺、乳头、乳房、毛发、指甲、牙釉质和眼的晶状体。

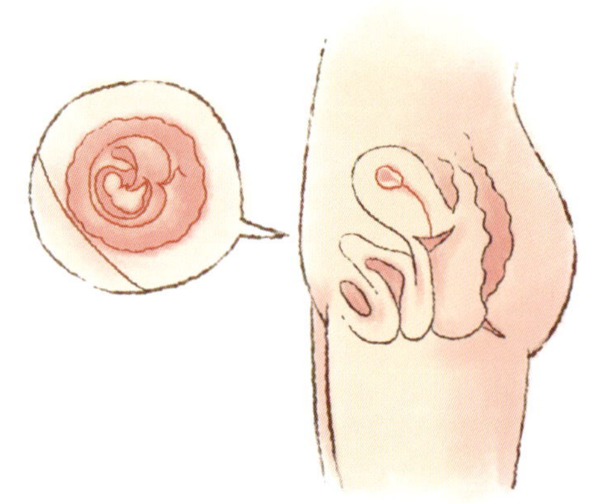

### 心脏跳动开始出现

在这一周，胎宝宝的小心脏已经开始分成心室，开始跳动，并能泵血了。

### 脐带开始工作

为胎宝宝输送营养和氧气的最初形态的胎盘和脐带已经开始工作了。脐带被称为连接胎宝宝和胎盘的生命之桥，胎盘从母体吸收营养、氧气后会经由脐带传输给胎宝宝，而胎宝宝排出的代谢物和二氧化碳也会经由脐带输送到胎盘，再交给母体处理。胎盘和脐带会一直扮演营养输送者的角色，直到胎宝宝“瓜熟蒂落”，才会完成最终的职责，将宝宝娩出体外。

# 孕6周，胎宝宝开始成形

这一周，胎宝宝生长得非常迅速，随着胎宝宝身体开始成形，即将形成宝宝身体各部位和器官系统的细胞也正迅猛地分化着。

胎宝宝现在大概有小扁豆粒般大小（4~5毫米长），漂浮在充满液体的羊膜囊中，活像一条快乐地游弋在水里的小鱼。

现在，胎宝宝有一个比例很大的头，而眼睛和鼻孔都还是小黑点。头两侧耳朵的地方是两个小浅窝，而胳膊和腿都还只是小突芽。他的手和脚看上去则像是鸭蹼，指（趾）间带着厚厚的蹼，不过，用不了多久，宝宝的手指和脚趾便会变得更明显了。在以后会发育成宝宝的嘴（舌头和声带刚刚开始成形）的开口下方会有一些小皱褶，这里会发育成他的脖子和下颌。

## 神经系统和循环系统最先开始分化

胎宝宝的神经系统和循环系统在这个时期最先开始分化，主要器官的雏形开始出现并生长，如气管、食道、胃、嘴巴、肝、肾、膀胱、甲状腺、泌尿器官。最令人惊讶的是，此时胎宝宝的大部分器官已经依照它们自己的方式开始发挥作用了。

## 血液开始在全身循环

现在，胎宝宝的心脏（它开始分化为左、右心室）每分钟跳动100~130次，几乎是孕妈妈心跳次数的两倍，他的血液开始在全身循环。

## 开始活动四肢

到本周的一半时间，胎宝宝很可能会开始活动小小的四肢了，不过，因为胎宝宝太小了，所以孕妈妈还感觉不到他的动作。

**快乐驿站**

此期仍然是致畸敏感期，孕妈妈应注意避开接触任何导致胎宝宝发育畸形的因素。

## 孕7周，胎宝宝长到黄豆般大小了

胎宝宝正在以每分钟复制100万个以上细胞的惊人速度不断成长着，到了这周，小胚胎的身长大约有1厘米了（大小有如一粒黄豆）。

在本周，小胚胎的神经管将发育出大脑，大脑神经细胞发育飞速，平均每分钟有10000个神经细胞产生。

胎宝宝的牙齿和口腔内部结构正在成型，耳朵也在继续发育，他的眼睛已显现出一些颜色，但是一部分被眼睑遮住了，他的小鼻头正在冒出来，头看上去有些不成比例的大，头内部的两个大脑半球正在发育。

胎宝宝已经长出了阑尾和胰腺，胰腺最终会分泌胰岛素帮助消化。他的肝脏正在忙着制造红细胞，有一段肠子已经开始突进脐带里，脐带现在已经有着清晰的血管，并开始往胎宝宝身体来回输送氧气和营养了。

胎宝宝现在看起来还有一个小尾巴（这是尾骨的延伸），不过会在几周后消失。这个小尾巴是胎宝宝发育过程中唯一会越长越小的东西。他幼芽般的四肢长成的胳膊和腿现在看上去很明显，有点微微相连的手指和脚趾也清晰可见。

## 孕8周，胎宝宝每天能长1毫米

此时，小胚胎的身长以平均每天1毫米的速度继续长大，这个增长速度会一直持续到孕20周。

心脏已经发育得非常复杂，心跳速度达到了140~150次/分钟（是成年人的2倍左右）。

胎宝宝的胳膊也变长了，手可以在手腕的地方弯曲活动。现在他的膝关节和肘关节已经形成，也能够弯曲，他的双脚可以在身体前面碰在一起了。随着躯干的伸展，胎宝宝的头部更加直立。

脑干已经可以辨认出来了（脑干是一个非常重要的部位，人体所有的大血管和神经都必须通过它才能与躯体连接起来）。大脑中的神经元也开始扩展并相互连接，构成最初的神经线路。

内脏的大部分器官都在持续发育，并且大多初具规模。

眼睛部分除了眼睑，还形成了虹膜、角膜、视网膜等。

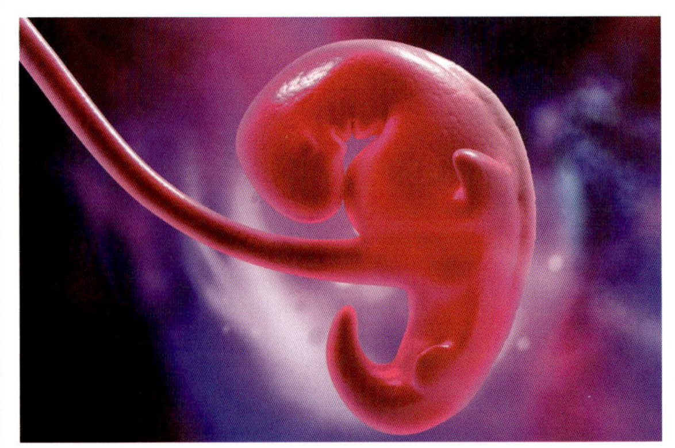

# 孕妈妈身体变化情况

*Yunmama Shenti Bianhua Qingkuang*

## 早孕反应逐渐明显

怀孕的第2个月，大部分孕妈妈早孕反应逐渐明显。约半数孕妈妈在停止月经6周左右会出现低烧、头晕、乏力、嗜睡、流涎、食欲缺乏、喜食酸物、厌恶油腻、恶心、晨起呕吐等，这就是早孕反应，在孕第8~10周反应最重。

## 子宫开始慢慢膨胀长大

孕妈妈虽然外观上仍然看不出什么变化，不过子宫已经开始慢慢膨胀长大，从孕前的5厘米左右，增大到拳头大小了。

## 乳房变敏感

细心的孕妈妈可能还会发现乳房变得敏感，有胀痛、乳头触痛等，这在初次怀孕的孕妈妈身上表现得会更明显，这是乳房正在为以后的哺乳做准备。

## 尿频日益明显

由于子宫增大压迫膀胱以及孕期内分泌变化，大部分孕妈妈会出现尿频症状且日益明显，部分孕妈妈还会有身体发热的感觉，这是正常的妊娠反应。

**快乐驿站**

在这个时期，孕妈妈要尽量保证休息，感觉劳累就休息会儿。不想运动的话，不要强迫自己。准爸爸要更多地关心、体贴、照顾孕妈妈，使孕妈妈保持一个好心情，帮助孕妈妈战胜妊娠反应。

# 本月胎教专家指导

Benyue Taijiao Zhuanjia Zhidao

步入了怀孕的第2个月，在这个月，孕妈妈虽然不一定能切切实实地感到胎宝宝正在自己的身体里，但孕妈妈可能要面对种种妊娠反应，不要害怕，这种难受不会持续太久的。

## 保持好的情绪

经过两周的发育，胎宝宝这个月仍然处于各种器官发育的关键期，现在的胎宝宝还比较脆弱，他需要孕妈妈的支持与保护。这个月，给胎宝宝最好的支持和保护莫过于孕妈妈保持稳定的情绪，拥有愉悦的心情。

孕妈妈要多做一些自己爱做的事情，分散妊娠反应带来的不适，让自己更快乐更幸福更轻松。

## 减轻早孕反应

面对早孕反应，孕妈妈不要紧张、害怕，要知道这是一般常见的问题。首先，要合理调配饮食，饮食应以富含营养、清淡可口、容易消化为原则。其次，孕妈妈要适量运动，千万不要因为恶心呕吐就整日卧床。

## 散步是最适合孕期的运动胎教

这个月，孕妈妈可以多和准爸爸到附近的公园散散步，呼吸一下新鲜空气，换换环境，不仅对身体有好处，而且散步对于舒缓心情也很有帮助。现在孕妈妈身体的每一项活动都是与胎宝宝联系在一起的，所以，适当的运动对胎宝宝身体的发育也能发挥良好的作用。

### 快乐驿站

少数孕妈妈早孕反应严重，持续恶心、呕吐频繁，不能进食，严重时可引起身体失水和代谢障碍，这种情况可以考虑到医院进行诊治。

# 孕5周

## 知识课堂：音乐胎教的方法

音乐胎教的作用表现为两个方面：第一，音乐能使孕妈妈心旷神怡，心情舒畅，从而改善不良情绪，产生良好的心境，并将这种信息传递给腹中的胎宝宝，使其深受感染；第二，音乐胎教可以直接刺激胎宝宝的听觉器官，进而传入神经，传入大脑。大脑中的神经突触，经过外在的信息刺激，能够加速脑细胞之间的相互连接，不断增加胎宝宝的脑容量，从而提高胎宝宝的后天素质。

### 音乐胎教可使用的方法

1 音乐放松与冥想。孕妈妈在每天多次的音乐欣赏中，会产生许多美好的联想，如同进入美妙无比的境界，而这种感受可通过孕妈妈的神经体液传导给胎宝宝。

2 哼歌谐振法。孕妈妈每天哼唱几首歌，最好是抒情音乐，也可以是摇篮曲。唱时应心情愉快，富于感情，通过歌声的和谐振动，使胎宝宝有一种“世界是美好的”的感觉，能获得感情、感觉上的满足。

3 母教子“唱”法。虽然胎宝宝不能唱歌，但是孕妈妈可以想象自己腹中的小宝宝会唱，从音符开始，然后教一些简单的乐谱，通过反复教唱，使胎宝宝产生记忆印迹。

### 音乐胎教要注意的问题

1 选择合适的音乐。首先，音乐的情感特征要求轻快、明亮、有优美意境，听了可以使人心情舒畅、精神放松，并在心理上产生对美的追求及对美的享受；其次，音乐的频率特征要柔和，给胎宝宝听的音乐频率范围最好控制在500~1500赫兹，频率范围较宽的音乐不适合给胎宝宝听。

2 掌握好时间。让胎宝宝听胎教音乐，每日能定时做最好，这样胎宝宝会养成按时听的习惯和生物钟反应（条件反射），一般每日早晚各一次，或在上午、下午空闲时各做一次，每次20分钟左右。用录音机放音乐，孕妈妈距音箱1.5~2米，音箱的音强在65~70分贝。

# 构想并画出宝宝的样子

能够拥有一个健健康康、漂漂亮亮的宝宝，是所有爸爸妈妈的心愿。为了更好地实现这个心愿，孕妈妈可以常常怀着美好的心愿，想象宝宝健康的形象，这有助于将来生出一个漂亮的宝宝。

## 孕妈妈的意念能够美化胎宝宝

从胎教的角度来看，孕妈妈的想象非同小可，它能通过意念构成胎教的重要因素，转化渗透在胎宝宝的身心感受之中，影响他的成长过程，孕妈妈脑中时常萦绕着的对于胎宝宝的美好想象，对他正在迅速发育的大脑、形体和容颜以及各个脏器会有很大刺激，使得它们按着孕妈妈的意念去发育成长。

因此，孕妈妈不妨在家贴几张自己喜爱的宝宝图，每天多看一看，借助这张宝宝图进行联想，想象自己胎宝宝的样子：天使般的脸庞、健康的体魄、聪明的大脑……尽可能想象一切美好、健康、积极的因素，并盼望着他的到来，用自己的意象塑造理想中的胎宝宝。孕妈妈要相信，孕妈妈和胎宝宝是心有灵犀的，孕妈妈的美好意念能让胎宝宝长得更完美。

## 画出胎宝宝的样子

孕妈妈可以静心地想一想胎宝宝在自己心目中的样子，如头发是直的还是卷的？是单眼皮还是双眼皮？鼻子是坚挺还是小巧？皮肤是白还是黑？身材会不会很高挑？这些直接的形象勾勒，有助于孕妈妈凭想象给宝宝画好第一幅画像。如果孕妈妈对自己的画画功底没有信心，也可以找一张觉得和自己想象中的宝宝长得最像的宝宝照片，临摹一下。画好后，孕妈妈可以把想对宝宝说的话写下来，这将是自己和宝宝共同的美好回忆，是很有纪念意义的事情。

# 讲故事《我爸爸，我妈妈》

## 我爸爸，我妈妈

我爸爸什么都不怕，

连坏蛋大野狼也不怕。

他可以从月亮上跳过去，

还会走高空绳索（不会掉下去）。

他敢跟大力士摔跤，

在运动会比赛中，轻轻松松就获得了第一名，我爸爸真的很棒！

我爸爸吃得像马一样多，游得和鱼儿一样快。

他像大猩猩一样强壮，也像河马一样快乐，我爸爸真的很棒！

我爸爸像房子一样高大，有时又像泰迪熊一样柔软。

他像猫头鹰一样聪明，有时也会做一些傻事。我爸爸真的很棒！

我爸爸是个伟大的舞蹈家，也是个了不起的歌唱家。

他踢足球的技术一流，也常常逗得我哈哈大笑。

我爱他，而且你知道吗？

他也爱我！（永远爱我！）

我妈妈是个手艺特好的大厨师，

也是一个很会杂耍的特技演员。

她不但是个神奇的画家，

还是全世界最强壮的女人！我妈妈真的很棒！

我妈妈是一个有魔法的园丁，她能让所有的东西都长得很好。

她也是一个好心的仙子，我难过时，总是把我变得很开心。

她的歌声像天使一样甜美，

吼起来像狮子一样凶猛。我妈妈真的、真的很棒！

我妈妈像蝴蝶一样美丽，

还像沙发一样舒适。

她像猫咪一样温柔，

有时候，又像犀牛一样强悍。我妈妈真的、真的、真的很棒！

不管我妈妈是个舞蹈家，还是个航天员；

也不管她是个电影明星，还是个大老板，她都是我妈妈。

我妈妈是一个超人妈妈，

常常逗得我哈哈大笑。

我爱她，而且你知道吗？

她也爱我！（永远爱我！）

——安东尼•布朗（英国），余治莹译

# 准爸爸胎教：给孕妈妈准备点开胃食物

孕妈妈到怀孕第2个月时，可能会出现食欲不佳、恶心呕吐的症状，准爸爸可以为孕妈妈准备一些开胃的食物，帮助孕妈妈提高食欲，保证营养。

### 腌黄瓜

黄瓜洗净后，切成细条，用盐腌15分钟，去除多余水分，加少许醋、白糖搅拌均匀，用保鲜膜封住碗口放入冰箱内，30分钟后即可吃，如果觉得冰，可以缓一会儿。

### 糖醋卷心菜

卷心菜择洗干净，切成小块，炒锅放油烧热，下花椒炸出香味，倒入卷心菜，煸炒至半熟，加酱油、白糖、醋、盐，急炒几下，盛入盘内即可。

### 开胃泡萝卜皮

1 先将萝卜洗净，竖起往下片成柳叶片，这样每片都会带有萝卜皮。

2 把切好的萝卜撒点盐，腌上一小会儿，把腌出的水倒掉，然后加上白醋、盐、糖、切好的蒜丝和姜末，用保鲜膜或者盖子盖好，放入冰箱冷藏三天就可以吃了。

### 快乐驿站

孕吐期的孕妈妈大部分都会有晨起恶心的症状，这是由于很长一段时间没有吃东西导致体内血糖含量降低造成的。因此，孕妈妈早晨起床之前应该先吃点含蛋白质、糖类的食物，如温牛奶加苏打饼干，再去洗漱，这样就会缓解症状。

# 孕6周

Yun Liu Zhou

## 知识课堂：营养胎教的作用

营养胎教，是根据孕妈妈妊娠期间身体对营养需求的特点，合理指导孕妈妈摄取各种营养素，以食补食疗的方法来促进胎宝宝的健康发育，防止孕期特有的疾病的胎教方法。

### 营养胎教对胎宝宝的帮助

孕妈妈科学地进食，可为胎宝宝提供生长发育所需的各种营养素，避免流产、早产、死产等不良结局，保证胎宝宝大脑发育；并可储存足量的铁和钙，避免胎宝宝出生后患缺铁性贫血和佝偻病。

最为重要的是，胎宝宝大脑的发育与孕妈妈营养的摄入息息相关。怀孕早期，这时处于胎宝宝细胞分裂期，当胚胎着床后就开始大脑的发育，这时受精卵不断地分裂，一部分形成大脑，另一部分形成神经组织，如果营养素缺乏，可能会使胎宝宝脑细胞的分裂期缩短，从而直接影响脑细胞的数量。到怀孕中晚期，这时是胎宝宝脑细胞的增殖期和肥大期，对营养的需求达到了高峰，每天需要大量的优质蛋白质、卵磷脂、叶酸、多种维生素和锌、铜等微量元素，如果缺乏，脑细胞数量和体积都会得不到充分增加。

### 营养胎教对孕妈妈的帮助

1 避免形成缺铁性贫血。孕妈妈如果饮食中缺铁，易发生缺铁性贫血，不仅影响胎宝宝的生长发育，严重时可致孕妈妈分娩时子宫收缩无力和产后出血。

2 避免身体缺钙和维生素D。胎宝宝需从孕妈妈的身体里摄取大量的钙，因此孕妈妈容易发生缺钙，缺钙和维生素D易引起妊娠高血压综合征，严重时可造成孕妈妈骨质软化。如果营养充足，就会避免这种现象的发生。

3 避免难产及并发其他疾病。如果孕妈妈饮食不科学，如吃得过多会使胎宝宝长得太大，分娩时易导致难产；孕妈妈还会因营养过剩而发生肥胖，不仅影响体形，日后还易发高血压、糖尿病和动脉硬化。

# 孕期营养合理安排

人体的适应能力很强，营养素的缺乏往往一开始都没有明显的症状，因而常常会被我们忽略，但营养素的摄入与平衡，与胎宝宝智力发育有着深深的关联，孕妈妈千万不能忽视，关心自己的营养配置，是对胎宝宝负责，也是对他的关爱。

## 规律饮食

三餐定时、定量、定点。最理想的吃饭时间为早餐7~8点，午餐12点，晚餐6~7点，每餐各占一天所需热量的1/3，或呈倒金字塔型——早餐丰富、午餐适中、晚餐量少。吃饭最好固定在一个气氛和谐温馨的地点，进食的过程要从容，心情要愉快。

## 营养均衡

身体所需的营养尽量由食物中获得。不同的食物所含的营养素是不一样的，所以建议孕妈妈多变化食物的种类，每天可吃2~5种不同的食物。补充营养要科学、合理，不要认为多多益善，拼命地补充营养会造成孕妈妈发胖，不利于分娩。

## 选择有营养的食物

食物要以没有加工的食物为主，因为没有加工的食物其中营养素不容易丢失，有利于为胎宝宝提供全面的营养。尽量多吃原始食物，如五谷、青菜、新鲜水果等。烹调时以保留食物原味的方式为主，少用调味料，少吃垃圾食品，让胎宝宝还在肚子里时就习惯此类的饮食模式。

**快乐驿站**

孕晚期后，由于子宫增大，孕妈妈的胃容量会减小，这时候，孕妈妈可以采取少食多餐的方式，一天分4~5次进餐。

# 远离噪声，给胎宝宝一个美好的家

噪声通常是指那些难听的、令人厌烦的声音，它是一种恶性刺激物，孕妈妈如果长时间处于噪声环境中，对自身和胎宝宝都会产生严重的不良影响。

## 噪声对孕妈妈的影响

噪声能刺激母体丘脑下部、垂体前叶、卵巢轴系统，使母体内激素发生改变，影响受精卵的正常发育；噪声还能使孕妈妈内分泌腺体的功能紊乱，从而使脑垂体分泌的催产激素过剩，引起子宫强烈收缩，导致流产、早产。

## 噪声对胎宝宝的影响

严重的噪声会影响胎宝宝听觉器官的发育。构成胎宝宝部分内耳的耳蜗从妊娠第20周起开始成长发育，其成熟过程在婴儿出生30多天时仍在继续进行。由于胎宝宝的内耳耳蜗正处于成长阶段，极易遭受低频率噪声的损害，外环境中的低频率声音可传入子宫，并影响胎宝宝。

另外，胎宝宝内耳受到噪声的刺激，能使脑的部分区域受损，并严重影响智力的发育。而且长期处在噪声的环境下，胎宝宝将来的性格会比较急躁。

## 预防噪声污染

孕妈妈和准爸爸要重视噪声危害的严重性，远离噪声危害，为胎宝宝和自己创造一个安静（没有噪声）的生活环境。

1 减少去闹市的次数，缩短在商场等喧闹场所的时间；少去或尽量不去KTV等娱乐场所。

2 注意防止家用电器的噪声污染。在购置家用电器时，要选择质量好、噪声小的；尽量不要把家用电器集于一室，冰箱最好不要放在卧室；一旦家用电器发生故障，要及时排除，因为带病工作的家用电器产生的噪声比正常机器工作的声音大得多。

3 在家中听音乐或看电视时把音量尽量调低一些，家里可以换上比较厚实的棉质窗帘，对隔音有一定帮助。

4 在临街的窗台、阳台摆放一些枝叶比较多的绿色植物，也能够降低噪声的传入。

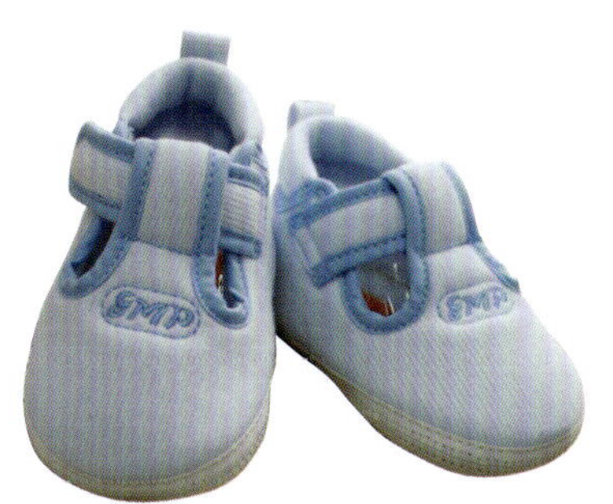

### 快乐驿站

争吵和喧哗也属于噪声，家庭成员和邻里之间要和睦相处，不争吵、不喧哗，适当控制娱乐时间，为大家特别是孕妈妈创造一个安静、温暖、文明的社会和家庭环境。

# 讲故事《远方的雷声》

## 远方的雷声

大雨过后，田里的种子都露出芽来了，黄瓜渐渐长出细线一样的藤，攀缠着妈妈搭的架子往上爬，不知不觉地就开出黄色的小花，花谢了就长出了青青的、细长的黄瓜。

每年夏天，二郎都要这样看着黄瓜长大，在长出果实的时候二郎最快活了。“妈妈，黄瓜已经长得这么大了！”每天，二郎都要比画给妈妈看。

有一天，妈妈对二郎说：“二郎呀，去把最大的黄瓜摘下来吧。”二郎立刻跳跃着奔到田里去，看到那条大的黄瓜悬挂在那里，一下子回忆起黄瓜长大的情景，他有点舍不得，终于，他还是摘下了黄瓜。

“妈妈，这个怎么吃呀？”

“你总是去钓鱼啊，游泳呀，就把这条黄瓜送给水神吧。”妈妈说。

“水神还吃黄瓜吗？”

“黄瓜顺水向遥远的海的方向流去呀，水神会了解你的情意……”

二郎似懂非懂，他把自己的名字描在黄瓜上，然后从附近的桥头投到河里去了，黄瓜便一浮一沉的，向着下游的方向漂去。

傍晚时分，远方传来了雷声，这一天，二郎总是没有边际地想着黄瓜的去向，可晚上他一钻进被窝，立刻就睡着了。

这时候，黄瓜在水里漂呀、漂呀，夜里经过了森林、原野及几个村落，在天亮时到了很远的地方。这天下午，一个衣衫褴褛的小乞丐在小桥上发现了它，黄瓜上的字已经完全被水洗掉了，可是，小乞丐也知道这条黄瓜是从很远很远的地方漂来的，因为这一带风还很寒冷，黄瓜的秧还很小呢。

小乞丐拿着黄瓜，高兴地跑去给妈妈和妹妹看，突然，孩子在路上站住，侧着耳朵听着，山那边传来隐约的雷声，在北方，夏天也来到了。

——原著：小川未明（日本）

译者：佚名

### 快乐驿站

故事中的二郎不知道，他漂走的黄瓜给别人带来了温暖，也带来了夏天到来的讯息，读读二郎的故事，试着让胎宝宝体会：我们所生活的世界是充满爱与关怀的。

# 准爸爸胎教：帮孕妈妈减轻孕吐

孕吐是早孕反应的一种。妊娠以后，大约从第5周开始，孕妈妈会发生孕吐，特别在早晚会出现恶心，没有任何原因就发生呕吐。虽然孕吐是正常的妊娠反应，不会危害孕妈妈和胎宝宝的健康，但是孕吐会让孕妈妈感觉难受，影响孕妈妈的情绪，因此，准爸爸要积极采取有效措施帮助孕妈妈减轻症状。

## 为孕妈妈准备小零食

把孕妈妈喜欢的健康小零食放在孕妈妈随手可拿的地方，如葡萄干、水果等。只要感觉不舒服，马上可以吃一点，缓解症状。

## 清除孕妈妈身边的刺激物

怀孕后，孕妈妈的鼻子会异常灵敏，平常用惯了的脸霜、洗发水、香皂等的清香味都可能变得酸臭酸臭，闻之即犯恶心、受不了，几乎所有的孕妈妈都忌讳油烟味，这种味道让孕妈妈一闻就头晕恶心，甚至剧吐。准爸爸要注意观察孕妈妈的感受，记录下哪些气味会让孕妈妈反感，暂时收起或清理它们。

## 帮助孕妈妈指压

中医有一种方法，就是在手关节内侧皱褶以上5厘米处，有一个穴位，孕妈妈如果难受，准爸爸可以用手指按压一下孕妈妈的穴位，可以缓解恶心呕吐。

## 和孕妈妈出门走走

如果有时间，多带孕妈妈出去走走，活动几下，可以分散注意力，会让孕妈妈感觉好一些。

**快乐驿站**

怀孕的最初几个月，孕妈妈可能变得脆弱敏感，各方面的不适应让她容易因为小事就发脾气，准爸爸一定要理解、包容。如果孕妈妈孕吐反应太严重，则需要咨询医生。

# 孕7周

Yun Qi Zhou

## 知识课堂：胎宝宝运动能力的发展过程

当孕妈妈知道自己怀孕，胎宝宝已在妈妈的腹中开始蠕动了，这属原始运动，胎宝宝已有脊柱了。

从妊娠第2个月开始，胎宝宝在羊水中可以进行类似游泳样的活动。

从妊娠第12周起，胎宝宝就会吸吮自己的手指，但不熟练。这时期只要他的嘴能碰到的，比如手臂或脐带，他也要吸吮。到第5个月时，胎宝宝就能很熟练地吸吮了，只要吸到手指就会认真地吸下去。到第7个月时，胎宝宝将手指放入口中，并用自己的舌头来舔自己的手。

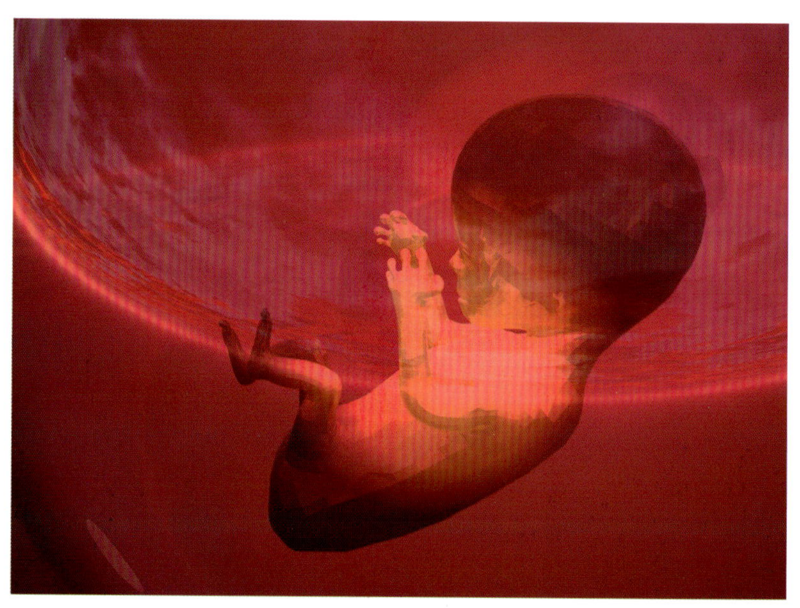

在妊娠第6个月时，孕妈妈时常感到强烈的胎动，这是胎宝宝正在用自己的脚去踢妈妈的子宫壁，胎宝宝的运动使羊水晃动，可以刺激胎宝宝的皮肤，引起大脑的冲动，促进其发育。

在妊娠的后面几个月，由于胎宝宝的长大，渐渐会占据子宫的大部分空间，活动空间慢慢缩小，活动也会受到束缚，活动相对会慢慢减少。

# 音乐：《森林的歌声》

## 倾听自然的声音

《森林的歌声》是一首由大自然的真实音响与美妙的乐音交织而成的器乐合奏曲，树蛙、飞禽、昆虫等与笛子、提琴、吉他等乐器一起奏响了奇妙的森林之歌。

乐曲在森林中小动物的鸣叫声中开始，继而吉他轻轻地奏出第一段主题旋律。这段旋律起落回旋，轻松活泼，但不失平衡安详。之后，笛子奏出上述旋律，然后由小提琴演奏，由此派生出另一段主题旋律。随后再运用不同的配器将音乐重复一遍，加上诸种乐器的加入，使气氛热烈起来，仿佛森林中的动物鼓起劲，放声地歌唱。

在主题再现后，音乐突然安静下来，旋律的流动变为持续的长音并作半音上行，营造了深邃、神秘的气氛。很快这种安静被打破，以上的音乐又全部重复出现，只是在演奏的乐器及声部的配置上有所不同。由于弹拨乐器加强，低音部加重，使森林显得更为热闹。

乐曲会把孕妈妈带进这片神奇美妙的森林中，使孕妈妈和胎宝宝真正品味到大自然与森林里的各种动物和谐共处的情景，一起享受到大自然给予我们的无穷乐趣。

孕妈妈可以从乐曲声中听辨各种小动物、各种鸟鸣声，体验乐曲中的各种声响，激发自己和胎宝宝对大自然的热爱。

### 快乐驿站

现代早教理论把对大自然的态度称作自然智能，自然智能开发也是宝宝良好品质、人格培养不可缺少的一部分。自然智能高的宝宝，能敏感地感知自然界中各种元素形态的变化，观察力很强，对地势、山形、河流、空气等自然现象都有独特的认知，他们非常喜爱并能坦然接受自然界的任何现象和存在，因而更懂得生命的尊严。由大自然推及人类，自然智能高的宝宝对他人也都十分热情和善，并会竭力照顾他人感受。

# 讲故事《玛丽的硬币》

## 玛丽的硬币

"哈，好了！房间已经打扫得干干净净了，椅子也已经放到墙角，现在做点什么好呢？"玛丽想着。

突然，那个一直乞讨的小女孩苍白的脸，映现在她的眼前。哦，当她用脏兮兮的小手，接过玛丽送她的10分硬币时，她眼睛里闪烁出多么喜悦的光啊！

爷爷一个月前送玛丽的那枚硬币，玛丽一直珍藏在楼上她的红盒子里。她想用它买那些诱人的糖果。一个才10分币，并不太贵。

可是，就在她决定买一个的时候，她看到了那个穿着一身破旧衣服的乞讨的小女孩，站在食品店的前面，正可怜地眼巴巴地盯着橱柜里摆放的一行行陈列着的糖果。

玛丽友好地说："嘿，你在想什么呢，小女孩？"

也许从来没有人如此和蔼地对她讲过话，当时，小女孩用怎么样的一种眼神凝望着眼前的玛丽呀。聪明的小女孩，感应到了玛丽的友好。

于是，她诚挚却是非常难过地说："我饿，我一天没吃上东西了。我想吃那姜粉面包卷。"

玛丽听后，禁不住对自己说："哦，玛丽呀，玛丽，早饭、午饭你可都吃得饱饱的。可是，站在你面前的这个可怜的小女孩，却没有吃上一口饭呢。快，把硬币给她，她才更需要它呀！"

哦，玛丽真不忍看到她那难过的饥饿的面容，于是，玛丽便痛快地把硬币放进了小女孩的手里，然后径直离开了那家食品店。

玛丽虽然并没有吃上那诱人的糖果，但她像吃到一样，感到非常快乐而幸福。

——作者：佚名

### 快乐驿站

善良的玛丽把硬币给了最需要它的人，她感到非常快乐，能够帮到别人，这是一件多么愉快的事情啊。另外，家里零散的各种硬币是教宝宝认识数字的好东西，孕妈妈要做个有心人，不妨搜集一下。

# 准爸爸胎教：陪孕妈妈散步

散步是一项很适宜孕妈妈的运动，它温和、安全，是适合整个孕期的好运动。准爸爸有时间要多陪孕妈妈散散步。

## 一起散步好处多

准爸爸陪孕妈妈一起散步，边呼吸新鲜空气，边欣赏大自然美景，可以帮助孕妈妈提高心肺和神经系统的功能，促进新陈代谢，使腿肌、腹壁肌、心肌都得到一定的锻炼。

散步时，血管的容量扩大，肝和脾所储存的血液便进入血管。动脉血的大量增加和血液循环的加快，对身体细胞的营养，特别是对心肌的营养有良好的作用，是增强孕妈妈和胎宝宝健康的有效方法。

散步过后，会产生轻微适度的疲倦，这种疲倦能稳定情绪，有助于增进食欲和睡眠，还可以变换心情，消除烦躁和郁闷。

而且，准爸爸陪孕妈妈一起散步，一边观看着大自然的景色，一边聊天、谈心，无疑是一种美的精神享受，这样既可以加深夫妻间的感情交流，又建立了与胎宝宝的感情。

## 选好散步地点

花草茂盛、绿树成荫的公园和熟悉的乡间小路是最适宜散步的场所。这些地方空气清新、含氧量高，尘土和噪声少。孕妈妈在这样宜人的环境中散步，会感到身心愉悦。

## 选好散步时间

选择清晨和晚饭后半个小时比较好，要在风和日丽的天气里，雾、雨、风及天气骤变时不宜外出，以免身体着凉。城市中下午4时至7时，空气污染会相对严重，孕妈妈最好避开这段时间锻炼和外出。

## 孕妈妈散步宜慢不宜急

孕早期由于胚胎正处于发育阶段，特别是胎盘和母体子宫壁的连接还不紧密，很可能由于动作的不当使子宫受到震动，使胎盘脱落而造成流产。

因此，孕妈妈散步时不要走得太急，要慢慢地走，以免对身体震动太大或造成疲劳。每天保证15~20分钟的散步时间即可，最初5分钟要慢走，做一下热身运动。最后5分钟也要慢些走，使身体稍微晾晾汗。

### 快乐驿站

孕妈妈在炎热的夏天里散步时，要多注意防晒，避开强烈的阳光，可以打遮阳伞或戴遮阳帽，选择温度不太高的时候出去，最好到有树荫的地方散步。孕妈妈如果涂防晒霜，一定要选择不含铅的防晒霜，回到家后要尽快清洗干净。

# 孕8周

Yun Ba Zhou

## 知识课堂：运动胎教

运动胎教是指孕妈妈适时、适当地进行体育锻炼，并帮助胎宝宝活动，从而促进胎宝宝大脑及肌肉的健康发育，有利于孕妈妈正常妊娠和顺利分娩的胎教方法。

### 运动胎教对胎宝宝的好处

1 促进胎宝宝的大脑发育。孕妈妈做运动时，可向大脑提供充足的氧气和营养，促使大脑释放脑啡肽等有益的物质，通过胎盘进入胎宝宝体内；孕妈妈运动还会使羊水摇动，摇动的羊水可刺激胎宝宝全身皮肤，就像在给胎宝宝做按摩。这些都十分利于胎宝宝的大脑发育，使宝宝出生后更聪明。

2 有利于胎宝宝骨骼发育。孕妈妈去户外或公园里运动，可呼吸大量新鲜空气，阳光中的紫外线还使皮肤中脱氢胆固醇转变为维生素 D，促进体内钙、磷的吸收利用。既有利于胎宝宝骨骼发育，又可防止孕妈妈发生骨质软化症。

3 防止胎宝宝长成肥胖儿。孕妈妈经常做适当的运动，不仅可以控制孕妈妈自身的体重增长，减少脂肪细胞，还可以给胎宝宝“减肥”，即生出脂肪细胞少的宝宝的概率大。这样，既可防止生出巨大儿，有利于自然分娩，又为避免肥胖症、高血压及心血管疾病奠定了良好的先天物质基础。

4 帮助胎宝宝形成良好个性。孕期不适常会使孕妈妈情绪波动，胎宝宝的心情也会随之变化。运动有助于改善孕妈妈身体疲劳和不适感，保持孕妈妈心情舒畅，利于胎宝宝形成良好的性格。

### 运动胎教对孕妈妈的好处

1 控制孕妈妈体重增长。运动可帮助孕妈妈身体消耗过多的热量，同时促进代谢，减轻身体水肿，使体重不致增长过快。

2 减轻孕妈妈身体不适感。孕妈妈适当运动，如做孕妇体操，可促进新陈代谢和心肺功能，加快血液循环，防止便秘和静脉曲张的发生，并可减轻日益增大的子宫引起的腰痛、腰酸及腰部沉重感。

3 增强自然分娩的自信心。适当运动可使大脑运动中枢兴奋，有效地抑制思维中枢，从而减轻大脑的疲劳感。这样，可缓解孕妈妈对怀孕、分娩产生的紧张情绪，增加自然分娩的自信心。

4 为顺利分娩创造良好条件。运动可增强孕妈妈腹肌、腰背肌和盆底肌的力量和弹性，使关节、韧带变得柔软、松弛，有利于分娩时放松肌肉，减少产道阻力，增加胎宝宝娩出的动力，为顺利分娩创造良好的条件。

5 有利于产后体形恢复。运动可使孕妈妈在分娩时减轻产痛，缩短产程，减少产道裂伤和产后出血。

## 准爸爸胎教：夫妻伸展操

准爸爸孕妈妈一起做运动，让准爸爸也参与到对胎宝宝的培养过程中来，这是一种很好的胎教的方式，不但胎教效果好，而且可以增进夫妻的情感。

### 夫妻操一

做法：

1 两人两腿张开与肩宽，横站成一排，两人手牵手，另外的手与手在头上连接。

2 一边吐气，一边伸展侧身，外腿弓，里腿绷，左右两个方向各做一次，交换位置，再做一次。

锻炼目的：伸展分娩时使用的肌肉，使其松紧自如，可以消除妊娠期的不适症状。

### 夫妻操二

做法：

1 孕妈妈盘腿坐，挺直胸，臀部坐在正中，举起双手。

2 准爸爸站在后面，拉住孕妈妈的手，轻轻地向上提拉，孕妈妈张开嘴轻轻地吸气呼气，吸气时往上提，呼气时向下松。

锻炼目的：帮助孕妈妈缓解胸闷肩酸。

### 夫妻操三

做法：

1 夫妻面对面站立，手互相搭在对方肩上或手臂上。

2 双方同时慢慢向后移动双腿，直到双方身体都下降到接近水平。膝盖略弯，脊柱自然延伸。

功效：伸展肩和手臂的肌肉，可以减少神经压迫，如果伸直双腿，还可以伸展腿部的肌肉。

**快乐驿站**

练习夫妻操时准爸爸要有耐心，孕妈妈要注意练习呼吸方式，用力要轻柔。

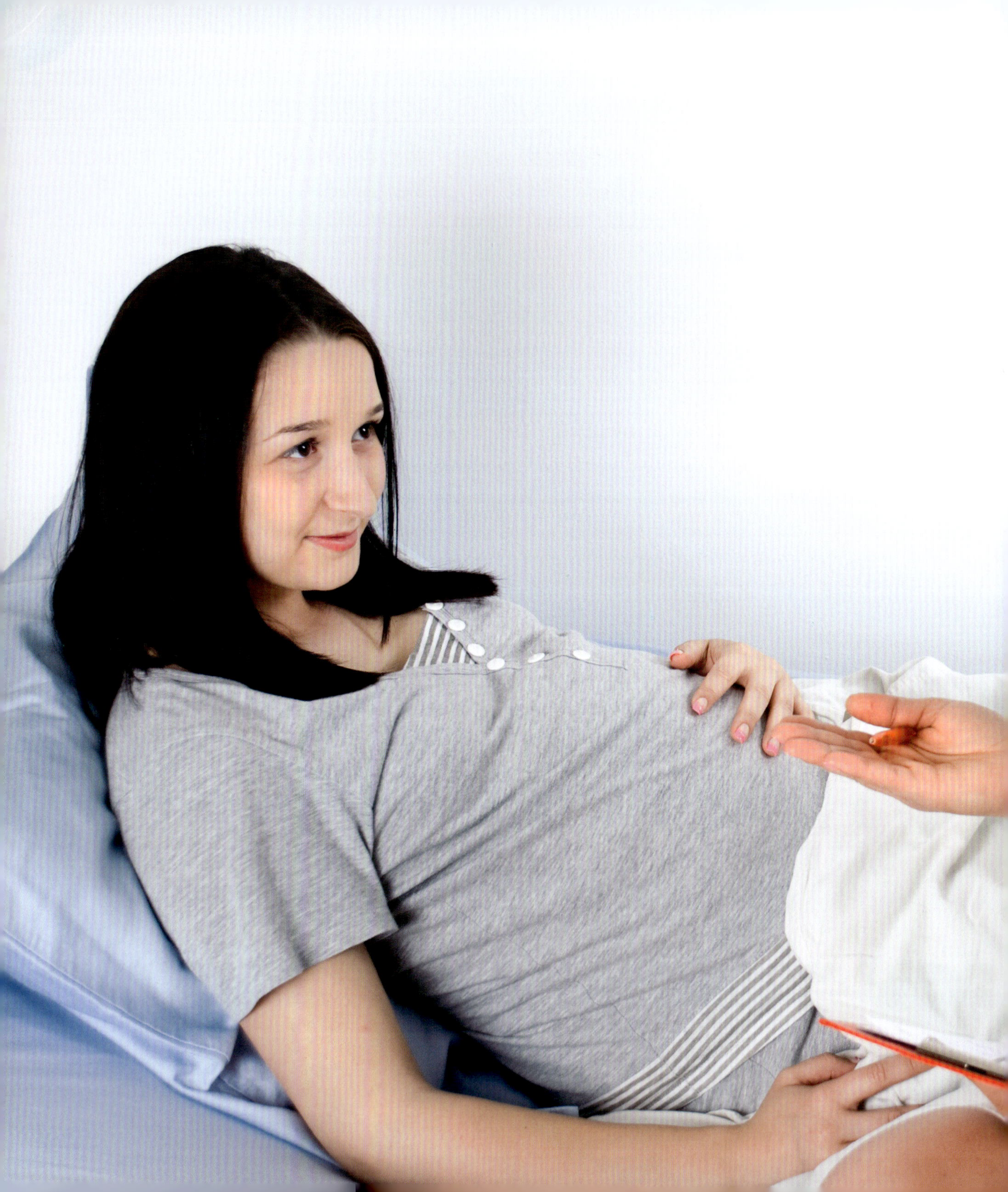

# 孕三月

# 胎宝宝『有模有样』

世界上有一种最美丽的声音，那便是母亲的呼唤。

——但丁

# 胎宝宝发育情况

Taibaobao Fayu Qingkuang

## 孕9周，胎宝宝初具人形了

### 小尾巴消失了

胎宝宝看起来越来越像个小人了，胚胎期的“尾巴”现在已经彻底消失，看起来就像一粒小橄榄。

如果孕妈妈现在去医院做体检，已经可以通过B超看到小胚胎的活动了。小胎宝宝现在是个名副其实的大头宝宝，头部差不多占到了身长的四分之一。

### 五官越来越全

现在胎宝宝的眼睑完全盖住了眼睛，而且闭得很严，要到27周时才会睁开。他长出了耳垂，到这周结束的时候，耳朵的内部构造即将完成。胎宝宝的上嘴唇也完全成形，嘴、鼻子和鼻孔更加明显。

### 膈肌发育

在本周之前，胎宝宝的胸腔和腹腔都是相通的，到了本周，才会发育出膈肌，像成人一样把胸腔和腹腔分开，腹腔的容积逐渐增大，之前一直待在腹腔外的肠道将逐渐被收纳进来。

## 孕10周，胎宝宝很多器官完成发育

到本周，胎宝宝90%的器官已经建立，并且很多已经开始工作，在工作中不断完善自己。

从外形上看，小胎宝宝已经“人模人样”了，虽然头部还占了身体的二分之一，但已经不是之前蜷缩起来的C形胚胎，可以真正称为胎宝宝了。

胎宝宝的面部已经比较清晰，眼睛、鼻子、嘴巴已经找到了自己的正确位置；手、脚、手指、脚趾都已经完全成形，几个主要的关节，如肩膀、肘、腕、膝盖、脚踝的外形已经清晰可辨，甚至指甲和趾甲都开始生长。从一个受精卵到现在的小人儿，胎宝宝完成了人类进化的一次飞跃。

另外，胎宝宝的齿根、声带、上牙床和上腭开始形成，20个味蕾出现。

## 孕11周，进入胎宝宝期

腹中的小宝宝已经彻底脱离了胚胎期，进入胎宝宝期了。胎宝宝已经成功度过了制剂敏感期，抵抗外界干扰的能力大大增强了，发育畸形的概率逐渐下降。

胎宝宝现在已经完全成形了，随着胎宝宝的胸部膈膜的发育，他可能会开始打嗝。由于他还很小，可能还需要大概一个月的时间，孕妈妈才能够感觉到他在羊水中的运动或在子宫内的吞咽。

他的皮肤还是透明的，很多血管都显露出来了。他的手指和脚趾已经分开，他可能很快就能够握紧和打开小拳头了。

维持胎宝宝生命的器官如肝脏、肾、肠、大脑以及呼吸器官都已经开始工作了。宝宝的骨头也越来越强壮，骨骼细胞发育加快，肢体加长，随着钙盐的沉积，骨骼会变硬。

### 快乐驿站

由于胎宝宝骨骼迅速地生长，对钙的需求量增多，所以，如果孕妈妈夜间有小腿抽筋的症状，最好能在医生指导下补充钙剂。

## 孕12周，身体的雏形已经构造完成

胎宝宝现在仍然很小，甚至还不如成人手掌大，但是从牙胚到指甲，他已发育俱全，身体的雏形已经构造完成。尤其是胎宝宝的面部，五官的位置比以前更接近成人了，整体看上去，就像一个微雕的小宝宝，漂亮极了。

这部小小的“人体机器”正在欢快地运转着。脾脏已经开始造血，肝脏也开始分泌胆汁。胎宝宝还有了完整的甲状腺和胰腺，不过它们还不具备完整的功能。这两个腺体的形成对胎宝宝来说意义非凡，甲状腺可分泌甲状腺素，甲状腺素是维持人体代谢的基础物质，而胰腺分泌胰液和胰岛素，帮助消化，并调节全身生理功能，都是非常重要的。

胎宝宝现在还有了触觉，所以，孕妈妈或者准爸爸在爱抚还没怎么显怀的肚子时，住在里边的小宝宝有可能也感受到了。

胎宝宝的脸部器官已经全部就位，眼睛在头的额部，看起来更加显眼，两眼之间的距离拉近了，眼睑已发育，眼睛仍紧闭着，耳朵已经由颈部移到头部两边的正常位置，他的脸现在看上去更像一个新生儿了，不过头与身体的比例还很大。

胎宝宝的神经细胞增殖迅猛，而且神经突触（大脑中的神经线路）正在形成。胎宝宝现在有了更多的反射动作，对吸吮、吞咽羊水的动作更加老练了，并且他还学会了不少新动作，比如噘嘴以及张口闭口等。

# 孕妈妈身体变化情况

*Yunmama Shenti Bianhua Qingkuang*

## 子宫增大

本月，孕妈妈的子宫持续在膨大，到本月最后一周，若用手轻轻触摸耻骨上缘，可以感觉到子宫的存在。

膨大的子宫会压迫膀胱、直肠，以致尿频现象更严重些，便秘、烧心、胀气的身体不适感可能也在继续。一些孕妈妈还可能觉得有些腰酸，这可能是由于盆腔充血扩张所致，平常要多注意休息。

## 腰围逐渐变粗

细心的孕妈妈会发现腰围变粗了，饮食状况良好的孕妈妈到此时体重可能增加了，也有害喜重的孕妈妈没有增重，甚至体重减轻，一般都没什么大问题，不用担心胎宝宝出现发育问题。等早孕反应减轻，食欲变好，体重会长上来的。

另外，仔细观察会发现孕妈妈臀部开始变宽，腰部、腿部、臀部肌肉增加，脂肪也开始增厚，且结实有力，这都是为将来分娩所做的准备。

## 小腹部会有胀满的感觉

这个月，孕妈妈可能已经有了真实的怀孕感受了，比如小腹部会有胀满的感觉，或者突然变换姿势的时候，会感觉腰际有轻微、短暂的刺痛感，这是因为子宫比以前扩张得更大了，腹中的小胎宝宝在提醒妈妈，做动作要轻柔些，不要伤害到他。

## 乳房持续增大

乳房仍在持续的增大当中，乳晕的颜色也变黑了，上面还长了很多小疙瘩，乳房上的静脉血管也清晰可见，如果感觉内衣有些紧了，就换大号的内衣穿。

## 皮肤色素沉淀加深

由于激素在继续起作用，大多数孕妈妈皮肤都有色素沉淀加深的现象（可能会出现妊娠斑）。另外，激素也对头发和指甲产生影响，孕妈妈的头发长得更快，指甲变脆，易折断或龟裂。

## 妊娠反应开始减轻

孕早期快要结束了，孕吐、疲劳、嗜睡、胃灼热的症状也会逐渐好转，进入孕4月之后，孕妈妈的精力会大大恢复。这是因为孕妈妈体内激素分泌将逐步稳定下降而趋于缓和。也有些孕妈妈的害喜反应会更晚结束，因人而异，不过都会逐渐减轻。

### 快乐驿站

还没有做过产检的孕妈妈需要前往医院，在12周以前完成第一次产检。

# 本月胎教专家指导

*Benyue Taijiao Zhuanjia Zhidao*

## 情绪胎教

早孕反应对于孕妈妈心情的影响是无法逃避的，因此而引起的烦躁、易怒或易激动、抱怨等情绪仍然是孕妈妈可能遇到的问题，这些不愉快的心情会对胎宝宝产生影响，所以，在这个月里，保持健康而愉快的心情仍然是胎教的关键。

孕妈妈可以依照前两个月里调整情绪的有效方法来做，听听舒缓的音乐，看看有趣的画，做做开心的事情，多想想腹中的小宝宝，跟其他孕妈妈交流交流等，只要自己喜欢，都可以去做。

## 抚摸胎教

怀孕3个月时，胎宝宝已具人形，对外界的压、触等动作可以感应到，孕妈妈和准爸爸可以人为地对胎宝宝的感官进行适当超前的良性刺激，比如轻柔地抚摸下腹部或是坐在摇椅中轻轻摇动，这样可以给予胎宝宝触觉的刺激，促进其神经系统和感觉器官的发育，还可以帮助调整情绪。

## 运动胎教

除了坚持散步外，孕妈妈可以做一些适合孕期的运动，比如孕期瑜伽。在进行运动前，需要咨询医生和专业的瑜伽师。

## 语言胎教和音乐胎教

胎宝宝的听力开始发育了，因此，在以后的日子里，对胎宝宝听觉的刺激是一个需要常常做的事情，多和胎宝宝说话，多放一些喜欢的音乐听。

# 孕9周

Yun Jiu Zhou

## 知识课堂：语言胎教

孕妇或家人用文明、礼貌、富有感情的语言，有目的地对子宫中的胎宝宝讲话，给胎儿期的大脑新皮质输入最初的语言印记，为后天的学习打下基础，称为语言胎教。

### 语言胎教的作用

1 父母经常与胎宝宝对话，能促进其大脑发育，对宝宝出生后的语言及智力方面的良好发育有重要作用。经常给胎宝宝的大脑输入优良的信息，而且随着胎龄的不断增进而不断给予新的对话内容，就会促进胎宝宝大脑储存大量知识，并提高脑活动频率，宝宝出生后会更加聪明。

2 语言胎教也有利于将父母的爱传给胎宝宝，对胎宝宝的感情发育有很大好处。

### 语言胎教的形式

1 日常生活语言诱导，例如，可给小宝宝起好名字，每天反复对胎宝宝讲在他出生后要对他讲的日常生活语言。

2 系统性语言诱导，例如，儿歌、童谣，分阶段，由浅入深地进行。

**快乐驿站**

进行语言胎教时，一定要体现形象性和形象美的要求。只有形象、声音、情感三者统一在一起，形象才生动，母亲才能感到语言胎教的有趣和快乐，胎宝宝的听觉才能感觉到美好的信息，胎宝宝的心灵才能留下美好的记忆。

# 子宫对话，用“爱”和胎宝宝说说话

子宫对话就是“孕妈妈与胎宝宝的沟通方法”，将孕妈妈的情感、心绪、思考等，传达给胎宝宝。

## 子宫对话，关键是“爱”

对着子宫中的胎宝宝说话，想起来似乎不太可行，胎宝宝听觉还没有发育，这么早就说话顶用吗？事实上，对着子宫讲话并没有想象中那么深奥难懂，全凭对胎宝宝的爱意。只要准父母用爱来看待腹中的胎宝宝，经常对胎宝宝说话，准父母亲切的语调、动听的语言，通过语言神经的震动传递给胎宝宝，会使他产生一种安全感，促进大脑发育，使大脑产生记忆。

## 子宫对话可以进行的内容

1 根据生活内容和胎宝宝对话。根据日常生活，随意确定与胎宝宝的对话内容。比如给胎宝宝讲自己看到的东西，或者正在做的事情等。

2 为胎宝宝读文学作品。给胎宝宝读文学作品，尤其是优美的散文和诗歌，也是语言胎教的一项内容。

总之，与胎宝宝对话不必拘谨，话题很多，信手拈来即可，还可以将自己对胎宝宝的期望也说出来，这对于强化胎宝宝的形象也是有益的。

## 子宫对话的技巧

1 对话时声音要适当大和清晰，速度要缓慢，要发自内心、满怀爱意。传递给胎宝宝的声音通过羊水后往往有些模糊不清，因此在对胎宝宝说话时，声音要适当大一些，吐字要清晰一些，停顿要长一些，语速要慢一些。

2 对话时注意简化并重复短句，准爸爸最好能将针对日常生活内容和表达感情的话语简化，如“宝宝，我们吃饭了”“饭好香”“宝宝，我们很爱你”等，然后经常性地重复对胎宝宝讲，以加深胎宝宝对这些话的印象，促进他的记忆力和理解力。

### 快乐驿站

子宫对话可以从怀孕初期就开始施行，并一直坚持到宝宝出生，这样的效果是最好的。

怀孕第5个月后他就能听到准爸爸的话语，接下来可以尝试着让胎宝宝集中意识，大声地教他汉字、数字、字母、花草树木等，胎宝宝能感受到这种交流，从而促进其智力的发展。

## 抚摸，让胎宝宝感受孕妈妈的爱

抚摸胎教是准父母与胎宝宝之间最早的触觉交流，通过抚摸孕妈妈的腹部，使腹中的胎宝宝感觉到父母的存在并做出反应。

### 抚摸胎教的益处

1 可以锻炼胎宝宝皮肤的触觉，并通过触觉神经感受体外的刺激，从而促进了胎宝宝大脑细胞的发育，加快胎宝宝的智力发展。

2 能激发起胎宝宝活动的积极性，促进运动神经的发育。经常受到抚摸的胎宝宝，对外界环境的反应也比较机敏，出生后翻身、抓握、爬行、坐立、行走等大运动发育都能明显提前。

3 在进行抚摸胎教的过程中，不仅能让胎宝宝感受到父母的关爱，还能使孕妈妈身心放松、精神愉快，也加深了一家人的感情。

### 抚摸胎教的方法

在怀孕3个月以后，孕妈妈可以进行一些来回抚摸的练习。即孕妈妈在腹部完全松弛的情况下，用手从上至下、从左至右，来回抚摸。在抚摸的时候，动作要轻，时间不宜过长，还要保持稳定、轻松、愉快、平和的心态。

**快乐驿站**

抚摸胎教最好安排在同一时间，并以同样的手法进行，形成规律后就能感受到胎宝宝的反应了。

## 电影欣赏：《星爸客》

导演：肯•斯科特

主演：帕特里克•华德，朱莉•勒布勒东

类型：喜剧

语言：法语 / 西班牙语

片长：109分钟

### 影片简介

《星爸客》讲述了男主角大卫被一纸律师函改变了人生轨迹，一直过着“废柴”生活的他凭空多出了533个亲生骨肉，而其中100多个孩子已经联名起诉想要他们的父亲“现身”。大卫从刚开始得知消息时的震惊与逃避，慢慢地发展成接受现实并直面问题，这一切都是他体内萌生的“父性”使然。大卫在没有坦白自己身份的前提下，暗地里接触他的“孩子们”，并在与这些性格迥异的小伙子小姑娘们接触的过程中发生了许许多多令人捧腹又动容的故事，而正是这个过程让大卫找到了自己人生的新方向。

### 胎教点读

《星爸客》是一部荒诞中又带温馨的喜剧，它用一个极富创意和噱头的故事，表现了人与人之间、家人与家人之间的真情。

533个孩子的身份各形各色：有瘾君子、运动员、社团分子……但电影的魅力和有趣之处便是把他们集合在一起，他们有着一致的需求——爱！

片中有一处令人动容的场景，大卫见到了533个孩子其中的一个——身有残疾的拉斐尔。看着银幕上大卫喂拉斐尔吃饭，突然让人意识到，每一个孩子都对应着一种父亲，533个孩子让大卫和观众体验了万般父母的感受。

不得不说，《星爸客》充满着责任、担当的父性力量与积极向上的正面能量，准父母一定会被男主角那种担当和责任感感动。

## 讲故事《蜡烛的热度》

### 蜡烛的热度

有一年冬天，天气寒冷。阿凡提与几位朋友打赌说，他能在这冰天雪地里，在野外过上一夜而不被冻死。

“阿凡提，如果你真能这样，我们将输给你两枚金币。”朋友们说道。

“一言为定！”阿凡提说。

当晚，阿凡提带上一本书和蜡烛，到野外度过了一个对他来说是最寒冷的夜晚。

天亮后，阿凡提哈着气、搓着手跑回村里向朋友们索要打赌钱。朋友惊诧地问他：“阿凡提，难道你没有用任何取暖的东西吗？”

“没有哇！”阿凡提耸耸肩膀说。

“连一支蜡烛也没点吗？”朋友们又问。

“我是点了一支蜡烛，可我是用它来照明看书的！”阿凡提说。

“蜡烛不仅可以照明，它也有热度，你肯定用它取暖了，这样不能算你赢。”朋友们耍赖道。

阿凡提没有争辩，默默地走了。过了一个月，阿凡提请这几位朋友到家里吃饭。可朋友们坐在客厅里等了数小时，肚子饿得咕噜噜直叫，阿凡提还是不端饭来招待。朋友们等得不耐烦了，出去想探个究竟。他们拥进厨房，发现阿凡提架了一口大锅，锅底下点着一支蜡烛正烧着，锅里一点热气都不冒。“阿凡提，用蜡烛能做熟饭吗？”朋友们取笑他说。

“你们说蜡烛有热度，我从一大早就用蜡烛的热度烧饭，可到现在都做不熟，我也感到非常奇怪。”阿凡提回答道。

# 准爸爸胎教：记住孕期产检时间表

## 定期产检很重要

1 定期产检可以对孕期并发症做到早期预防、早期发现，并及早采取有效措施，尽可能避免病情发展，保障孕妈妈健康和胎宝宝正常发育。

2 可以对孕妈妈进行孕期保健、合理营养、自我监护与母乳喂养知识的指导，消除孕妈妈对分娩的恐惧心理和不必要的顾虑，增强孕妈妈的信心和自我保健能力，减少孕期并发症的发生。

3 通过早孕初查，经过询问病史，全身体格检查、腹部检查、化验等方法，筛选异常孕妈妈，并根据情况进行合理的系统监护。

4 对有严重遗传病和畸形胎儿史的孕妇，通过详细的家谱分析和遗传咨询，可以通过产前诊断，及早做出确诊，防止某些遗传病蔓延。

5 产前检查可以发现一些异常情况，如骨盆偏小、胎位不正等，并予以纠正；有些虽不能纠正，亦可及时收入院，并做到适时分娩。

## 准爸爸要记住孕期产检时间

怀孕后，由于孕激素的影响，可能会导致孕妈妈情绪不稳定、记忆力下降，因此，准爸爸要牢记产检的时间，提前和医生联系沟通，帮助孕妈妈安排好每次产检。

孕期产检时间表：

| 检查项目 | 检查时间 | 检查内容 |
| --- | --- | --- |
| 第一次产检 | 怀孕第6~10周 | 确认妊娠<br>了解孕妈妈病史<br>身体检查：体重、身高、血压等<br>实验室检查：血常规、血型、RH血型筛查、地中海型贫血筛查、梅毒筛查、尿常规、肝功能、肾功能等检查（上述内容被医院称为例行检查）<br>超声波检查：确认怀孕周数，排除宫外孕情况 |

续表一

| 检查项目 | 检查时间 | 检查内容 |
| --- | --- | --- |
| 第二次产检 | 怀孕12周 | 例行检查<br>妊娠健康知识教育 |
| 第三次产检 | 怀孕16周 | 例行检查<br>基本测量：子宫底高度测量、腹围测量<br>实验室检查：产前筛查（在6~21周进行） |
| 第四次产检 | 怀孕20周 | 例行检查<br>基本测量<br>超声波检查：了解胎儿发育状况 |
| 第五次产检 | 怀孕24周 | 例行检查<br>基本测量<br>实验室检查：妊娠糖尿病筛查（一般在24~28周进行） |
| 第六次产检 | 怀孕28周 | 例行检查<br>手脚水肿观察<br>基本测量 |
| 第七次产检 | 怀孕30周 | 例行检查<br>基本测量<br>水肿观察<br>实验室检查：梅毒病毒、风疹、乙肝检测；<br>超声检查：筛查胎宝宝表面畸形、心脏发育情况、各脏器发育情况 |
| 第八次产检 | 怀孕32周 | 例行检查<br>基本测量<br>水肿观察 |

续表二

| 检查项目 | 检查时间 | 检查内容 |
| --- | --- | --- |
| 第九次产检 | 怀孕34周 | 例行检查<br>基本测量<br>水肿观察 |
| 第十次产检 | 怀孕36周 | 例行检查<br>基本测量<br>水肿观察 |
| 第十一次产检 | 怀孕37周 | 例行检查<br>基本测量<br>水肿观察<br>实验室检查：复查血尿常规、肝肾功能等项目<br>超声检查：估测胎宝宝大小及观察发育情况、羊水、胎盘情况 |
| 第十二次产检 | 怀孕38周 | 例行检查<br>基本测量<br>水肿观察 |
| 第十三次产检 | 怀孕39周 | 例行检查<br>基本测量<br>水肿观察 |
| 第十四次产检 | 怀孕40周 | 例行检查<br>基本测量<br>水肿观察<br>安排分娩相关事宜 |

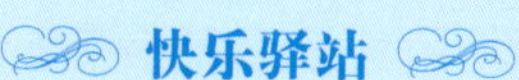

### 快乐驿站

有些产检不一定都会进行，特别是其中定期/特殊产检项目需要根据孕妈妈具体情况由医生确定。

# 孕10周

## 知识课堂：致畸敏感期的安全防护

致畸敏感期是指对致畸作用最敏感的胚胎发育阶段，即器官形成期。在此期间，胚胎细胞移动组合，形成器官原基，对致畸作用最敏感。

对于人来说，在胚胎发育的孕3周至孕9周时，配体内细胞增殖分化活跃，最容易受到致畸因子干扰而发生畸形，故称这段时期为致畸敏感期。孕妈妈应该对这段时间格外关注，做好胎宝宝的安全防护。

### 胎宝宝畸形是怎样导致的

有资料表明，在致畸因素中，药物约占1.5%，物理化学物质占1%，病毒及妊期疾病占1%~3%，原因迄今未查明者占65%。值得注意的是，约20%的致畸因素来源于父母的遗传性疾病而不是外环境的致畸因素。

人的情绪受中枢神经和内分泌系统的控制，如果孕妈妈孕早期常常处于紧张和担忧之中，不仅无益于胎宝宝成长，反而还可能真的造成胎宝宝唇裂或腭裂等畸形。

### 调试情绪

情绪紧张时，身体分泌的肾上腺皮质激素影响胎宝宝的发育，可能造成唇裂或腭裂等畸形，孕妈妈应尽量让自己保持心境平和。

恬静又轻松的睡眠对孕妈妈和胎宝宝都很重要，孕妈妈每天的睡眠时间应比以前增加1个小时，而中午如果能把双脚垫高些，放松地睡个午觉也很不错。

## 预防感冒

病毒感染对胎宝宝的危害极大，孕妈妈应尽量少去人口密集的地方，勤洗手、注意卫生，注意随时添加衣物，不让腹部着凉，避免感冒。

## 远离居家隐患

1 不用复印机、扫描仪。

2 远离洗涤剂、去污剂、厨房清洁剂。

3 远离微波炉、电磁炉。

4 不随便用药，如果非用药不可时，要在医生的指导下进行。

## 消灭致畸幻想

一些孕妈妈对胎宝宝致畸特别敏感，经常对照书里所写的情况，觉得自己犯了怀孕的禁忌，疑虑重重，产生焦虑情绪，越是清闲的孕妈妈，这种“致畸幻想”就越是频繁和强烈，一些抑郁或敏感气质的孕妈妈，越临近生产的时候越可能产生致畸幻想。

如果出现了这种情形，孕妈妈要及时自觉，不要让自己沉溺，以免心理压力太重，可以试着转移注意力，看看墙上挂着的宝宝图片，想想将来怎么打扮孩子，或者提早计划一下如何休产假，想想今天晚上吃什么，这样琐碎的事可以把自己从不良幻想中解脱出来。

# 读诗歌《爱抚》

### 爱抚

妈妈，妈妈，吻吻我吧，
我要更多地吻你，
直吻得
你看不见别的东西……
蜜蜂钻进百合里，
花儿不觉得它鼓动双翼。
当你把儿子藏起，
同样听不见他的呼吸……
我不停地注视着你，
一点也没有倦意，
你眼里出现一个孩子，
他长得多么美丽……
你看到的一切
宛如一座池塘。
但只有你的儿子，
映在秋波上。
你给我的眼睛，
我要尽情地使用，
永远注视着你，
无论在山谷，海洋，天空……

——米斯特拉尔（智利）

# 孕妈妈的口味和饮食习惯会影响胎宝宝

生活中往往有这样的例子：宝宝经常表现出没有胃口、不喜欢吃东西、吐奶、消化吸收不良，或在宝宝稍大一点开始进食副食品时，即出现明显偏食的现象，追溯既往，则发现其母亲在怀孕时的饮食状况往往也是胃口不好、偏食，或是吃饭的过程紧张匆忙，常被外界干扰打断；或者是常常有一餐没一餐的。其实，这就是因为孕妈妈的不良饮食习惯对胎宝宝造成的影响。

## 胎宝宝能记住孕妈妈的口味偏好

孕妈妈的口味对胎宝宝有重要影响，孕妈妈的偏食正是宝宝将来偏食的最大诱因。研究表明，胎宝宝的味蕾正在发育，胎宝宝会在子宫中“品尝”孕妈妈吃的食物的味道，并牢牢记住。将来，这种体验将对他出生后对食物的接受程度产生影响，他会更倾向于那些自己熟悉的食物。

## 饮食均衡

孕妈妈做到饮食均衡，可以培养以后宝宝不偏食的好习惯。而且，不同的营养素往往存在于不同种类的食物中，如蔬菜水果主要含糖、维生素、膳食纤维，而肉类食物多含蛋白质、脂肪、铜、铁、锌等营养物质，不吃哪一类食物，就会造成相应营养素的缺乏。因此，在孕期，孕妈妈每天最好吃多种食物，确保营养均衡。

### 快乐驿站

除了饮食习惯外，孕妈妈的其他日常生活习惯也将对胎宝宝产生潜移默化的影响。因此，孕妈妈提升自身素养也十分重要。

# 欣赏散文《飞不走的蝴蝶》

## 飞不走的蝴蝶

妈妈，蝴蝶是飞不走的，你的斜条纹的衣裙，没有洒上我们伊里亚那人梦中的香水，但是，妈妈，蝴蝶是不会飞走的。

你的慈爱是圣那安露一片低缓的谷地上，静默开放着的天竺花，当风吹来又逝去的时候，你就只有沉默了；当一群黄莺匆匆忙忙地摇振翅翼，你就只有孤独了；而当一只有油画颜色的蝴蝶飞进你的柔情，妈妈，你的眼睛正像风岛上明亮的灯光。

你曾对父亲说，要给所有的人以爱，他纠正说：不，是慈爱。那以后不久，你就拥有了一位带着克朗镇风味的女儿。

记得你叫过我猫咪，我叫一声就跑开了；你还叫过我法绒犬，后来，我真的像犬一样地独自在家园外遥远的路途上逡巡。

妈妈，那一次的外出好险啊，我刚刚读完一篇《为爱喝彩》，结果，在傍晚，你和父亲几乎和夕阳一道找遍整个地球。

深夜，你又重新唱起了歌，“飞走的蝴蝶啊，留下一片花园在悲怆”。

妈妈，想起因年轻而萌发的草率，即使你不是温馨的花园，我却已经是一只懂事的蝴蝶，一只再也飞不走的蝴蝶。直到你枯萎，直到我变成空气中一粒微不足道的尘埃，我也是伊里亚那那一座叫作安妮的花园里一只飞不走的蝴蝶。

——玛丽•格丽娜（美国）

### 快乐驿站

有一些文字，它不复杂，也无悬念，却能穿过我们的眼球、耳朵，让你忘不掉。那些简单真挚的情感，像悠扬的音乐一样，时常在脑海中响起，就仿佛时间的流逝不存在一样，你也会做那只飞不走的蝴蝶吗？

# 准爸爸胎教：陪孕妈妈去做第一次产检

孕妈妈需在12周前做第一次产检，现在，准爸爸需要做些功课，为孕妈妈的第一次产检做好准备了。

## 提前预约

准爸爸要提前预约产检医院，以便到了预定的日期，陪孕妈妈从容地去检查。

## 提醒孕妈妈注意着装

做产检时穿的衣服要宽松，容易穿脱。最好的搭配是前开口的上衣和大摆的裙子或宽松的裤子；鞋子要避免复杂的系带鞋子，尽量好穿脱。

不要穿连衣裙，以免在某些检查时，需要把裙子全部提起，导致全身暴露而尴尬。

## 医生的提问

在产检时，医生会问一些问题，包括孕妈妈的月经周期、末次月经时间，怀孕的次数、分娩次数、流产次数和流产方式、既往病史、手术外伤史以及药物过敏史等，另外，还会问准爸爸的年龄和身体状况，以及夫妻双方的家族遗传病史等。家族有无遗传病史，孕妈妈要提前了解一下。

## 安慰妻子

产检的时候，孕妈妈多多少少会有些担忧，准爸爸一定要表现得镇定并保持理性，及时用自己的智慧宽慰孕妈妈。

## 向医生请教不懂的地方

检测结束后，有任何不明白的地方一定要及时请教。如果B超检测员发现一些不确定的情况，或者无法回答的疑问，准爸爸应该去询问产科医生。

## 参加学习班

现在很多医院都开设有“孕妇学校”或“准爸爸学习班”，全面教授孕期及产后的育儿知识。准爸爸在课堂里可以学到很多关于怀孕和分娩的必要知识，如产前检查的重要性、孕期在饮食和日常习惯上要注意的事项、如何处理孕期出现的特殊问题，学习为孕妈妈数胎动等。这种课堂是非常欢迎准父母一起参加的。所以，准爸爸最好能于百忙之中抽点儿时间和孕妈妈一起去听课，一来是学习必要的知识，二来也是体现自己对孕妈妈“心理支持”的有力行动，还可以跟其他准爸爸一起交流感受，一举多得。

### 快乐驿站

做产检当日宜早点出门，因为检查项目不少，而且候诊人比较多，如果出门晚，等候时间太长，容易劳累。

# 孕11周

Yun Shiyi Zhou

## 知识课堂：怀孕，孕妈妈和胎宝宝一起成长

开始进入孕期角色中，这个时候，孕妈妈就会慢慢发现，自己的心态有所改变，很多时候这种改变是积极的。

### 心态变得平缓，心境变得更为柔和

因为怀孕的特殊性，在最初的时候会不适应，孕妈妈容易紧张、焦虑，等慢慢接受了，整个人的心情都会变得开朗，即便遇到一些不顺心的事情，基本上也不再会像从前那样受影响，可能由于自己的注意力更多地放在和胎宝宝的相处上，会更倾向于保持平静和开心。

这种心态会让孕妈妈在与人相处时更能体谅别人、关爱别人，学着用不同以往的视角去观察人和事。

### 体验生命的意义

怀孕后，孕妈妈会体会到创造一个生命不容易，养育更不易，从而更敬畏爱惜生命。

### 更加有韧性、坚强

很多孕妈妈结婚后，自己更像个小孩，因为准爸爸“能化解生活的烦恼”。而有了宝宝后，孕妈妈能有一种做母亲的责任感，做事情更稳重，变得更成熟。

### 更加自信

怀孕这段时间，孕妈妈会充分挖掘自己的新潜能，不管是编织可爱的宝宝鞋袜，还是组装折叠小床，孕妈妈会发现自己的潜能真的是无限的。

**快乐驿站**

十月怀胎，每一天，孕妈妈都和宝宝息息相通，虽然怀孕的过程有些辛苦，但是感受着胎宝宝在身体里一天天长大，那样的幸福除了孕妈妈谁也无法感受得到，如果孕妈妈有了怦然心动的感觉，不妨记下它们，这是自己和胎宝宝一生难忘的珍贵记忆。

# 孕妈妈爱美，胎宝宝感受得到

胎教是贯穿于整个孕期始终的行为，孕妈妈的日常生活本身也是一种胎教，所以孕期的穿衣、打扮也是胎教的一种。

## 爱美是很好的胎教

美丽是每一位女性所追求的，姣好的容颜会给自身带来许多欢乐。怀孕之后的孕妈妈，就更应该精心打扮自己。一方面是自娱的一种方式，对自己容颜、服装的关心会使孕妈妈忘掉妊娠中反应的不快；另一方面，孕妈妈精神、气色好了，不仅自己看了心里舒服，别人看了，称赞几句，孕妈妈心里也一定会很高兴的。

可见，美丽能够使得孕妈妈保持自信、乐观、心情舒畅。因此，穿衣、打扮无论对孕妈妈自身还是对胎宝宝都是很有意义的。

## 淡妆怡情

一般来说，医生和美容师都不鼓励孕妈妈化妆，因为很多化妆品中含有铅、汞成分，经常使用可能对胎宝宝造成不良影响。

但是爱美的孕妈妈偶尔为之，化个淡妆也没有关系。不过，孕妈妈应该选择用带保湿成分的化妆品或保养品，要记得及时并彻底卸妆，让皮肤好好透气。

## 保持整洁最重要

仪容美的关键在于整洁，孕妈妈只要注意卫生，保持整齐，形象就一定会大为改观的。一件颜色明快、合适得体的孕妇装束，一头干净利索的头发，再加上恰到好处的面部修饰，便会显得精神焕发。

## 修养气质很重要

在美与不美这个话题上，孕妈妈本身的气质很关键，良好的道德修养、广博的学识、高雅的情趣都是内在美的关键，平时应多培养。

### 快乐驿站

有的孕妈妈为怀孕之后体形发生了变化而烦恼、痛苦，其实，孕妇本身就有一种别样的美丽，如果再加上自己的修饰，会达到人美心也美的境地，不必为此苦恼。

# 电影欣赏：《里约大冒险》

导演：卡洛斯·沙尔丹哈

编剧：唐·莱默尔

配音：安妮·海瑟薇，罗德里格·桑托罗，乔治·洛佩兹，杰克·T.奥斯汀，卡洛斯·庞丝

类型：冒险，喜剧，动画

语言：英语

片长：96分钟

## 影片简介

影片讲述一只明尼苏达州小镇上的金刚鹦鹉，一直认为自己是世界上仅存的一只金刚鹦鹉。一天它得知里约热内卢还有另外一只金刚鹦鹉，并且还是一只雌性金刚鹦鹉时，它便决定离开家乡，前往巴西的里约热内卢开始它的冒险。

## 胎教点读

《里约大冒险》是一个爱情故事，一个家庭故事，但它更是一个关于自由与梦想的故事。影片主人公布鲁是一只不会飞的鹦鹉，它一直满足于自己可以走来走去，但在冒险过程中，它也慢慢明白了“自由飞翔”的含义——作为一只鸟儿，就应该在蓝天翱翔。

当布鲁终于在爱情的力量激励下勇敢伸出翅膀，展翅飞翔救下了恋人时，不管是孕妈妈还是胎宝宝，在那一刻都会相信：爱就是我们最有力的翅膀！

《里约大冒险》可以算半个歌舞片，其中的音乐优美，舞蹈动感，非常带劲！另外，激情四溢的里约狂欢节，让人感觉一种热情扑面而来，绝对能勾起孕妈妈对沙滩、海洋、椰树这种热带风情的渴望。

孕妈妈不妨憧憬一下，等宝宝出生了，会跑了，一家人光着脚丫在沙滩上玩耍，是多么的惬意，相信胎宝宝也能感觉这份美好，快快成长，让孕妈妈的愿望不久就成为现实。

### 快乐驿站

影片中的主角是蓝色斯皮克斯金刚鹦鹉，是世界上濒临灭绝的鸟类之一。它有着钴蓝色的鲜艳羽毛，黑色的喙，嗜食坚果、水果、种子与浆果，坚硬的喙可以破开坚果。它们常以一对配偶的形式生活并在重蚁木上筑巢，是一种非常聪明、非常好奇的鸟类，对配偶的忠诚度非常高。

# 讲故事《大熊星和小熊星》

## 大熊星和小熊星

大熊星牵着她的女儿小熊星从天上降落下来，她们在天宫里实在太饿啦。大熊星想，在地球上也许能找到点什么东西充饥。

她们降落在一座城市。大熊星走进一家最漂亮的食品杂货店，要伙计每样食品给她来一千克。她对老板说：

“我身上没带钱，可我答应你，在我回到天上以后，我扔下来的第一个金币——一颗美丽的流星，一定属于你。”

老板听了，恼怒地把大熊星赶了出去。

大熊星背着女儿来到了森林。她们身上的毛皮闪闪发光，棕熊们一眼就认出她们了。可是棕熊对她们很冷淡，不肯把自己的食物拿给她们吃。

“你们还是去找北极熊吧，它们也许能给你们点什么。”棕熊们说。

大熊星和她的女儿游过北冰洋，来到北极。母女俩找到了北极熊。北极熊得知她们的来意，不冷不热地说：“表姐，您如果想吃东西，去海里捞鱼就成了。”

可是大熊星不会捞鱼。小熊星哭了，眼泪流下来很快就成了冰。她轻声叫着：“饿呀！妈妈！”

大熊星出于对女儿的疼爱，做了很大努力，终于摸索出了打鱼的办法。她甚至还储存了一些冻鱼，以便带到天上去。她决定在下一次月亮改变位置的时候带女儿回家。这天，女儿去找小北极熊玩了，她在小海湾里打鱼。突然，她听见一阵脚步声，一个猎人正朝她直扑过来。

大熊星很害怕，一边跑一边喊：“我不是普通的熊，当心点，我是大熊星！”

本来大熊星是可以飞回天上去的，但是她的女儿还留在岸边，正和小北极熊玩儿呢。她一边跑，一边叫：“小熊，小熊呀！”

大熊星没有听到女儿的回答，她停下来，转身对猎人说：

“我不想抵抗了，你可以得到我的金毛皮，只是你得答应我，不要伤害我女儿，请你喂养她保护她，直到她长大。”

猎人答应了，他用刀刺向了大熊星，拿了些皮毛，然后就去找小熊星了。可是小熊星一看到他顿时吓得惊叫了起来。

倒在雪地上的大熊星，渐渐苏醒过来。她顺着女儿的叫声找到了猎人，只一掌就把猎人打倒了。然后她跑到冷藏库里取出了冻鱼，牵着小熊星的手，呼地一下跳到天上去了。

自那以后，她们再也没有从天上下来过了，可能是因为她们的冻鱼还没有吃完吧。

——阿丽特•白克，刘芳译。节选自《世界童话名著》

# 准爸爸胎教：和孕妈妈一起憧憬宝宝的未来

在宝宝还没有出生的时候，准爸爸和孕妈妈不妨一起想象一下宝宝的未来，这是十分幸福的事情。

准爸爸如果能经常和孕妈妈幸福地憧憬一番，把自己的爱意告诉胎宝宝，会使宝宝日后拥有出色的语言能力。而且，这样能增进、加深宝宝出生后与爸爸的感情，利于宝宝早期智力的开发，还可使他更愿意同周围环境的人相互交流，促进健全人格的培养和形成。

## 想象宝宝的模样

准爸爸可以和孕妈妈一起想象未来宝宝的模样。如果是个男孩，他肯定有和准爸爸一样轮廓分明的脸庞和挺直的鼻梁；如果是个小姑娘，她一定和孕妈妈一样，大大的眼睛、长长的睫毛，还有一头柔亮的黑头发。不过，不管宝宝长得什么样，爸爸妈妈都会非常爱他。

## 想象胎宝宝的性格

准爸爸和孕妈妈可以想象，宝宝的性格一定很开朗活泼，见到叔叔阿姨会喊得很响亮；他也很有爱心，见到小朋友哭泣会上前安慰，更重要的是，宝宝性格坚强，遇到困难不会退缩。

准爸爸和孕妈妈可以把对宝宝的这些憧憬大声说出来，也可以写在纸上，将来宝宝长大了，看到这些期待，也一定备受感动。

## 想象和宝宝一起玩耍

准爸爸和孕妈妈还可以想象和宝宝在一起玩耍，和宝宝做游戏。等宝宝再长大一点，他还是爸爸妈妈的小助手，爸爸干活的时候，他能帮助递工具；妈妈择菜的时候，他也能搭把手，宝宝做事机动、灵活，特别厉害。

# 孕12周

## 知识课堂：了解胎宝宝发育重要数据

当胎宝宝的感觉器官发育成熟，能够接收到外界传达的信息，并且能够产生反应的时候，就可以让学习更加事半功倍。

### 胎宝宝大脑和各感觉器官的发育状态

| | |
|---|---|
| 大脑发育时间 | 12周时胎宝宝逐渐有了接受能力，16周时胎宝宝已能表示喜恶。在第7个月，胎宝宝脑部发育完全，开始有记忆、思考、感情等能力 |
| 听力发育时间 | 胎宝宝15周开始有听力，20周时听觉功能已经完全建立，25周时听力几乎与成人相当，28周时对音响刺激已经具备充分的反应能力 |
| 视觉发育时间 | 13周时胎宝宝视觉已经形成，29~32周，胎宝宝开始尝试睁开眼睛 |
| 触觉形成时间 | 一般而言，在12周左右，胎宝宝的触觉就形成了 |
| 味觉发育时间 | 孕5月，胎宝宝味蕾开始长成，到孕7月，味觉已发育成熟，能辨别甜与苦味 |
| 自觉胎动出现时间 | 孕16~20周 |
| 胎动正常次数 | 每12小时30~40次，最低不少于15次 |
| 胎动最频繁的时期 | 孕28~34周 |

**快乐驿站**

不论胎宝宝处于哪个发育状态，孕妈妈保持愉悦的身心，让胎宝宝觉得安全、安心，是胎教达到良好效果的前提。

# 和胎宝宝分享回忆

想起自己小时候，多数人感觉特别温馨、美好，感情也很丰富。因此，孕妈妈在比较有空的时候，可以给胎宝宝讲讲自己小时候的事，和胎宝宝一起分享回忆。

## 做好准备

孕妈妈可以半躺在床上或躺椅里，沐浴着阳光，就可以开始讲了。语言上需要设计好，开头可以是这样的："宝宝，今天给你讲讲妈妈小时候的事吧，妈妈小时候可是个人见人爱的小丫头呢，有一天……"每次讲一个小故事，不要讲太多，以免影响胎宝宝休息。

## 将形象与声音结合

像看到影视的画面一样，先在头脑中把所讲的内容形象化，然后用动听的声音将头脑中的画面讲给胎宝宝听。这样的话，就是"画的语言"。这样，孕妈妈就和胎宝宝一起进入自己讲述的世界。孕妈妈所要表现的中心内容，也就通过形象和声音输入了胎宝宝的头脑里。

## 结合照片

讲小时候的事时，可以结合着照片进行。拿出照片，描画照片的样子，跟宝宝说说这个时候自己多大、穿着什么衣服、留着什么发型、拍照片时的情形、有什么好玩的事发生、自己当时是什么心情等。

### 快乐驿站

给胎宝宝讲小时候的故事，要多讲那些可爱有趣的故事，有些让自己感觉伤心或委屈的做事，暂时不要讲给胎宝宝听。

# 名画欣赏：《鸢尾花》

## 胎教点读

这幅古典油画《鸢尾花》是由荷兰著名画家，野兽派的创始人和主要代表人物文森特•威廉•梵高在1889年5月创作的。

《鸢尾花》是一幅很简单的油画作品，在整幅油画作品中只是简单地描绘了一片鸢尾花，它们开得是那么欣欣向荣，那么朝气蓬勃。

看《鸢尾花》最大的感受应该是，画家赋予了描绘对象一种天然本真的生命力，代表了画家本人对生命的一种期许。

细细品味，鼻间处仿佛飘过淡淡的花香，蓝紫色的色调把孕妈妈带入了一个梦幻的世界，身边的鸢尾花翩跹飞舞着，美丽、光芒四射、生机勃勃……

### 快乐驿站

梵高语录：

1.在大多数人的眼中我是什么呢？一个无用的人，一个反常与讨厌的人，一个没有社会地位，而且永远也不会有社会地位的人。好极了，即使这是事实，我也要以我的作品来表明，这样一个反常的人，这样一个毫不足取的人的内心是怎样的。这是我的雄心，它的主要基础是爱而不是恨，是冷静而不是热情，我时常陷入极大的痛苦，这是事实。但是我的内心仍然是安静的，是纯粹的和谐与音乐。在最寒碜的小屋里，在最肮脏的角落里，我发现了图画。

2. 我总是全力以赴地画画，因为我的最大愿望是创造美的作品。

3. 在我的生活与绘画中，我可以不要上帝，但是像我这样的笨人，却不能没有比我伟大的某种东西，它是我的生命——创造的力量。

4. 一个人绝不可以让自己心灵里的火熄灭掉，而是要让它始终不断燃烧……你知不知道，这是诚实的人保存在艺术中最最必要的东西！然而并不是谁都懂得，美好的作品的秘密在于有真实与诚挚的感情。

## 讲故事《忘了自己的猪》

### 忘了自己的猪

在一条小溪边，一只老猪正率领着自己的一群小猪渡溪水。

临渡水时，老猪对小猪们说："我们一共12只，渡到对岸之后，要记得检点我们的数目！"它吩咐完毕，就和小猪们一同渡水过去了。

不一会儿就到了对岸，小猪们抖着身上的水，老猪则开始检点猪群，看有没有遗失。

但是，它数来数去，都只有11只，这是怎么回事啊？忽然，它惊叫道："这一只一定是在渡水时，给水冲走了。"

小猪们一听，立马伤心了起来，它们就悲叫着，哭那只牺牲了的小猪。

一个聪明人见这情形，不禁扑哧地笑起来，对这老猪说道："你数了几次，都忘记了你自己。世界上第一件要注意的事就是自己，你为什么竟忘了你自己哩。"

——泰戈尔（印度）

### 快乐驿站

是啊，我们首先要把自己安顿好，忠于自己的内心，这样才不至于出现自责、不安、焦虑的感觉。在给胎宝宝读胎教故事的过程中，准爸爸也应当忠于自己的内心，如果你不赞同故事的观点，那么，就按照自己的想法来说给他听吧。

## 准爸爸胎教：为胎宝宝制作小玩具

在我们日常生活中，有很多用过的东西都被当成废品扔掉，这是很可惜的，如纸盒、小瓶、小桶、瓶盖、蛋壳等，但这些东西对于孩子颇有吸引力。准爸爸利用家里的废弃物品给胎宝宝制作小玩具，这样既节约了玩具花费，制作的过程又加深了亲子的交流，增进了准爸爸和胎宝宝的感情，而且，还能给胎宝宝传达环保、节俭意识。

### 纸盒玩具

用各种不同形状、不同大小的纸盒经过剪、粘、画等方法可以做成床、衣柜、桌子、凳子、沙发及家用电器，如电视机、电冰箱等。宝宝出生后可以借助它们玩"过家家"的游戏。

利用长纸盒和圆纸片制作各种车辆、楼房；用纸筒做各种动物，利用圆柱形纸盒将两头切去一半做小篷船；用大纸盒和小纸盒组合粘成机器人；在各种形状纸盒下面加上纸穗儿可以做灯笼等。

### 塑料瓶、瓶盖及蛋壳玩具

将大塑料瓶切去一半，下段可以做小桶，上段做漏斗，可以玩水、玩沙；从瓶底部切开，留出提梁，其他部分剪成细条，瓶口处四周扎出眼，将每条都拉下来插进小口，这样就做成了花篮；用瓶盖穿成一圈可做成手铃。

# 孕四月

# 胎心音变得很有力

慈母的胳膊是慈爱构成的，孩子睡在里面怎能不甜？

——雨果

# 胎宝宝发育情况

*Taibaobao Fayu Qingkuang*

## 孕13周，流产的概率大大降低

现在，孕妈妈进入了孕中期（怀孕4~6个月），进入孕中期标志着宝宝的大部分关键性发展都已经完成，而且流产的风险也降低了很多。

### 形成独一无二的指纹

在本周之前，小胎宝宝一直是耷拉着脑袋的，因为脖子还没发育到足以支撑起头部。这种状况将在本阶段得到改善，现在的脖子已经发育到足以支撑起头部了。胎宝宝长在头部两侧的眼睛逐渐向面部正前方移动，耳朵也逐渐向正常位置移动，面部五官更加集中了。

另外，胎宝宝的牙槽内在本周开始出现乳牙牙体，声带也开始形成。还有一个胎宝宝重要的身份识别信息也开始形成了，这就是胎宝宝的手指和脚趾纹，这是独一无二的，在宝宝出生后，脚纹将被印在出生记录单上作为证明。

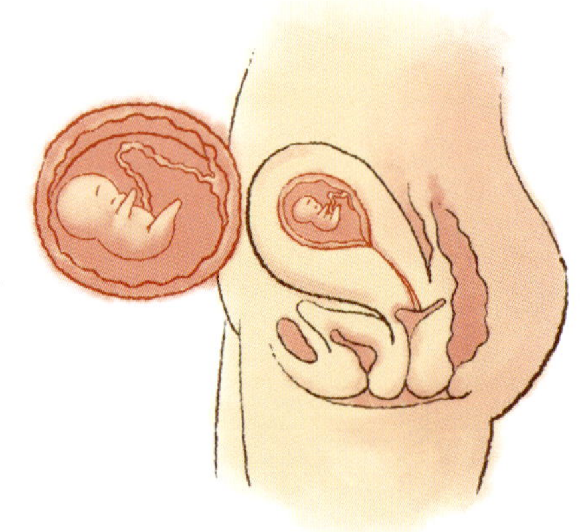

**快乐驿站**

虽然孕妈妈已经基本度过了易流产时期，但如果孕妈妈有过流产史，则仍然要注意做好保胎工作。

## 孕14周，可以看出性别了

胎宝宝现在像一个精细的小人儿，尽管他现在还非常微小，但他身体的所有基本构造都已经形成了。

胎宝宝身体的生长速度超过头部，头重脚轻的状况将得到很大改善，身体外观的比例将逐渐协调。支撑小脑袋的脖子也比以前更加伸展，小胎宝宝甚至有力气抬起头来了。小小的脸蛋有时还会出现皱眉、斜眼等可爱的动作。

胎宝宝骨骼在继续发育，软骨开始形成，他现在正在努力学习许多更复杂的行为：手指开始能与手掌握紧，做出抓或握的动作，还会把手放入嘴里吮吸，脚趾与脚底也可以弯曲了。

还有一个很重要的变化，就是胎宝宝的外生殖器已经能够完全区分性别了。

## 孕15周，可以感觉到光了

小胎宝宝的身上开始长出细细的毛发了，头发和眉毛也零零星星地开始生长。两只眼睛上的眼皮已经完全盖住了眼球，如果遇到明显的光线刺激，可能会微微眨动眼皮或者将脑袋转开。

胎宝宝的腿开始比胳膊长，并且可以活动所有的关节和四肢，他的手也更加灵活，可以做更多的动作了，这个时候他经常做的动作也许是将自己的大拇指放到嘴里吸吮，这些动作对于他的大脑发育是有益的。

吞吐羊水的游戏是胎宝宝喜欢的游戏，这样做可以促进胎宝宝肺部气囊的发育。最有趣的是，胎宝宝竟然学会了打嗝，这是胎宝宝在为学习呼吸做准备。由于各主要关节都发育完成，小胎宝宝的动作更协调了。

在内部，稚嫩的内脏们有条不紊地训练着自身的功能，为将来的出生做准备。保护内脏的腹壁也增厚了，有了一定的防御能力。

### 快乐驿站

如果孕妈妈曾经有过流产史，最好在怀孕14~18周的时候，去医院做一次产前的检查和诊断。通过检查可以对胎儿先天性和遗传性疾病做出异性判断。

# 孕16周，胎宝宝身体比例更协调

到这个月月底，胎宝宝能长到大约16厘米长，接近孕妈妈的手掌大小了，体重也将增加到120克左右。胎宝宝的小胳膊小腿也发育完成了，关节活动更灵活。头部现在大约占到小胎宝宝整个身体的1/3，也比从前更加直立，双眼也已经从头的两边移到了前方，尽管他还闭着眼睛，但他的眼球已经能够慢慢移动。胎宝宝的耳朵也已经到达了最终的位置，现在，他看上去更加协调漂亮了。

## 循环系统正常工作

胎宝宝的循环系统几乎都进入了正常的工作状态，可以把尿排到羊水中，但羊水仍然是安全的，因为胎宝宝的尿液是干净无毒的，其中的代谢废物早已经随着孕妈妈的循环系统排出体外，所以胎宝宝还是会把羊水吞咽下去练习呼吸。

## 听力逐渐形成

从16周到19周，宝宝的听力逐渐形成，此时的他就像一个小小的窃听者，能听得到孕妈妈的心跳声、血流声、肠鸣声和说话的声音。

## 出现胎动

胎宝宝神经系统也开始了工作，肌肉对于来自外界的刺激有了反应，能够协调运动了，这些成长让小小的胎宝宝越来越好动，不时就会翻个筋斗或者踢蹬一下腿。如果孕妈妈有过孕育史，可能在这周就感觉得到胎动了。如果孕妈妈第一次怀孕，那么感觉到胎动的时间就会晚一些。

**快乐驿站**

一旦发现第一次胎动，孕妈妈就要把胎动的时间记录下来，下次去医院做产检时可以告知产检医生。

# 孕妈妈身体变化情况

Yunmama Shenti Bianhua Qingkuang

## 妊娠反应消失

随着体内的激素分泌量下降并趋于平稳，孕妈妈进入了最美好的怀孕阶段——孕中期。进入相对稳定的孕中期，一直困扰孕妈妈的呕吐、疲惫、晕眩等孕早期妊娠反应会大大减轻或者消失。

## 腰疼

由于子宫日渐膨隆，使得孕妈妈的腹部向前突出，骨盆前倾，身体的重心前移，这会加重孕妈妈背部肌肉的负担，所以这时候孕妈妈可能常常会感到腰痛。此外，孕妈妈可能还会觉得容易疲倦，并且可能有便秘、胃灼热、消化不良、胀气和水肿等症状，偶尔会头痛或晕眩、鼻塞、牙龈出血等。

## 乳房继续增大

孕妈妈的乳房也会变得更大，而且形状也有所改变——乳房的下端向两侧扩张。乳房处的静脉在皮肤下清晰可见，乳晕颜色明显变深面积也增大。触摸乳房的时候，还可能感觉有瘤状物体，这是由于乳腺管为产乳做准备引起的。

## 体重上升，能看出孕相了

不少孕妈妈的体重现在开始明显上升，身材开始变得丰满，腰围也有所增加。

随着子宫的继续膨大，大多数孕妈妈的肚子都有些“显山露水”了，眼尖的人估计可以隐约猜出孕妈妈有身孕了。

## 日渐容光焕发

随着体内血容量的增加，血液循环速度的加快，加上本身体温比普通人略高，孕妈妈现在皮肤看起来显得红润许多，再加上早孕反应的逐渐减轻，孕妈妈整体看起来越来越容光焕发。不过，由于激素的影响，皮肤色素沉着更多，肤色原本就比较黑的孕妈妈，可能会看起来更黑了。等到分娩之后，沉积的色素才会逐渐褪去。

### 快乐驿站

由于怀孕后孕妈妈体温会比普通人高1℃左右，所以可能会经常觉得热，出汗也多，建议孕妈妈尽量穿透气、吸汗的棉质衣服，并勤换洗衣服，让自己更舒适。尤其是内裤，要勤换勤洗，以免因为阴道分泌物增加而让自己难受。

# 本月胎教专家指导

Benyue Taijiao Zhuanjia Zhidao

进入孕中期，胎宝宝的神经系统、感觉系统、听觉系统开始发达，细部肌肉对外界刺激会形成特定的反应，如他不高兴时会咧嘴、紧张时会握紧自己的拳头、听音乐的时候他还会摇摆自己的脑袋。

## 增加声音刺激

这个时期，胎宝宝能听到和分辨各种不同的声音，并进行“学习”，因此，语言胎教应当成为每天胎教内容的重点。

孕妈妈可以多与胎宝宝对话，经常唱一些轻柔的歌曲给他听，如果擅长讲故事，不妨多给胎宝宝讲几个好听的故事，这些努力将会带给胎宝宝良好的刺激。

## 让听音乐成为一种习惯

选择几首好的乐曲，曲目要固定，每天听一段时间，天天听会对乐曲有熟悉的感觉，形成习惯后，乐曲能在胎宝宝的头脑中留下比较深的印象，可以起到促进胎宝宝大脑和智力发展的作用。因此，现在给胎宝宝听音乐可以有目的性，让听音乐成为一种良好的习惯。

## 每时每刻都在进行的情绪胎教

孕妈妈的情绪会陪伴胎宝宝直到他出生，胎宝宝的感知能力越来越敏锐，孕妈妈良好的情绪能让他觉得安全，而不安的情绪会使他躁动不安，因此，孕妈妈要保持一颗愉悦平和的心。

## 运动胎教可慢慢增多

到了第4个月，胎宝宝比较稳定了，孕妈妈可以适当多做些运动，加大运动量，一些容易操作的家务活，比如洗碗、扫地等都可以量力而为，另外像孕期体操、孕期瑜伽、散步等运动也是这一时期不错的选择。

### 快乐驿站

如果孕妈妈还没有准备穿孕妇装，不妨先穿一些过渡性的衣服，像宽松的毛衣、T恤及伸缩性好的裤子等，那些不限制活动或不会阻碍血液循环的衣服都会让孕妈妈感觉更舒服。

# 孕13周

*Yun Shisan Zhou*

## 知识课堂：提早预防妊娠纹

到孕中期，受增大的子宫影响，皮肤弹性纤维与腹部肌肉开始抻长，当超过一定限度时，皮肤弹性纤维发生断裂，于是，在腹部会出现粉红色或紫红色的不规则纵形裂纹。除腹部外，它还可延伸到胸部、大腿、背部及臀部等处。分娩后，这些花纹会逐渐消失，留下白色或银白色的有光泽的瘢痕线纹，即妊娠纹。

随着胎宝宝的快速生长，孕妈妈腹部渐渐隆起，如果不注意保养，很容易出现妊娠纹，影响心情。孕妈妈可以提早做好预防，减缓妊娠纹的产生。

### 注意饮食

1 摄取均衡的营养，多吃新鲜水果和蔬菜、谷物、植物种子和坚果，多喝水，增加细胞膜的通透性和皮肤的新陈代谢，改善肤质，帮助皮肤增强弹性。

2 避免摄入过多的甜食及油炸食品，少吃色素含量高的食物。

### 控制体重

从孕中期开始控制体重，避免脂肪过度堆积而出现妊娠纹。每个月体重增加不宜超过2千克，整个怀孕过程应控制在11~14千克。

### 适度运动

适度的运动有助于防止脂肪过度堆积，对增加腰腹部、臀部、乳房、大腿内侧等部位的皮肤弹性效果明显。

孕中期是恢复运动的最佳时机，而游泳等运动对于增加皮肤弹性很有好处，而且还可以借助水的阻力进行皮肤按摩，促进新陈代谢，消耗多余脂肪。

**快乐驿站**

有些专门防治妊娠纹的护肤品含有加强皮肤弹性的成分，形成妊娠纹后也可坚持使用来修复淡化。孕妈妈选择产品时要以安全、温和为主。但一些内服保健品可能含有激素类药物，孕妈妈则不要随便使用。

# 音乐：《森林私语》

《森林私语》是自然音乐录音大师丹·吉布森的作品。丹·吉布森用毕生的精力录制大自然的声音，走遍了世界各地，从澳大利亚雨林到爱琴海边的Santorini岛，从新英格兰海峡到北极，他在不同的季节、不同的天候，录下了各种不同的声音，让作品的内容更加丰富。

## 大自然音乐

《森林私语》每一处细节都无不再现了大自然美妙无穷的号召与感知力，伴着清脆的鸟鸣、潺潺的流水、悠扬的笛音、优美的钢琴声，孕妈妈将陶醉于丹·吉布森的经典创作中……丹·吉布森将大自然的景象融入音乐之中，滤除了人间所有的言语，只留下三两点鸟啼、虫鸣和此起彼伏的流水，把耳际听觉的世界，拓展成一片辽阔无垠的旷野，在“自然音乐”的引领下，听者的心灵被拂拭得明洁如镜。

### 快乐驿站

其实，大自然的声音处处可听，只是我们都在忙碌没有注意到罢了。孕妈妈在闲暇的时候，不妨到户外走一走吧，只要我们用心听，总能发现一些自然的音乐，大自然的声音绝对会让我们放松身心，心旷神怡，忘记一切世俗的烦忧。

当孕妈妈感到轻松愉快，有一种安详、宁静的情绪荡漾在心头时，就用这样的心情把所见所闻讲给胎宝宝听：宝宝，你听见鸟语虫鸣了吗？看见红花绿草了吗？它们是那么的美丽，等你长大了和妈妈再一起来这里好吗？这便是最好的胎教。

# 讲故事《美丽的秘密》

## 美丽的秘密

一个城镇里，住着一位耳科医生，由于他医术很好，来就医的人川流不息。

一天黄昏，来了一个少女，她捂着一只耳朵，脸色苍白，喘着粗气。“你怎么啦？”医生一边洗手，一边问。

少女指着自己的右耳，叫道：“耳朵里进了不得了的东西，请快给取出来吧！”

于是，医生从柜子里拿出纱布和镊子，悠闲地坐在椅子上，问道：“是什么进去啦？”

“是秘密，秘密钻进我耳朵里去了。希望您能赶快把它取出来，等太阳沉了下去，那就完了。”

医生直眨眼睛，这样的病人，还是头一回遇见。“那，你到底听了什么样的秘密？”他和蔼地问。

少女小声说：“我听说我最喜欢的人，其实是只鸟，是被施了魔法的海鸥。”

“唔。”医生露出奇妙的脸色，点点头，然后鼓励少女讲得更详细一点，于是少女讲了这样的事：

我和他是在海边认识的，后来我才知道，他是渔女的儿子，我惊讶极了，渔女的年纪很大了，凹下的眼睛，很模糊，我们总是害怕她的眼睛——那双像奇异的沉淀物，仿佛在海底住了二百年的鱼眼睛！

时间一天天过去，我们既快乐又觉得恐惧，想逃离这里，到更宽广的地方去无拘无束地生活，但是，他害怕会魔法的妈妈，最后我们还是决定傍晚坐着小船偷偷逃走。

到了约定的时间，我一溜烟朝小船跑去，那种期盼与甜蜜感围绕着我，然而等我到船上时，看到的却是渔女，她把他锁在小房子里了，她冷笑着告诉我一个秘密：我心爱的人是一只海鸥，很早以前受了伤，被渔女救了，她把它当作自己的孩子一样爱，想一直放在身边。没想到有一天，从海里来了一只雌海鸥，它们相爱了，想飞到海上去，渔女对雌海鸥恨得要命，于是她把两粒施了魔法的红色海藻果实给家里的海鸥吃了，结果，只吃了一粒，海鸥就变成了个男孩子。她高兴得不得了，甚至没有觉察到剩下的一粒丢在什么地方了。

渔女恶毒地告诉我这个秘密，是因为一旦有人知道了，魔法就会解除，他就会重新变回海鸥了，除非我能忘掉或者从耳朵里取出这个秘密。

“原来是这样。”耳科医生点点头，“那么，我给你看一下吧。”

呀，太奇怪了，医生看到少女的耳朵深处有一个恰如小人国的风景：深蓝色的大海，金色的沙滩，还有一朵盛开的闪光的白色的辛夷花——不，那不是花，那是一只海鸥！“这就是秘密吧！”医生高兴起来，想把那只鸟取出来。

可是，时间一点一滴地过去了，医生用再长的镊子都够不着！突然，少女站起身来，悲凄地说：“太阳下沉了，我心爱的人儿已经变成鸟了！”

医生垂下头，他觉得非常过意不去，少女默默地回去了，这时，医生看见少女坐过的那椅子上有些羽毛样的东西，他拿起来端详，啊，是海鸥的羽毛！

医生吃了一惊，他赶紧追了出去，一个劲地跑，那孩子不知道，她自己也是海鸥，大概那时候，她是吃了渔女丢下的红果实的雌海鸥，可是她一点也不知道。

医生一心一意地在追赶着少女，他想要在少女的耳朵里，装进另一个美丽的秘密。

——安房直子（日本）

**快乐驿站**

医生能否追上少女，告诉她这个美丽的秘密呢？这仿佛是一个不可思议的梦一样，拿起久违的画笔吧，把这两只幻想世界里的鸟儿画出来，讲给孕妈妈和胎宝宝听，他们一定会喜欢这感觉的。

## 准爸爸胎教：不要忘记每天跟胎宝宝打招呼

胎宝宝是有敏锐的感受力和学习力的。胎宝宝在母亲肚里，便开始记忆母亲，甚至是父亲的声音，也因此而有舒适和安定的感觉。准父母如果能时常以温柔的声音和腹中胎宝宝说话，可以让胎宝宝有被爱的感觉。

### 跟胎宝宝打招呼

准爸爸早晨起来的时候，可以先对胎宝宝说一声“早上好”，告诉他早晨已经到来了。打开窗帘，推开窗户，呼吸着清新的空气，这时可以告诉宝宝：“小宝贝，今天的天气真不错。”

### 日常生活内容

人们每天都要做一些事情，好让自己意气风发地过完一整天，就比如每天习以为常的一些行为洗脸、刷牙、洗手、梳头、穿衣等。准爸爸做这些事的时候，不妨跟宝宝也说一说，解释一下这样做的原因，让宝宝有养成良好生活习惯的观念。

### 自己的心情

准爸爸可以跟宝宝说说自己的心事，也可以问宝宝问题，实际上，任何一个开心的话题都可以成为胎教语言。

# 孕14周

## 知识课堂：维生素A有利于胎宝宝视力发育

视力不佳或患有近视的准爸爸、孕妈妈，往往会有这样的忧虑：担心胎宝宝遗传上他们的眼疾。处在这种情况下的孕妈妈，可以适当多吃些富含维生素A的食物来改善自身和胎宝宝的视力。

维生素A又称抗干眼病维生素，对人眼视力有着非常重要的作用。当维生素A缺乏时，人眼对弱光敏感性就会降低，使暗适应时间延长，甚至造成夜盲症及干眼症。

孕妈妈多吃富含维生素A的食物，富含维生素A的食物有：动物肝脏、蛋黄、牛奶、鱼肝油、胡萝卜、苹果等。其中尤以鸡肝含维生素A为最多，胡萝卜还可以促进血色素的增加，从而提高血液的浓度。

## 多看漂亮宝宝照，将来宝宝也漂亮

孕妈妈在看漂亮宝宝的照片时，会觉得赏心悦目，心情愉悦。这种好心情会通过孕妈妈的神经传导给胎宝宝，不但可以给胎宝宝安全感，还有利于改善胎盘供血量，促进胎宝宝健康发育呢。

### 快乐驿站

孕妈妈也可以将自己和准爸爸小时候的照片拿出来，综合一下来想象宝宝样子。其实有很多宝宝出生后，都会被认为跟爸爸或妈妈小时候长得一模一样呢。

## 电影欣赏：《冰河世纪2》

导演：凯萝丝•山达纳

配音：约翰•雷吉扎默，奎恩•拉提法

类型：喜剧，冒险，动画

语言：英语

片长：91分钟

### 影片简介

冰天雪地的冰河世纪即将走到尽头，动物们对于这个新的世界感到兴奋：一个融水的天堂，间歇喷发的泉水。几年前在“护婴行动”中相知相识的三位伙伴：猛犸象曼尼、树懒希德和剑齿虎迪亚哥在一个冰雪围着的山谷中与一群大难不死的动物开心度日。正在享受温泉跟和煦的日光的剑齿虎迪亚哥、树懒希德和猛犸象曼尼无意中发现身边的冰川在渐渐消融，大量的海水却快要涌上来了，眼前的这块乐土即将被消融的冰雪淹没，于是他们必须在灾难发生前告诉大家并及时逃离山谷，躲过这场灭顶之灾。

### 胎教点读

3D特效呈现出的史前冰河时期的壮丽奇景实在令人叹为观止，一众动画角色的造型立体、细致、栩栩如生。片中诙谐幽默、夸张搞笑的桥段层出不穷，足以令孕妈妈度过一段非常愉快的观影时光。

## 讲故事《汉斯成亲》

### 汉斯成亲

汉斯是个农民，很穷，可他表哥就想给他找个有钱人家的姑娘做妻子。

一天，表哥把汉斯叫来，让他坐在火炉边，给他一罐牛奶和一些白面包，还塞了一个银币在他手里，叮嘱他：“把银圆捏牢，把白面包慢慢掰碎放进牛奶里。记得一定要慢，慢到我回来，你还没有掰完。”汉斯不明就里，但也答应了。

表哥穿上一条打着很多补丁的旧裤子去了邻村一家有钱人家，向他家提亲，并说求亲者家境很不错：“住得暖和，手里有钱，有牛奶有面包，田产不比我身上的补丁少。”姑娘的父亲跟着表哥悄悄来看了一眼汉斯，果然一切都像表哥说的一样。结婚的日子就定下来了。

婚后，姑娘想看看汉斯的田产，汉斯脱下礼服，换上打满补丁的衣服带着妻子向田野走去。每走过一片田产，汉斯就指着自己的衣服补丁说：“这一块是我的。”或者说：“那一片也是。”当然也是指着自己的补丁。

说实话，这补丁衣服倒真是汉斯自己的。

## 准爸爸胎教：与孕妈妈一起去游泳

游泳是一项非常安全有益的运动，水的浮力能使准孕妈妈的身体放松，有助于缓解各种不适，同时，还能锻炼孕妈妈的心肺功能，可以改善胎盘供血使胎宝宝更好地发育，是很好的运动胎教。

### 确定自己是否适合游泳

如果孕妈妈在怀孕前就一直游泳，在孕早期没有什么特殊状况的话，可以继续下去。如果孕妈妈基本不运动，那么即使现在到了孕中期，也仍然能够开始游泳。只是开始时要慢慢来，游泳前后充分活动身体，逐渐热身和放松，不要累着自己。

如果孕妈妈不确定，为了安全起见，可以先问问医生的意见。但是，有流产、早产、死胎史、阴道出血、腹部疼痛，或患心脏病、妊娠高血压综合征、耳鼻喉方面疾病的孕妈妈都禁止游泳。

### 游泳前的准备

1 选择卫生条件好、人少的游泳池。水温在29~31℃为宜，并能避开阳光的直射。

2 选择合适的泳衣。随着肚子的增大，孕妇泳衣可能会让孕妈妈感觉更舒适，泳镜、鼻夹、耳塞也是必备的游泳工具。

3 下水前先热热身，这能让孕妈妈的肌肉和关节做好准备。

4 在开始游泳之前，孕妈妈最好喝上一杯温开水（大概230毫升）。

### 准爸爸需要注意的

1 在泳池边搀扶孕妈妈，以防止孕妈妈摔倒。

2 上岸时注意擦干身体，避免感冒。

### 孕妈妈要注意的

1 选择感觉舒服的划水方式，不需要用蛙泳的姿势。只要仰面漂浮在水上，双腿慢慢踩水就可以得到很全面的锻炼。

2 游泳时动作不宜剧烈，时间也不要过长，一般不宜超过1小时。如果精力允许，可以隔天游一次，以达到最佳效果。

# 孕15周

Yun Shiwu Zhou

## 知识课堂：孕妈妈的声音让胎宝宝更放松

现在胎宝宝的听力迅速发育，在醒着的大部分时间里，他能够听到孕妈妈和别人说话的声音，并能分辨出妈妈的声音。

俗话说“母子连心”，胎宝宝在孕妈妈的肚子里和外界发生联系的方式就是通过声音，他们能记住妈妈说话的气氛，喜欢妈妈的声音。这种亲子之间的沟通可以给胎宝宝天然的安全感。

### 哼唱歌曲

孕妈妈在唱歌时产生的和谐的物理振动，会令胎宝宝感到愉快，并从中得到感情上和感觉上的双重满足。经常聆听妈妈的歌声，会让胎宝宝精神安定，身心和谐，为其出生后形成豁达开朗的性格打下了良好的心理基础。

所以，怀孕后孕妈妈就应该有意识地为胎宝宝选择一些歌曲来哼唱，胎宝宝一般喜欢旋律舒缓、优美的歌曲。

### 给胎宝宝描述现在的生活

孕妈妈不妨将自己每天的生活趣事讲述出来，让胎宝宝也一起与自己分享。讲述的方式多种多样，孕妈妈可以在散步时向胎宝宝描述看到的场景，也可以在睡前找一个固定的时间，跟准爸爸说说一天的生活。在跟胎宝宝说话时，孕妈妈要保持心情舒畅，富于感情，使自己在抒发情感与内心寄托的同时，让胎宝宝得到美的享受。

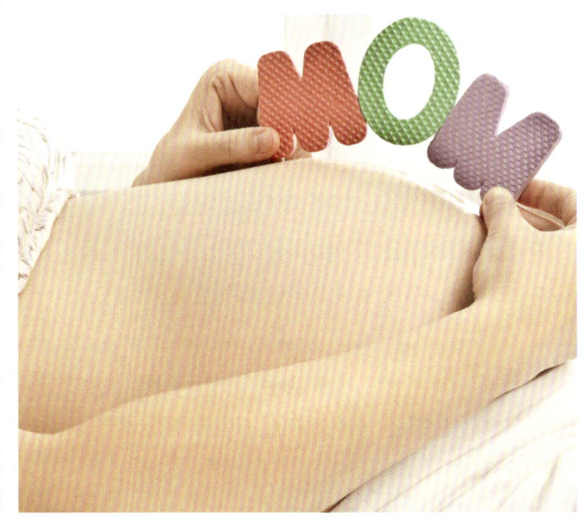

# 冥想，细细体会孕育的感动

冥想是一种在宁静状态下增强良好状态的温和运动，冥想的时候，孕妈妈的心情会格外平静，这个时候想象最容易在脑海中飞翔。

## 孕期做冥想的好处

1 令孕妈妈心情平静。

2 促进血液循环，有利于顺利分娩。

3 对胎宝宝大脑和性格形成有益。

## 在冥想中体会孕育

孕妈妈自己置身于一个舒适的环境中，或是坐着，或是躺着，使身体完全放松。从脚趾开始，一直到头顶，想着一步步地放松身体的每一块肌肉，让所有的紧张从身体中流出。用腹部又匀又长地呼吸，慢慢地从10倒数到1，每数一下都觉得自己是更深地放松了。

当孕妈妈感到自己深深的放松了之后，细细体会，从得知怀孕到现在，那些令自己激动和难忘的瞬间。

最初，多少次难以置信地看着两道红杠杠，不可思议地自问："自己真的要做妈妈了吗？"

后来，肚子稍微隆起了一点，腹中那个小生命越发真实。

当听到那"咚咚"的胎心音时，那种幸福感，即便多年以后，孕妈妈也许仍然会记忆犹新。

孕妈妈可以不出声地进行，可以大声说出来，也可以写在纸上，甚至可以歌唱或吟诵。

**快乐驿站**

孕妈妈要觉得冥想这一过程是欢快有趣的，要坚持做下去，可以是5分钟，也可以是半小时。每天都反复做，或尽自己所能地经常去做。

# 妈妈心情好，宝宝性格好

同样是十月怀胎，一朝分娩，宝宝的性格却天差地别。为什么有的宝宝出生后又乖巧又爱笑？为什么有的宝宝却烦躁不安、吵闹不休？这是许多妈妈为之困惑的一个问题。其实宝宝的性格跟孕妈妈的心情有一定的关系。

## 孕妈妈的心情对宝宝性格的影响

怀孕期间，孕妈妈的心情好坏，是决定宝宝性格好不好的一个至关重要的因素。

随着胎宝宝的一天天长大，宝宝和妈妈的心灵感应也会日渐明显，如果孕妈妈的心情好，胎宝宝也会安静愉快；如果孕妈妈的心情乱糟糟，惊恐不安，可引起胎宝宝缺乏安全感，易形成不稳定的性格和脾气。

如果孕妈妈能正确对待孕期反应带来的烦恼，积极、坚强地克服怀孕后期和分娩中的痛苦，这种坚强的意志会影响到胎宝宝，为胎宝宝出生后能自尊自强、勇于与困难做斗争的好性格打下基础，宝宝拥有乐观开朗性格和健全人格的可能性就会大大增加。

所以，为了腹中的胎宝宝着想，在怀孕过程中，孕妈妈要注意自己的情绪，即便是遇到特别让人生气的事，也要懂得随时调整自己的心态，尽量排除不良情绪，时刻注意当好胎宝宝的老师，塑造胎宝宝美好的性格。

## 学会改善情绪

1 经常观看喜剧电影和喜剧书籍。

2 减少工作量。工作压力常会使人身心疲惫、情绪烦躁，上班族孕妈妈要考虑适当减少工作量，这样做对稳定情绪有很大的帮助。

3 找朋友倾诉。倾诉是缓解情绪的好办法。人在生活中难免会遇到一些不如意的事，如果把这些不愉快全部都积压在心里，不仅会影响胎宝宝的性格，也会导致免疫力的下降。如果在情绪低落的时候找个朋友倾诉一下，朋友的开导和安慰，也许能很快让孕妈妈的情绪走出低谷，恢复平静。

4 多吃水果和蔬菜。水果蔬菜营养丰富，并且其特殊的芬芳有助于改善情绪。

### 快乐驿站

因为受到激素和身体各方面变化的影响，孕妈妈心情变得易烦躁、担心、忧郁、喜怒无常，很难掌控，而此时准爸爸更应该付出耐心和爱心来关怀呵护孕妈妈，包容孕妈妈，学会控制自己的情绪，尽量避免与孕妈妈争吵。

# 讲故事《风先生和雨太太》

## 风先生与雨太太

约翰·比埃尔非常穷，虽然有磨坊、菜园，但是风吹不到他的风车上，麦粒磨不成面粉，雨也不下到他的菜园里来，菜长不出来。他越来越愁苦，再这样下去，他们一家都得饿死。

这天晚上，妻子和孩子睡下了，比埃尔独自发愁，突然蜡烛的火焰剧烈地晃动起来，风来了。一个怪人进了比埃尔的家，这个人就是风先生。他飞累了，到比埃尔家来歇歇。比埃尔请求风先生每天吹动他的风车，风先生答应了。

风先生刚走，下起雨来了，一个女人走进比埃尔的家，她是雨太太。比埃尔也请求雨太太经常下雨到他的菜园里，雨太太也答应了。

有了风先生和雨太太的帮助，比埃尔的日子好过多了，他卖面粉和蔬菜挣了不少钱，但地主听说了，就来把这些钱都搜刮走了。

比埃尔没办法，就到风先生住的洞里去找风先生，风先生给了他一只小银桶，说只要敲敲小银桶，就能得到想要的东西了。

比埃尔回到家，全家人都饿了，比埃尔敲敲小银桶，小银桶立刻分开两边，一边是厨房，一边是储藏室，里面有很多小人在忙碌着，不一会儿一桌丰盛的微型宴席就妥当了。宴席妥当后，小银桶就又恢复了原样。这时微型宴席突然逐渐变大，最后变成了一桌真正的宴席。比埃尔一家人看着宴席，高兴极了，狼吞虎咽吃了一个饱，心想以后再也不用挨饿了。可是比埃尔家有这样神奇的东西，被地主知道了，地主就设法把小银桶骗走了。

伤心的比埃尔再去找风先生，风先生很生气："你这个糊涂蛋，怎么连自己的东西都守不住！"就又给了比埃尔一个小金桶，比埃尔回家一敲小金桶，小金桶里面出来一个巨人，把比埃尔打了一顿。地主又把小金桶抢走了，自然也挨了一顿打。此后，比埃尔不敢再去找风先生了，也不敢去找雨太太。

后来，比埃尔的儿子比埃罗长大了，他们一家还是受地主家的欺负，比埃罗就去雨太太的家里找她，雨太太送给他一个小铜箱、一根小铜棒和一本金书。比埃罗拿着小铜箱回到家里，比埃尔不让比埃罗打开小铜箱，害怕又有一个巨人出来打他，但是比埃罗坚持要打开，

他念着金书，用小铜棒一敲小铜箱，小铜箱就打开了。小铜箱里面有个小戏台，许多小木偶在上面表演。

比埃尔抱怨说："我们连饭都快吃不上了，哪还有心思看戏哟。"比埃罗则不以为然，他看完了小戏台上表演的12出戏，第二天就背着小铜箱离开了家，他到城里演出挣钱了。他走街串巷，从不怕辛苦，过了没多久就挣了很多钱，让父母过上了好日子。

# 准爸爸胎教：给胎宝宝取个好听的名字

每个人都有属于自己的名字，有的时候还不止一个，除了大名外还会拥有一个小名。宝宝虽然还没有出生，给他起个名字，可使父母对他更为重视，和他“对话”更为方便。另外，给胎宝宝起个乳名并经常给予亲切的呼唤，胎宝宝出生后会对父母亲切的呼唤做出反应，也容易与父母建立起亲密的关系。

## 起名的思路

给胎宝宝起的昵称应响亮一些，可以用叠音，这样叫起来顺口，容易听，也容易记住，不用像起大名那样郑重其事，比如皮皮、球球、丁丁、咚咚、嘟嘟等，还可以用拟物的名词，比如小黄豆、小土豆、小洋葱、小油菜等，俏皮又可爱，而且男孩女孩都可以用。

如果打算给宝宝起个英文名，可以与中文名相互呼应，发音接近，如果还能有美好的含义就更好了，比如Grace（优雅）、Sunny（阳光）等。

## 记得呼唤他

随时随地地呼唤胎宝宝的昵称，散步的时候可以说：“丁丁，爸爸和妈妈在散步，有没有打扰到你睡觉呢？”如果遇到胎动，还可以说：“丁丁，再给爸爸妈妈伸一下腿。”

在父母做每件事情的时候，都尽量跟胎宝宝打声招呼，让他也参与进来，创造足够的机会和胎宝宝取得良性互动。

经常叫唤他的名字，能引起他的条件反射，胎宝宝一听到叫他的名字就知道和他讲话了。宝宝出生后，叫唤他的名字，他会转头寻找声源，感到熟悉。

# 孕16周

Yun Shiliu Zhou

## 知识课堂：父母“性福”胎宝宝也快乐

孕中期，由于激素的作用，孕妈妈的性欲有所提高，加上胎盘和羊水的屏障作用，可缓冲外界的刺激，使胎宝宝得到有效的保护，因此可以适当地过性生活。

### 胎宝宝会从中受益

舒心的性生活能充分地将爱心和性欲融为一体。白天，准爸爸给孕妈妈亲吻与抚摸，爱的暖流就会传到对方的心田，对于夜间的闺房之爱大有益处。反过来，夜间体贴的性生活又促进准爸爸孕妈妈白天的恩爱，使孕妈妈的心情愉快，情绪饱满。这对胎宝宝也是一种良好的情绪胎教。而且，性生活带来的一定程度的子宫收缩，对胎宝宝也是一种锻炼呢。

因此，在“性生活的安全期”，孕妈妈完全可以穿上低V领的吊带裙，放上轻音乐，与老公一起享受浪漫而充满激情的夜晚。

### 注意胎宝宝的安全

1 控制次数和时间。每周1~2次，每次最好不要超过20分钟，动作不要过于激烈，避免过度刺激孕妈妈的乳房和阴道。

2 选用安全性爱姿势。女上男下式、侧入式、后入式都可以避免孕妈妈的腹部受压迫，比较安全。

3 做好个人卫生。做爱前后双方都要清洗下身，别忘记手同样需要清洗干净，以免引发细菌感染。

4 使用避孕套。一是避免精液刺激子宫发生收缩，二是防止准爸爸生殖器上的细菌感染孕妈妈的阴道。

5 不要勉强。在性爱的过程中，如果孕妈感到十分疼痛，就要暂停，等到不适感消失后再继续，但如果还是感到疼痛，就应停止，不可勉强为之。

**快乐驿站**

有多次流产史或早产史的孕妈妈应注意尽量减少性生活，以免再次发生流产或早产。

# 养花花草草舒缓心情

花花草草很容易让人心情放松，孕妈妈可以将养植物作为茶余饭后的备选节目，在与这些自然之物接触时，整个身心都会有一些不一样的感受，它会让自己更恬淡，心绪会更加宁静。当孕妈妈沉浸其中时，自己和胎宝宝都会被自然的清新和美丽所陶醉，并深深受益。

## 孕妈妈怎么伺弄植物

孕妈妈可以选择在阳台上养植物，如果有条件，也可以在小区楼下的地里开垦出一片土地，这样可以随心所欲地选择自己想要的花草。

时间上不必拘束，在有时间的时候，或者当自己很想念那些植物时，都可以去给它们浇浇水、松松土，或者孕妈妈还可以跟自己的植物们说说话。

## 不宜养在室内的植物

怀孕的孕妈妈和有小宝宝的家庭不适宜种养的植物有：玉丁香、接骨木、洋绣球花、夜来香、月季花、紫荆花、夹竹桃、百合花、含羞草。

因为有些花的强烈的花香有可能刺激孕妈妈的神经，引起头痛、恶心、呕吐，并影响她们的食欲。严重的还可能导致胎儿不稳，甚至流产。

## 最适合孕妈妈养的花草

1 吊兰。吊兰吸污本领强，有“空气过滤器”之称。室内养上一盆吊兰，在24小时内可将室内的一氧化碳、二氧化碳、氮氧化物等有害气体吸收干净。种养地方无限制，多养于客厅、书房等。

2 虎尾兰。虎尾兰有“治污能手”美誉。一盆虎尾兰可吸收10平方米左右房间内80%以上多种有害气体，两盆即可将一间居室净化，且吸收甲醛能力超强，虎尾兰白天还可以释放出大量的氧气。可置于客厅、书房、卧室。

3 文竹。文竹颜色苍翠、体态优雅，能调节孕妇心情，还能吸收二氧化硫、二氧化氮等有害气体，有一定杀菌防病功能。宜在客厅、书房、阳台上摆放。

4 龟背竹。龟背竹对甲醛等多种有害气体都有很好的吸收作用，夜间对二氧化碳吸收能力强。适合种植于较大的客厅，不适宜放卧室。

5 芦荟。芦荟主要有吸收甲醛、二氧化碳功能，能净化室内空气，且有驱蚊驱虫作用。可种植在阳台、书房或客厅等处。

# 读散文诗《仙人世界》

## 仙人世界

如果人们知道了我的国王的宫殿在哪里，它就会消失在空气中的。

墙壁是白色的银，屋顶是耀眼的黄金。

皇后住在有七个庭院的宫苑里。她戴的一串珠宝，值得整整七个王国的全部财富。

不过，让我悄悄地告诉你，妈妈，我的国王的宫殿究竟在哪里。

它就在我们阳台的角上，在那栽着杜尔茜花的花盆放着的地方。

公主躺在远远的隔着七个不可逾越的重洋的那一岸沉睡着。

除了我自己，世界上便没有人能够找到她。

她臂上有镯子，她耳上挂着珍珠，她的头发拖到地板。

当我用我的魔杖点触她的时候，她就会醒过来，而当她微笑时，珠玉将会从她唇边落下来。

不过，让我在你的耳朵边悄悄地告诉你，妈妈，她就住在我们阳台的角上，在那栽着杜尔茜花的花盆放着的地方。

当你要到河里洗澡的时候，你走上屋顶的那座阳台来吧。

我就坐在墙的阴影所聚会的一个角落里。

我只让小猫儿跟我在一起，因为它知道那故事里的理发匠住的地方。

不过，让我在你的耳朵边悄悄地告诉你，那故事里的理发匠到底住在哪里。

他住的地方，就在阳台的角上，在那栽着杜尔茜花的花盆放着的地方。

——泰戈尔

### 快乐驿站

这首诗以一个孩子角度来看自己眼中的世界，借传说中的皇后、公主等形象，写出在孩子的心目中，自己的母亲就像这些仙人一样美丽动人。全诗充满了童心童趣以及对母亲深挚的爱，从孩子描述的美丽景致中，纯真可爱、想象力丰富的孩子形象跃然脑中，多带胎宝宝在奇妙美丽的诗歌中遨游吧，这是令孕妈妈和胎宝宝都快乐的事情。

# 讲故事《邮递员柯尔巴巴》

## 邮递员柯尔巴巴

柯尔巴巴是个邮递员，他对这个工作厌倦了，总是闷闷不乐的。有一天，他闷闷不乐地坐在火炉边烤火，结果睡着了。下班的时候，谁都没有注意到他，就锁上门走了。

夜里柯尔巴巴才醒来，他是被一阵“沙沙沙”的声音惊醒的。他睁开眼睛四处看，看到邮局里面的家神都在工作，都戴着邮递员的帽子，披着邮递员的斗篷，但是都只有鸡蛋那么大。他们工作很认真，有的在处理信件，有的在处理电报，有的在数钱，有的在包邮包，做得既轻松又快乐。柯尔巴巴大气也不敢出，生怕惊扰了他们。一会儿，他们的工作干完了，就打起了牌，他们把信件当作扑克牌一样玩，柯尔巴巴看得入神了，忍不住问：“这些都是信，你们怎么分大小呢？”家神们看见了柯尔巴巴，邀请他一块儿打牌，并且告诉他：“这些信都有它们的价值，摸一摸就知道价值几何了。冷冰冰的是撒谎骗人的，滚烫的是投入整个身心写的。越热的价值越高。”柯尔巴巴就跟家神们一起打起牌来。打得越久，柯尔巴巴就越了解，很多信都是价值不凡的。

家神的事，柯尔巴巴跟谁都没有说，但是他自己突然变得热爱邮递员的工作了，送信速度比任何人都快，大家都叫柯尔巴巴为快乐的柯尔巴巴。

有一天，快乐的柯尔巴巴怎么也快乐不起来了，因为有封信没写收信人的地址，想来想去，柯尔巴巴想到了向家神求助，他就又一个人偷偷在邮局里过夜了。

晚上，家神们都出来了，柯尔巴巴就把情况告诉他们，让他们帮忙，其中一个家神把信拿过去，一摸就知道这封信是情真意切的，贴到脑门上念出了信的内容。原来他只需要把信贴在脑门上，信上的内容就会自动灌输到他的脑袋里去。家神说信是弗兰切克写给马琳卡的，信是这样说的：“我最爱的马琳卡，我当上了司机，如果你同意，我们就结婚，如果你还爱我，请赶快来信吧。”这封信果然很重要。第二天，柯尔巴巴就去找叫作马琳卡的姑娘，结果找到了48个马琳卡，都不对，她们都不认识弗兰切克，柯尔巴巴真替弗兰切克着急。

柯尔巴巴每到一个地方都要问问有没有叫马琳卡的姑娘，但是一年过去了，也没有找到。这一天，柯尔巴巴又走在送信的路上，他的脚肿了，就不得不停下歇一会儿。这时，前面开来了一辆小汽车，非常慢，柯尔巴巴以为是车出了问题，一问才知道是司机出了问题。这个司机一年前给爱人写了一封信求婚，可是却没收到回信。柯尔巴巴一听就叫道：“原来你就是弗兰切克呀！”弗

兰切克很纳闷，柯尔巴巴告诉了他来龙去脉，然后司机拉着柯尔巴巴像飞一样到了马琳卡家，将信送给了马琳卡。马琳卡看了信，高兴得脸都红了。柯尔巴巴告诉马琳卡弗兰切克就在车里，马琳卡急忙跑过去，两个年轻人高兴地紧紧拥抱在了一起。

弗兰切克又开车把柯尔巴巴送回了邮局，他们都很开心，柯尔巴巴更喜欢邮递员的工作了。

**快乐驿站**

每一份工作都有它独特的意义，能给人带来快乐。如果没有特别原因，医生也没有要求孕妈妈必须卧床休息或者停止工作，那就建议孕妈妈继续坚持工作。工作中的孕妈妈头脑始终处于活跃状态，对胎宝宝是一种有益的刺激。不过，要尽量申请换一个轻松一点的工作。

## 准爸爸胎教：计划一次甜蜜的短期旅行

怀孕至孕中期，孕妈妈已大致能习惯怀孕中的生活，胎宝宝亦逐渐地稳定成长，在行动上，不似初期必须有所顾忌。到了怀孕后期，由于濒临生产时刻，孕妈妈大部分时间都待在家里，顶多动动身子外出一下换换环境气氛，让胎宝宝生活得更舒适。宝宝一生下来，妈妈便得每天忙碌地照顾，很难得有空暇。倒不如在这时做一下短程旅行，让生活充满闲情逸致，对胎宝宝而言，出去看看风景，呼吸新鲜空气，亦不失是一个不错的胎教方法。

### 做好旅行计划

在制订旅行计划时，一定要考虑到胎宝宝，行程不要安排得太紧，也不要过于劳累。最好不要选择在旅游黄金周出游。

尽量选择家中附近的地方，绿草如茵，空气新鲜清晰，能达到舒散身心的功能，对孕妈妈胎宝宝而言，即是一种无上的享受。

事前做好周全的计划，不但能让旅行达到寓教于乐的功能，同时亦让准爸爸不至于太过麻烦、疲惫。

### 做好旅行前的准备

1 在出行前，要好好地跟医生商量、讨论，带上医生开具的病历和相关证明，以及医生的联络方式，如果身体情况不适合，应果断取消行程。

2 随身携带药品，胃肠药、治疗外伤的药水药膏、创可贴、花露水等，使用前要先看说明书上有无孕妇慎用的字样。

**快乐驿站**

旅途中随时注意身体状况，若有任何身体不适，如下体出血、腹痛、腹胀等，应立即就医，不要轻视身体上的任何症状而继续旅行，以避免错过最佳诊治时机。

# 孕五月

# 初觉胎动，激动人心

没有无私的、自我牺牲的母爱的帮助，孩子的心灵将是一片荒漠。

——狄更斯

# 胎宝宝发育情况

*Taibaobao Fayu Qingkuang*

## 孕17周，胎动变得频繁

胎宝宝现在看上去像一个大洋葱，在今后3周内，他将经历一个飞速增长的过程，重量和身长都将增加一倍以上。

在这段时间，胎宝宝的棕色脂肪开始形成。棕色脂肪可以在宝宝出生后释放热量，帮他保温。不过，现在胎宝宝还没有囤积太多的脂肪，看起来很苗条。皮肤也因为下面没有脂肪层，看起来呈透明状，可以清晰地看到底下的血管、肋骨。

心脏发育几乎完成，搏动有力，每分钟心跳约145次。其他脏器也在不停地锻炼和完善中。骨骼开始变硬，保护骨骼的卵磷脂也形成并覆盖其上，通过B超可以隐约看到胎宝宝排列整齐的脊柱。另外，胎宝宝的手指现在已经非常清晰，只是关节还不容易看出来。

听觉开始发育了，胎宝宝现在已经可以通过羊水的传导，听到孕妈妈的声音和心跳了，甚至偶尔还会做出反应。

胎宝宝现在的动作越来越多，而且也越来越协调，还会拳打脚踢。动作幅度较大时，孕妈妈就会感觉到胎动。

## 孕18周，大脑发育已趋于完善

胎宝宝身体比例更趋协调，下肢比上肢长，下肢各部分也都成比例。胎宝宝也越来越爱动，胎动会越来越频繁，如果这时做B超，可能会看到胎宝宝做吮吸、踢腿、抓脐带等动作——对于现在的胎宝宝来说，子宫的空间还较大，他可以像鱼儿一样在里边快活地游动。

胎宝宝的听觉能力已经发育得不错了，他会经常微眯着眼，倾听妈妈身体里的肠鸣声、血流声以及心跳声，或者外部人们说话的声音。

脑发育已趋于完善，大脑神经元树突形成，大脑的两个半球不断扩张，小脑两个半球也开始形成。胎宝宝此时的大脑具备了原始的意识，但是还不具备支配动作的能力，因为中脑还没有充分地发育。肺也开始了正式的呼吸运动，但呼吸的都是羊水而非气体。消化道开始积攒羊水，变成糨糊状的胎便，会在出生后排出体外。

## 孕19周，感觉器官分区域迅速发展

### 感觉器官发育的关键期

现在是胎宝宝感官发育的关键时期，胎宝宝的大脑开始划分出嗅觉、味觉、听觉、视觉和触觉的专门区域，此时神经元的数量减少，神经元之间的连通开始增加。

### 生殖器官形成

此时，胎宝宝的生殖器官已经形成，如果是女宝宝，其子宫和输卵管已经各就各位了，卵巢里现在也已经储存了大约600万个卵子，卵子的数目将在她出生时减少至100万。

### 消化系统开始运行

胎宝宝的十二指肠和大肠开始固定，具备了一定的消化功能；胃通过不断地吞咽羊水，逐渐增大（约有一粒米的大小），整个消化系统开始最初的运行。

## 孕20周，胎宝宝变化：皮肤不再透明，开始发红

到本周，胎宝宝全身的比例更匀称了。面部越来越好看，嘴变小了，两眼距离更靠拢了些，只是鼻孔仍然很大，而且是朝天鼻，不过鼻尖慢慢会发育起来，并且鼻孔变得朝下，那时就会更漂亮了。

### 视网膜逐渐形成

从孕20周开始，胎宝宝的视网膜就会逐渐形成，开始对光线有感应，能感觉到孕妈妈腹壁外的亮光。这时孕妈妈可以用手电照射腹部进行胎教，胎宝宝对强光的反应会很大。

### 长出胎脂

现在胎宝宝身上覆盖了一层白色的、滑腻的物质，这是胎脂。它可以保护胎宝宝的皮肤，以免在羊水的长期浸泡下受到损害。不少宝宝在出生时身上都还残留着这些白色的胎脂。

另外，此时的胎宝宝大脑具备了记忆功能，这是一个很让人惊喜的变化。而且他还在逐渐形成自己的作息规律，这可以从胎动的频率看出来。胎宝宝醒着时，胎动多而有力；胎宝宝睡眠休息时，胎动少而弱。

# 孕妈妈身体变化情况

Yunmama Shenti Bianhua Qingkuang

## 身体重心改变了

孕妈妈臀部渐渐浑圆起来，体态明显丰满，子宫仍在不断增大，现在很容易就可以摸到了。有的孕妈妈在这段时间会感到腹部一侧有轻微的触痛，还有的孕妈妈会感到背痛，这是因为子宫增大的同时，子宫两边的韧带在迅速拉长、变软造成的。

乳房不断增大，速度简直可以用膨胀来形容，乳腺也很发达了。膨大的乳房和隆起的腹部会让孕妈妈的身体重心发生改变，孕妈妈得习惯这样的改变，并重新找回平衡感，以免一不留神摔倒了。

## 黑色素沉积明显

不少孕妈妈到孕中期后，会发现皮肤变黑（原本肤色不白的更明显），额头、脸颊、鼻头等部位可能也会冒出黄褐色的雀斑（一般称为妊娠斑），这与孕期激素分泌有关。皮肤分泌的黑色素增加了，色素沉积就增多了。

## 胃部蠕动频繁

胃部经常有蠕动的感觉，而且很频繁，这都是胎动引起的，用心去感受这种奇妙的感觉吧。

## 出现新的不适

由于孕激素的影响，孕妈妈的关节变得不像以前那样稳固，容易受伤，建议减少让身体有过大的伸展和弯曲的运动（如弯腰、深蹲）。跑步、跳跃等动作也不适合了，因为这会让羊水中的胎宝宝感觉不舒服。

在这一阶段，有的孕妈妈会有些新的不适感，如消化不良、伤风感冒、口干舌燥、耳鸣等。

## 出现静脉曲张

这个月，由于胎宝宝和孕妈妈的子宫愈来愈大，压迫骨盆腔静脉和下腔静脉，使得下肢血液回流受阻，造成静脉压升高，孕妈妈会出现静脉曲张。

# 本月胎教专家指导

Benyue Taijiao Zhuanjia Zhidao

现在胎宝宝的各项感觉功能逐渐完善，能对各种外界刺激做出反应，并且能以潜移默化的形式储存于大脑之中，正是胎教的天赐良机。

## 用音乐与胎宝宝沟通

经常聆听那些适合胎宝宝的音乐，反复的声波经过不断地强化，可以促进他的右脑发育。如果孕妈妈能每天哼唱一些抒情歌曲，也可达到母子心音的谐振，是孕妈妈与胎宝宝心灵沟通的有效途径。

## 可以开始做抚摸胎教了

由于胎动变得明显，用抚摸方法进行胎教的次数可以增多了，在进行抚摸的过程中，配合语言或音乐的刺激，可以获得更佳的效果。不过，如果孕妈妈有早期宫缩的现象，则不可用抚摸动作。

## 语言胎教是不可缺少的

每天都应与胎宝宝进行语言交流，孕妈妈和准爸爸应经常跟胎宝宝对话，可以讲每天喜闻乐见的事，也可以念诵一些诗歌、儿歌以及讲故事，这会让胎宝宝感觉安宁，对加强一家人的感情极为有益。

## 补充钙质，饮食均衡

现在，孕妈妈的饮食要多样化，食物要荤素、粗细搭配，避免偏食或过多进食脂肪和糖，过胖或过瘦对胎宝宝都不利，另外，特别需要注意补充钙质。

# 孕17周

Yun Shiqi Zhou

## 知识课堂：从现在开始学会观察胎动并计数

胎宝宝在子宫里做伸胳膊、蹬腿、打嗝等动作就是我们常说的“胎动”，胎动次数是直接反映胎宝宝在子宫里安危的“晴雨表”。

### 胎动的规律

怀孕16~20周，孕妈妈可以第一次感觉到胎动，一开始胎动次数较少，随着孕周增加胎动逐渐增多，到了怀孕29~38周时达到高峰，38周后又开始逐渐减少。

昼夜之间胎动次数也不尽相同，一般早晨活动最少，中午以后逐渐增加。晚6点至10点胎动活跃。大多数胎宝宝是在妈妈吃完饭后胎动比较频繁，因为那时妈妈体内血糖含量增加，胎宝宝也“吃饱喝足”有力气了。而当孕妈妈饿了的时候，体内血糖含量下降，宝宝没劲了，也就比较老实。

在胎宝宝清醒时，胎宝宝会做全身性和各部位的运动，例如，肢体运动、脊椎屈伸运动等。当胎宝宝处于不完全睡眠状态下，他会有各种不自主的运动，如手脚运动、翻滚等，胎宝宝的心跳会有加速现象，容易感受外来刺激。胎宝宝处于完全睡眠状态时，对于外界的刺激或声音都没有明显反应，因而不容易被吵醒，此时几乎没有胎动产生。

一般正常胎动持续在20~30次／12小时，如果胎动次数过频，表明胎宝宝在子宫里明显缺氧，常常与脐带受压有关；如果胎动次数少于20次即为异常，少于10次则要引起注意，这可能是一种危险信号；如果胎动消失，很可能表示严重缺氧，需要立即就医。

### 怎样数胎动

孕妈妈在安静和精神集中的状态下，仰卧或左侧卧在床上，两手掌放在腹壁上，在每天早、午、晚固定的时间里各数1次，每次数1小时，然后把3个小时的胎动次数乘以4，这就是12小时的胎动次数。这种计数方法既简便又有实用价值，孕妈妈最好充分重视，认真数好胎动次数。

若每天不能数3次胎动，则至少每天数1小时，即于晚上8时以后数1小时，1小时内胎动明显少于2次，可继续重复数1小时，若还是少于2次，或根本没有胎动，必须立即去医院检查。

# 胎宝宝的感觉与抚摸胎教

孕中期胎宝宝神经系统发育迅速，胎宝宝的触觉已经很敏感。孕妈妈和准爸爸可以通过动作和声音，与胎宝宝沟通信息，这样做，他会有一种安全感，感到舒服和愉快，出生后也愿意同周围的人交流。在母腹中进行体操锻炼，胎宝宝的肌肉活动力增强，出生后翻身、抓、握、爬、坐等各种动作的发展，都比没有进行过体操锻炼的要早一些。

夫妇双方可对胎宝宝进行动觉、触觉训练，例如，轻轻拍打和抚摸腹部，与胎宝宝在宫内的活动相呼应、相配合，使胎宝宝对此有所感觉；按时触摸或按摩孕妈妈腹部，可以建立与胎宝宝的触摸沟通，通过胎宝宝反射性的躯体蠕动，促进其大脑功能的协调发育，尤其可以有助于宝宝未来的动作灵活性与协调性。

## 抚摸胎教

本月可进行拍打法，当孕妈妈有胎动感时，即可开始进行。

孕妈妈平卧，放松腹部，先用手在腹部从上至下、从左至右来回抚摸，并用手指轻轻按下再抬起，然后轻轻地做一些按压和拍打的动作，用食指或中指轻轻触摸胎宝宝，然后放松即可，给胎宝宝以触觉的刺激。

刚开始时，胎宝宝不会做出反应，孕妈妈不要灰心，一定要坚持长久地有规律地去做。一般需要几个星期的时间，待孕妈妈手法娴熟并与胎宝宝配合默契后，胎宝宝会有所反应，如身体轻轻蠕动、手脚转动等。

## 抚摸胎教注意事项

1 抚摸胎宝宝之前，孕妈妈应排空小便。

2 抚摸胎宝宝时，孕妈妈要避免情绪不佳，应保持稳定、轻松、愉快、平和的心态。

3 室内环境舒适，空气新鲜，温度适宜。

4 随时注意胎宝宝的反应，如果感觉到胎宝宝用力挣扎或蹬腿，表明他不喜欢，应立即停止。

5 抚摸胎教应有规律性，每天2次，坚持在固定的时间进行，这样胎宝宝才能心领神会地在此时间里做出反应。

### 快乐驿站

进行抚摸胎教时，如能配合对话胎教和音乐胎教等方法，效果会更佳。

# 音乐：《渔舟唱晚》

《渔舟唱晚》是一首古筝曲，标题取自唐代诗人王勃《滕王阁序》中“渔舟唱晚，响穷彭蠡之滨”的诗句，是20世纪30年代以来，在中国流传最广、影响最大的一首筝独奏曲。

## 音乐中的夕阳美景

乐曲开始，以优美典雅的曲调、舒缓的节奏，描绘出一幅夕阳映照万顷碧波的画面。一片由浅而深的夕霞，一片金色细碎的水波，一片归来的渔舟，一个精美绝伦的夕阳，在音符流动之时淡淡隐现。

一切在夕阳的辉映下显现出温馨和恬淡。

接着，以音乐的主题为材料逐层递降，音乐活泼而富有情趣。当它再次变化反复时，采用五声音阶的回旋，环绕一段优美的旋律层层下落，此旋律不但风格性很强，且十分优美动听，确有“唱晚”之趣。

最后，先递升后递降的旋律接合成一个循环圈，并加以多次反复，而且速度逐次加快，表现了心情喜悦的渔民悠然自得，渔舟满载而归，江面歌声四起的动人场面。

听完这首曲子，相信孕妈妈心里一定呈现出了一幅江南水乡的夕阳美景，有兴趣的孕妈妈不妨拿起彩笔，为宝宝把这幅美景画下来。

### 快乐驿站

古筝是我国古老的乐器，两千多年前战国时期发明了它，后来流行于秦国，有16弦琴和21弦琴两种。

《渔舟唱晚》一曲的古筝版旋律优美动听，而改编的高胡、二胡、小提琴等弦乐器的版本，由于旋律的线条更连贯、明晰，有另一种韵味和美感。

# 准爸爸胎教：听胎宝宝有力的心跳

在胎宝宝全身脏器的发育中，心脏是最早有功能的器官，早在第四五周的时候，胎宝宝的心脏就开始跳动了。孕妈妈让准爸爸趴在自己的肚皮上听一听，也可以借助医生用的听诊器听到哦。

## 胎心可以反映胎宝宝的情况

胎心起初跳动较慢，到第8周后，每分钟能达到180次左右，第14周以后下降为每分钟140次左右，以后保持在每分钟120~160次。

胎心跳动的速度稳定下来后，可以直接反映胎宝宝的情况，过快、过慢或不规则都说明胎宝宝情况异常，可能是宫内缺氧，准爸爸学会监测胎心音可及时发现胎宝宝的异样情况。

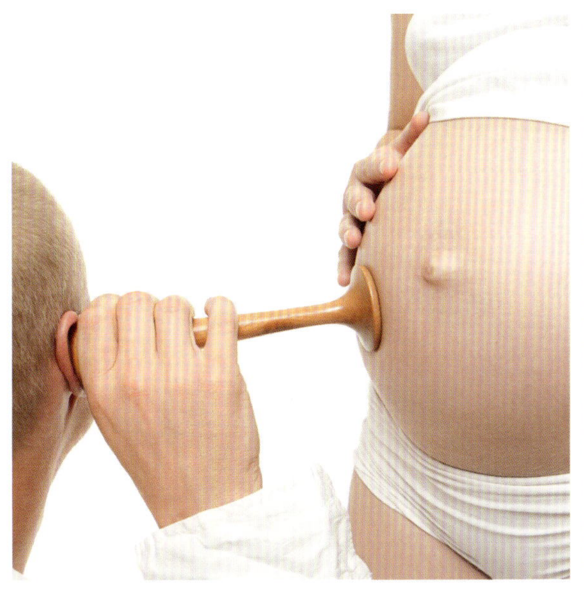

## 胎心位置

要听胎宝宝的心跳声，准爸爸应先找到胎心的位置。胎心位置因胎位而异，如胎头朝下，在妻子脐的右下方或左下方听；若臀在下，那就在脐的右上方或左上方听。最简单的方法是，在产检时请医生帮助确定，然后记住这个位置，以后在这个位置附近听即可。

## 准爸爸贴在腹壁就可听到胎宝宝心跳声

胎心即胎宝宝心跳，胎心音是双音，犹如钟表的“嘀嗒”声，清脆整齐，速率较快。听前孕妈妈需要排尿后仰卧床上，伸直两腿，准爸爸可直接用耳朵贴在孕妈妈腹壁上听，仔细地听就会听出胎心跳动的节律规则。

## 胎心音与其他几种声音的区别

听胎心音不是一下就能掌握的，要学会从其他声音中分辨出胎心音。

1. 脐带杂音：一种酷似吹风样的声音，是一种单音，速率与胎心相同。
2. 子宫杂音：吹风样的声音，音调低沉有力，速率与脉搏速度相同。
3. 腹主动脉音：似敲鼓一样的“咚咚”响，速率亦与脉搏相同。
4. 胎动音：一种没有一定规律的杂音，部位多变化，时有时无。

# 孕18周

Yun Shiba Zhou

## 知识课堂：关注孕期水肿

### 水肿是孕期正常的生理现象

整个怀孕过程，会使体液增加6~8升，其中4~6升为细胞外液，它们贮留在组织中造成水肿，这种现象在孕程中相当普遍。脚掌、脚踝、小腿是最常出现的部位，因为子宫会压迫骨盆静脉和下腔静脉，减慢血回流的速度，造成腿部和脚踝水肿。这情况越接近生产日越严重，如果又碰上热天，肿胀就越发明显。

不过，不必过于担心，在分娩后几天，随着体内多余体液的排出，水肿现象也会迅速消失。

### 加强日常保健缓解水肿带来的不适

1 尽量避免长期坐姿、站姿。平常坐着时，不要跷二郎腿，要常常伸展腿部，动动脚跟、脚趾，旋转脚踝关节，以伸展小腿肌肉。

2 注意穿着。在孕期穿着舒服、宽松的鞋子，不要穿脚踝或小腿处袜口特别紧的短袜或长袜，避免水肿的脚受到挤压。如果想穿可预防或治疗水肿的弹性袜时，应选择高腰式，并在早晨醒来离开床之前先穿好。

3 进行适度的按摩。按摩可以防治水肿，但是如果双腿水肿得很厉害，把皮肤撑得很紧，按摩时可能会引起疼痛。

4 采取左侧卧位。出现水肿后，侧躺可以减轻对静脉的压力。

### 饮食防治水肿

1 高蛋白、低盐饮食。每天都应摄取优质的蛋白质，例如，家禽、家畜、鱼、

海鲜、贝类、蛋类、奶类及奶制品、黄豆制品（如豆浆、豆腐、豆干、素鸡、豆皮、干丝）等，这些食物以新鲜材料配合浓味的食材，例如，洋葱、西红柿、蒜头、茴香、芹菜、九层塔、香菜、香菇、枸杞、大枣、黑枣、柠檬、醋、月桂叶等来料理，可以减少盐的使用量。

2 由食物中摄取维生素$B_1$或补充维生素B群。富含维生素$B_1$的食物包括酵母、肝脏、全谷类（如糙米）、黄豆、荚豆类、小麦胚芽、马铃薯。其中以动物性来源利用率较高，但以饮食摄入量来看，植物性来源为我们平常摄取维生素$B_1$的大宗来源。

3 摄取具利尿作用的食物。被认为有利尿作用的食物包括芦笋、洋葱、大蒜、巴西里、南瓜、冬瓜、凤梨、葡萄、绿色豆子、薏米等。

### 关注不正常水肿

1 肿胀部位在脸部及眼周围。

2 脚盘、脚踝、手指或手背肿胀程度很严重。

3 肿胀的发生很突然，且短时间内形成。

4 当一只脚肿胀比另一只脚明显严重，尤其是伴有小腿或大腿的触痛感。

有这些情况时都要立即咨询妇产科医师。

## 一起来玩踢肚游戏

利用父母的手掌轻轻拍击胎宝宝以诱引胎宝宝用手推或用脚踢的回击，这种游戏叫“踢肚游戏”。

踢肚游戏有助于宝宝的智能发展。经过这种刺激胎教训练的胎宝宝，出生后学站、学走都快，身体健壮，手脚灵活，出生时宝宝大多数拳头松弛，啼哭不多。与未经过训练的同龄婴儿比，显得活泼可爱。

在做踢肚游戏的时候，孕妈妈先轻轻抚摸腹部，与胎宝宝沟通一下信息，当胎宝宝用小手或小脚给以“回敬”时，则轻轻拍打自己被踢、被推的部位，然后等待胎宝宝再一次踢打孕妈妈的腹部。一般胎宝宝会在1~2分钟后再踢，这时再轻拍几下，接着停下来。孕妈妈试着改变拍的地方，注意要离原来胎动的位置近一些，这时候，胎宝宝会向改变的地方踢过来。

踢肚游戏最好在每晚临睡前进行，此时胎宝宝的活动最多，时间不宜过长，一般每次10分钟即可，以免引起胎宝宝过于兴奋，导致孕妈妈久久都不能安然入睡。

# 孕期体操，让孕妈妈更舒适

孕期体操是专门为孕妈妈设计的体操，可以缓解孕期的不适，让孕妈妈更舒适，也有利于分娩。还可以使胎宝宝身心得到良好的发育，是胎教的重要方式。

## 准备活动

1 做操时，穿着宽松舒适的衣服，要彻底放松。

2 开始时不要勉强自己，做操次数可依身体状况而定，以后可逐日增加运动量。

3 做完操后，如果感觉身体微微发热（不是过热），通体舒畅，就是适当的运动量，但如果感到累，就要适当减少运动量。

4 如果做操时有任何不适，如头晕、胎动变少或过快、子宫收缩、阴道出血等，就需要马上停止。

## 腿部伸屈动作

1 站立双脚分开与肩同宽，膝盖稍微向外，双手放在脑后，吸气，边呼气边屈膝，停5秒钟。

2 吸气，边呼气边直膝，双手伸直，吸气，边呼气边屈膝，停5秒钟，吸气，边呼气边直膝，最后整个是蹲的姿势。

3 重复做5次，每天2~3次。

这个动作可以锻炼腿部肌肉，缓解腿部压力。

## 猫式运动

1 双手扶地，双膝跪在地上，吸一口气。

2 把腰弓起来，慢慢向后坐，一直坐到脚上，静止2秒钟。

3 边呼气边抬头，后背和腰自然放松。

这种运动是模仿猫的姿态，可缓解腰痛。

### 快乐驿站

运动都贵在坚持，如果想要取得比较好的效果，孕妈妈不妨利用晚上睡觉前、工作的间隙等来进行简单的运动，将运动坚持下去。

# 讲故事《尼盖找鹅》

## 尼盖找鹅

尼盖是个小男孩，这个暑假，他想找个牧童的活干，可找了很久都没找着，大家都嫌他太小了。

不过，有一天有个陌生人来到尼盖家说要请他做牧童，妈妈不太放心他去，但是尼盖坚持要去，也就让他去了。

尼盖跟着陌生人来到了一个孤零零的农舍，想必这就是陌生人的家了。但是他家里并没有羊，只有7只鹅。原来是让尼盖来放鹅的，主人还交给他一条黑狗，帮着放鹅。

尼盖开始放鹅了。第一天，他把鹅带到一片草地上，刚刚安定下来，天空中就飞来一只巨大的老鹰，抓起一只鹅飞走了。回到家，主人发现鹅少了一只，就推了他一把，叫他明天放鹅仔细点。第二天，尼盖带着鹅远离草地，避开老鹰，到了森林边，刚刚以为安全了，突然从森林里冲出一只狼，叼起一只鹅跑远了。回到家，主人发现又少了一只鹅，就打了尼盖一巴掌。第三天，尼盖到路边放鹅，结果被一个吉卜赛女人抢走一只鹅，回到家主人打了他两耳光。第四天，尼盖到池塘边放鹅，不知道黑狗为什么狂追一只鹅，结果鹅掉到池塘里淹死了。第五天，尼盖到菜园去放鹅，一只鹅误吞了一条小毒蛇，满地打滚也死了。第六天，尼盖把鹅带到广场上去放，一只鹅突然跟着一阵狂风飞起来，眨眼间就飞得不见了。每丢一只鹅，主人对他的惩罚就更重一些，现在他已经被主人狂揍了一顿，被打发到地窖去睡了，如果主人知道又丢了一只鹅，一定会打死他的。尼盖不敢回去，也怕别人知道他一天丢一只鹅，笑话他，所以决定去找回那些鹅。他把狗和剩下的一只鹅赶进农舍，就出发了。

尼盖先到山里，去找老鹰。老鹰住在很高的山上，山上不断有石头滚下来，但尼盖不怕，终于爬到山上，逮住了一只小鹰，他把小鹰的脚捆住送到动物园里，动物园的负责人很佩服他，用100法郎买下小鹰，还请他吃了一顿饭。尼盖又出发到森林里去了，去找狼。森林里荆棘密布，但尼盖坚持着往里走，他看到抓鹅的狼了，拼劲全身力气和狼搏斗，最后把狼掐得窒息了。他用皮带把狼拖到动物园里，负责人更佩服他了，又给了他100法郎买下了他的狼，并请他吃饭。尼盖休息好了，继续出发了，他要去找剩余的鹅，先去找吉卜赛女人，抢到了她的金耳环，卖掉获得了100法郎；再到池塘底找淹死的鹅，结果找到一枚镶着珍珠的白金戒指，白金戒指也卖了100法郎；他又到处找毒死鹅的蛇，看到毒蛇就打死，最后打死很多，捆成一捆交给村长，村长奖励他100法郎；最后他想找飞走的那只鹅，恰好城里正举行跳伞比赛，尼盖急忙报名，这样他就能飞到天上了。飞到天上后，尼盖急着找鹅，所以第一个跳下飞机，第一个落地了，得到了100法郎奖金。

现在尼盖有了这么多的钱，他想足够赔主人的鹅了，于是回到主人的农舍去，却发现主人和鹅都不见了，尼盖就拿着剩余的钱回家了。

**快乐驿站**

勇气可以帮助一个人克服所有困难。孕妈妈怀孕后，享受甜蜜孕味的同时，常常会想到分娩的痛苦，时时有恐惧情绪，孕妈妈需要拿出勇气来克服这种情绪。孕妈妈恐惧，胎宝宝也会不安，生长发育会受影响。

## 准爸爸胎教：学测子宫底高

子宫底高是指从下腹耻骨联合处至子宫底间的长度，子宫底高数据可以用来估算胎宝宝的宫内发育状况，是孕妈妈进行自我监护的好方法。

准爸爸要学会帮助孕妈妈测量子宫底高，记录好数据，这需要一点耐心，也恰是一个表达爱意的好机会。

### 如何测量子宫底高

子宫底高测量的难点是如何找到子宫底，子宫底在饱腹时不容易找到，空腹时则相对容易，孕妈妈平躺的时候比较容易找到。

所以，寻找子宫底时，孕妈妈需要排空膀胱，平躺下来，保持全身放松。找到耻骨，然后在肚脐上、下或平的位置轻轻触摸，直到摸到一个圆圆的轮廓，这就是子宫底了。

如果找不到，可以一只手放在肚脐的位置，另一只手轻轻从腹股沟的位置上下推动，这时候可以明显感觉到子宫被上下移动了，找到子宫底也就比较容易了。

找到子宫底后，将测量尺的末端放置于耻骨联合的上缘顶端，测量尺平置在腹部上，到达宫底，记录两者之间的距离数据就可以了。

子宫底高可以每周测 1 次，如果不是很有把握，可以在这个月产检时请教医生后再自行操作。

### 子宫底高的规律

怀孕24周之后，获取的子宫底测量数据通常会与孕周数（24周时子宫底高约为24厘米，此后同理）吻合，也可能存在一些差异（增加或减少1~2厘米）。假如测量数据差异多次超过1~2厘米，则增加可能意味着多胎妊娠或羊水过多，减少则提示胎宝宝可能发育不良，要引起注意，并及时向医生反映。

# 孕19周

## 知识课堂：妈妈爱学习，宝宝更聪明

孕妈妈与胎宝宝之间是有信息传递的，由于血肉相连，胎宝宝能够感知母亲的思想，如果孕妈妈既不思考也不学习，胎宝宝也会深受感染，变得懒惰起来。显然，这对于胎宝宝的大脑发育是极为不利的。而倘若孕妈妈始终保持着旺盛的求知欲，则可使胎宝宝不断接受刺激，促进大脑神经和细胞的发育。

### 孕妈妈要勤于动脑

刚怀孕时，孕妈妈很容易犯困，全身懒洋洋的，不爱动，也不愿意想事情。到了孕中期，身心都比较适应了以后，孕妈妈的心情越来越放松，这时记得多为自己找些动手动脑的事情来做。勤于动脑，勇于探索，在工作上积极进取，在生活中注意观察，把自己看到、听到的事物通过视觉和听觉传递给胎宝宝，要拥有浓厚的生活情趣，不断探索新的问题并弄清根蒂，保持求知欲和好学心，充分调动自己的思维活动，这将使胎宝宝受到良好的熏陶。

只要投入进去，孕妈妈会迷上这种状态的。

**快乐驿站**

工作的过程也是学习的过程，如果工作不会对胎宝宝产生不利，可以继续坚持，只要注意适度休息，保持互动。尤其是工作中有胎动时，一定不要忽略，可以站起来走走，或是用手摸摸肚子表达爱抚。

# 名画欣赏：《星夜》

## 胎教点读

《星夜》是梵高在艺术成熟期的一幅代表作。这幅画中呈现两种线条风格，一是弯曲的长线，一是破碎的短线。二者交互运用，使画面呈现出炫目的奇幻景象。

画面使用强烈对比的色调，村庄是蓝的，与之形成鲜明对比的无疑就是天空中的那金光闪闪的繁星。蓝色的夜空占了画面的大半部分，月亮如同太阳一般发出强烈的光线，与闪烁的11颗星星共同呈现夜空，云彩、月亮、星群像漩涡一样展现出炫目的光彩。

在画面下方，整个村庄都在沉睡。一棵棕色的丝柏树略微曲折地站立在画面的左侧，宛如一棵倚靠着墙壁的老人，守护着身前的村庄。村庄中最高的房屋便是一个类似教堂的尖顶建筑，只差一点，它就碰到了那闪烁的繁星。

平静的村落与骚动的天空形成对比，仿佛一种力量和激情抑制不住，要喷薄而出。

这幅充满激情和幻想的画作，能给孕妈妈和胎宝宝带来阳光和力量，这份力量和激情将带领孕妈妈和胎宝宝战胜孕期的所有困难，共同迎接美丽生活。

### 快乐驿站

《星夜》创作背景：1889年，梵高精神分裂症复发，前往阿尔勒圣雷米的一家精神病院治疗，在那驻留了108天。在入住精神病院期间，梵高创作了大量的绘画作品，共计150多幅油画和100多幅素描。《星夜》是在医生允许梵高白天可以外出的条件下所创作，而其作品所描述的风景也正是精神病院所在地圣雷米。

在此阶段的绘画，梵高的画风开始趋向于表现主义，作品充满幻觉，作品《星夜》正是其中的代表作之一。

# 讲故事《聪明的小拇指》

## 聪明的小拇指

很久很久以前，一家人家有7个男孩，最小的男孩出生的时候只有一个小拇指大小，因此父母给他取名小拇指。小拇指沉默寡言，非常瘦小，父母以为他是傻子，都替他发愁。其实小拇指一点都不傻，小拇指7岁这年发生的一件事就可以证明。

这一年，小拇指7岁，本来家里的日子就不好过，还发生了饥荒，而孩子们还都不能自己谋生。父母看着孩子们挨饿，很痛苦，就商量着要把他们都扔掉，看不见他们，可能就不会这么心痛了。

第二天，父母带着孩子们到森林里去打柴，这个森林非常茂密，,10步远彼此就看不到。趁着孩子们不注意，父母悄悄地跑了，把他们留在了森林里。

回到家以后，父母万分懊悔，比看着孩子们挨饿更痛苦，他们再也见不到他们的孩子们了。突然，父母听到孩子们一起喊妈妈呢，高兴地起来抱住了他们，说以后再也不会把他们丢掉了。

原来，父母们商量的时候被小拇指听到了，小拇指就捡了很多鹅卵石，沿途撒下，等父母走后，小拇指就带着哥哥们顺着这些鹅卵石找回了家。

### 快乐驿站

孕妈妈在怀孕期间，身体上会有较多不适症状，这时不要责怪胎宝宝，更不要说什么不要他的话，更不应该真的不想要宝宝，像小拇指的父母那样做。胎宝宝能感觉到这些情绪，以后的亲子感情会受到影响。

# 准爸爸胎教：陪孕妈妈照一张漂亮的孕妇照

孕中期是孕妈妈状态最好，也是最美的时候，少了刚怀孕的不适，多了一份母性的气质，对人对事都更加温和，而此时的孕态也很完美，肚子像个加大版的小皮球，特别惹人爱，这个时期来拍摄一套大肚照是再合适不过的了，这将成为最美丽的纪念。将来还可以拿给宝宝看，告诉他，这是妈妈当年怀他时候的记忆。

## 准爸爸参与

拍孕期照应在准爸爸的陪同下进行，以免发生意外，准爸爸参与到拍照中来，一家三口幸福感更强烈。

## 选择地点

拍摄环境可以选择在自己家里，这样就避免了出门的麻烦。也可以选择行人较少、拍摄环境条件很好的户外。

## 注意化妆

关于化妆美容方面，由于孕妈妈的抵抗力偏弱，因此化淡妆就好，不要做指甲美容。有的摄影师为了追求效果，会在孕妈妈的肚皮上彩绘，但是要注意涂料的质量问题，可以的话，最好不彩绘，以免影响到胎宝宝。

## 注意时间

注意拍摄时间不宜太长，也不宜设计“高难动作”，最主要的就是要突出孕妈妈幸福的感觉。

### 快乐驿站

准爸爸最好每个星期都帮助孕妈妈拍一张侧身相，记录孕妈妈身形的变化。随着孕期的进程，将这些照片摆在一起，看到宝宝在妈妈肚子里一点点长大，会让人感觉神奇又温暖。

# 孕20周

Yun Ershi Zhou

## 知识课堂：孕妈妈要保护宝宝的“粮袋”

母乳是胎宝宝最好的粮食，很多孕妈妈也都会在产后选择母乳喂养，但有时候会因为各种乳房问题而导致孕妈妈不能顺利哺乳，比如乳头内陷、乳腺管不畅通、乳头皴裂等。孕妈妈只有在孕期提前对乳房进行护理，才能避免产后哺乳时会遇到的一些不必要的麻烦。

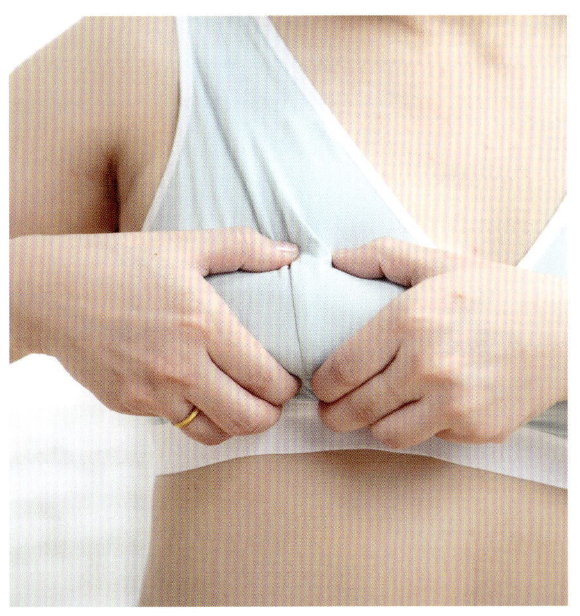

### 清洁和按摩乳房

1 先用温热的毛巾将乳房表面的皮肤清洁干净。

2 用热毛巾对清洁好的乳房进行热敷。

3 用手做按摩。将拇指同其他四指分开然后握住乳房，从根部向顶部轻推，将乳房的各个方向都做一遍，最后挤压乳晕和乳头就能挤出初乳，每天这样做可以保证乳腺管畅通。

4 进行表面皮肤养护。用温和的润肤乳液将清洗干净并按摩完毕的乳房再进行一次按摩，这次按摩的重点是乳头，要给它一定的压力，用两三个手指捏住乳头然后轻捻，手指要沾满乳液，使乳头的皮肤滋润，这样当宝宝咬住它并用力吸的时候就不会裂开，从而避免造成额外的伤痛。

5 有乳头内陷情况的孕妈妈可以每天用两三个手指和拇指捏住乳头，轻轻外拉，这样坚持做可防止乳头内陷，避免哺乳时宝宝吮不住乳头。

# 与胎宝宝一起感受大自然的精彩

人类世世代代在大自然这片绿洲上生存、繁衍，感受着它的广阔、神奇、美丽、富饶和温馨。因此对一个新生命来说，要让他了解大自然，这是促进胎宝宝智力发育很重要的胎教基础课。

## 开发胎宝宝自然智能

大自然是无限美妙的，日月星云、山水花鸟、草木鱼虫、园林田野等，这些都是大自然引人入胜的杰作，这些盛景让孕妈妈感觉轻松、自在、赏心悦目，这些情感不断地在孕妈妈大脑中汇集、组合，然后经孕妈妈的情感通路，将这一信息传递给胎宝宝，使其受到大自然的陶冶。

## 补充“空气维生素”

氧气对大脑发育非常重要，而大自然恰好给胎儿提供了充足的氧气，郊外、公园、田野、瀑布、海滨、森林等都有对人的身心健康极其有益的负离子，并且含量很高，因此孕妈妈经常到大自然中去，就能有机会获得这种“空气维生素”。

另外，太阳光可以促进血液循环，杀灭麻疹、流脑、猩红热等传染病的细菌和病毒；还能促使母体内钙的吸收，促进胎宝宝骨骼的生长发育。

## 亲近自然

早上起床后，如果天气不错，不妨到有树林或者草地的地方去散散步，走一走，感受一下一天中大自然带来的最清新的感觉，呼吸一下新鲜的空气。

在风和日丽的日子，到风景宜人的郊区做个短途旅行，能让孕妈妈的心情彻底放松。

在居室之中，孕妈妈如果来了兴致，可以摆几盆鲜花，喂养几尾金鱼，在庭院养种一些绿草、栽植几株花木等。

## 把眼前的景色描述给宝宝听

当孕妈妈漫步在大自然的美景中时，把自己看到的、想到的、听到的，清晰地描述给胎宝宝听。比如花儿会有五彩斑斓的颜色，树上的鸟叫什么名字等，胎宝宝呼吸着新鲜的空气，感受着美丽的画面，他会像喝足水的庄稼一样高兴起来，就如同他也亲眼看到了美丽的大自然一样。

# 手工：简单十字绣

十字绣是一种古老的民族刺绣，即使孕妈妈没有缝纫经验，两分钟之内也能学会。怀孕后，孕妈妈有很多闲暇的时间，这时候绣一幅十字绣是不错的选择。

在刺绣过程中，孕妈妈会沉浸在刺绣所带来的乐趣之中，不知不觉间就忘记烦恼，这对培养宝宝好的性格是有好处的，而且十字绣是很需要时间的事情，如果不够耐心，很容易半途而废，因此绣十字绣可以培养孕妈妈和胎宝宝的耐心和专注力。

另外，锻炼手指可以使脑部变得发达，孕妈妈进行一些手工作业时，手指上的神经会对脑部产生一定的刺激作用，这种刺激作用也会传递给胎宝宝，促进胎宝宝的大脑发育。

## 动手十字绣——“家”

由于没有足够的时间来进行十字绣，所以孕妈妈可以到十字绣专卖店挑选一些简单的图案，绣字是比较合适的，因为线的颜色比较少，记得在店员的帮助下配齐针线，这样，在家里孕妈妈随时都可以拿出来绣一绣了，不妨试一试“家”字，让胎宝宝体会“家”的温暖。

1 首先认真地看一下所买图案中附带的十字绣色线符号对照表。

2 从图案的中心动针，绣完一种颜色再绣另一种颜色，直至完工。

### 快乐驿站

孕妈妈还可以在刺绣的同时与胎宝宝聊天。可以说一说正在制作的东西，也可以说对各种颜色的喜好，这样会有更好的胎教效果。另外，要记住别太疲劳，刺绣使人目光和精神都集中在了针尖那一点上，所以很容易产生疲倦的感觉。

# 孕六月

# 小腹隆起，『孕』味十足

母亲是伞，是豆荚，我们是伞下的孩子，是荚里的豆子。

——席慕蓉

# 胎宝宝发育情况

Taibaobao Fayu Qingkuang

## 孕21周，胎宝宝整个身体非常协调

现在，胎宝宝身体的基本构造进入最后完成阶段，从外观上看，鼻子、眼睛、眉毛、耳朵、嘴巴都各归各位，形状已经完整，整个身体看上去也是非常协调。

### 味觉器官逐步完善

胎宝宝的味觉器官正逐步完善，味蕾已经形成了，所以胎宝宝现在也能有味觉了，孕妈妈应注意不要偏食，多品尝各种食物的味道，这对宝宝出生后形成不偏食的饮食习惯有一定的帮助。

### 听力达到一定水平

这一周里，胎宝宝的中耳骨（人体最小的三块骨头）开始硬化，使声音能够被传导，因此在这个阶段，中耳骨可以把声音的信息传递到大脑了，而且胎宝宝的听力也达到了一定水平，所以他对外界的声音会更加敏感和好奇。

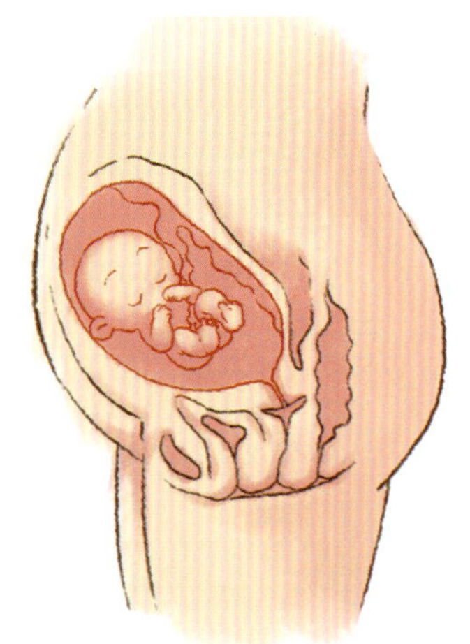

**快乐驿站**

胎宝宝能听到妈妈的声音，自然也能听到一些大的噪声，比如吸尘器发出的声音、开得很大的音响声、邻居家装修时的电钻声。这些声音都会使胎宝宝躁动不安，孕妈妈应避免停留在这些噪声较大的环境中。

## 孕22周，胎宝宝越来越强壮了

胎宝宝已经越来越强壮了，现在他身体比例匀称，看起来就像是一个迷你新生儿。不过，胎宝宝的皮肤还是透明的，可以看见皮肤下的骨头、器官和血管。由于胎脂的作用，现在他的皮肤虽然不够饱满，却是滑溜溜的。

### 更加活跃

胎宝宝也逐步变成有意识、有感觉、有反应的人了。如果他正在睡梦中，大的声音会把他吵醒。当他醒着时，就像是个小运动健将，平均一个小时要动50次，差不多是一分钟就要动一次，如果听到喜欢的音乐，他会变得更加活跃。他喜欢听来自外界的音乐、谈话，特别是孕妈妈温柔的声音。

### 吞咽与消化

胎宝宝吞咽得更频繁了，这对他的消化系统很有好处。他还在制造胎粪——一种黑色的、黏糊糊的物质，由死细胞、消化分泌物和吞咽的羊水组成。这种胎粪会积聚在他的肠内，并成为宝宝出生后第一块尿布上的“成果”。

### 显露出长牙的最初迹象

胎宝宝的嘴唇越来越清晰，小牙尖也出现在牙龈内，显露出长牙的最初迹象。直到他出生后4~7个月，才会真正看见他长出第一颗牙齿来，不过，也有极少数的宝宝，出生时牙就长得看得见了。

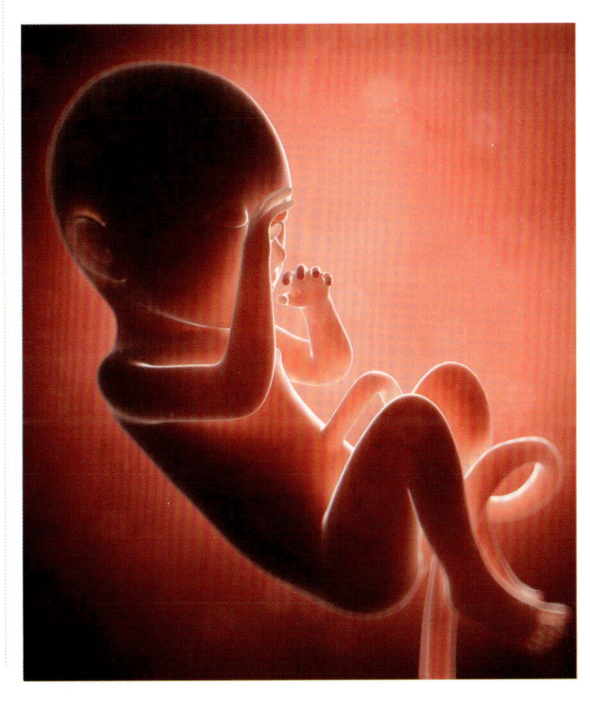

**快乐驿站**

这时的胎动次数有所增加，并更加明显，有时胎动幅度较大，孕妈妈的肚子会被顶起一个小鼓包，这时孕妈妈可以试试和腹中的宝宝做做游戏，一边跟宝宝说话，一边用手摸摸小鼓包，或轻轻推一下，看他有什么反应。

## 孕23周，有了微弱的视觉

到这一周，胎宝宝的骨骼和肌肉已经长成了，身材也比较匀称，他现在已经很健壮了。

### 视网膜成形

现在，胎宝宝能模糊地看见东西了，他的视网膜已形成，因而具备了微弱的视觉。另外，嘴唇、眉毛和眼睫毛已各就各位，清晰可见，激素的分泌也正在稳定的发育过程中。

### 皮肤红红皱皱

胎宝宝的皮肤还是红红的、皱皱的，到出生时，才可能变成粉红色或微红色。透过皮肤显露出的血管是皮肤变红的原因。他真正的肤色会在出生后的头一年表现出来。

### 心跳有力

现在胎宝宝的心跳每分钟有120~160次，非常有力，如果孕妈妈的腹壁较薄，直接将耳朵紧紧贴着腹部，就可以比较清晰地听到胎心搏动。

## 孕24周，大脑发育进入成熟期

胎宝宝继续长大，占据了孕妈妈子宫内越来越多的空间，但是看上去仍然显瘦，皮肤表面的小皱纹还是很多。

### 大脑发育进入了成熟期

胎宝宝大脑发育进入了成熟期，其功能也进一步发展，对听觉、视觉系统接收到的信号都有了意识。

### 呼吸功能日益完善

胎宝宝肺部血管更加丰富，胎宝宝的肺里面，负责分泌表面活性剂（一种有助于肺部肺泡更易膨胀的物质）的肺部细胞也正在发育。如果胎宝宝在此时出生，在医生精心照料下也有可能存活。

### 学会了咳嗽

胎宝宝还学会了咳嗽，如果孕妈妈感觉到腹中有什么东西在敲打一样，那可能正是小胎宝宝在咳嗽。

### 味蕾开始发挥作用

胎宝宝大脑内部的数百万个神经正在发育，并联结成形，神经细胞数量已与成人基本相同，脊髓神经周围开始形成一个鞘，避免神经受损害。他的大脑发育得非常快，味蕾现在可能也在发挥作用了。

# 孕妈妈身体变化情况

Yunmama Shenti Bianhua Qingkuang

## 有了十足的孕妇相

孕妈妈子宫进一步增大上升，子宫底逐渐升高，孕妈妈的腹部明显地突出，从外观上看，已经有十足的孕妇相。

## 子宫压迫到肺部和肠胃

子宫在以后的一段时间内将经历一个从脐下上升到超越脐部的过程，会压迫到肺部和胃部。

这时孕妈妈觉得呼吸比以前要急促多了，特别是上楼梯的时候，走不了几级台阶就会气喘吁吁的。另外，子宫增大不仅压迫肺部，还会压迫到肠胃，胃肠被迫向上推移，致使胃肠蠕动速度降低，从而使胃的排空变慢，所以孕妈妈常有上腹饱足感和胃灼热。建议孕妈妈每餐不要吃得过饱，少食多餐会舒服一些，饭后散步将有助于消化。

## 行动变得迟缓

由于孕激素的作用，孕妈妈的手指、脚趾和全身关节韧带变得松弛，有的孕妈妈会觉得不舒服，行动有点迟缓和笨重，这是正常的，不必担心。

## 出现小腿抽筋

孕妈妈常常容易在孕中期和孕晚期发生小腿抽筋，这是因为这一时期胎宝宝对钙的需求量迅速增加，如果孕妈妈没有摄入充足的钙，胎宝宝就会从孕妈妈的骨骼中吸收钙质，那么孕妈妈就容易发生小腿抽筋。孕妈妈小腿抽筋常常在夜里发作。

### 快乐驿站

生理性水肿不会对胎宝宝产生不良的影响，在产后会慢慢自愈，孕妈妈不必过于担心。但如果肿胀特别明显，则可能是子痫前期的先兆症状，一定要咨询医生。

# 本月胎教专家指导

Benyue Taijiao Zhuanjia Zhidao

6个月大的胎宝宝已经产生了自我意识，渐渐形成了个性特征与爱、憎、忧、惧、喜、怒等不同情感，宝宝渐渐“懂事”了，这个时候是对胎宝宝进行直接胎教的良好时机。

## 教胎宝宝学习

外国有胎宝宝大学的胎教训练法，事实表明胎宝宝期的“学习”对胎宝宝智力和身体的开发是有益的，因此孕妈妈要保持旺盛的求知欲，多给胎宝宝进行音乐胎教、语言胎教等，教胎宝宝认识数字、字母、汉字、音乐符号，也可多教他念一念童谣、儿歌，学一些简单的单词和词语如“hello”、“爸爸”、“妈妈”等。这将对胎宝宝智力的开发和身体的发育起到积极的作用。

## 想象美好的事情

孕妈妈要多想想自己已经过去的5个月快乐时光，接下来的5个月同样将是一段令人憧憬的美好时光，多让自己沉浸在对胎宝宝的美好想象中，这会让自己格外珍惜腹中的胎宝宝，胎宝宝就能感觉到健康、积极、乐观的信息。

## 注意均衡饮食

以一颗充满母爱的心，捕捉来自胎宝宝的每一条信息，细心浇灌它，这是胎教的基础。现在胎宝宝身体发育迅速，营养需求很大，千万不能因为怕身材走样而不注意增加营养。

孕妈妈现在需要一定量的维生素，要注意均衡饮食，还应多吃一些富含优质蛋白质和铁元素的食物，如牛奶、瘦肉、鱼、猪肝、大叶青菜、水果等。

## 和胎宝宝一起锻炼

胎宝宝的状况稳定，孕妈妈可继续做孕妇体操、散步甚至游泳，还应当积极通过触摸来给胎宝宝做运动。

### 快乐驿站

孕期，孕妈妈的头发大多比往常要略干，可按干性发质来护理，洗发后未完全干时尽量不要过多地梳理和用过热的风来吹发，任其自然风干即可。

# 孕21周

Yun Ershiyi Zhou

## 知识课堂：胎宝宝的大脑发育离不开脂肪

脂肪是构建细胞的重要成员，如细胞膜、神经组织、激素等都含有必需脂肪酸，宝宝大脑的60%由各种必需的脂肪酸组成。

胎宝宝储备的脂肪占其体重的5%~15%，若缺乏脂肪，可导致胎宝宝体重不增加，影响大脑和神经系统发育，胎宝宝的心血管系统建设也会出问题。

### 孕妈妈对脂肪的需求量

脂肪可以被人体储存，所以在整个孕期中，妈妈只需要按平常的摄取量摄取脂肪即可，无须增加，大概是60克（烧菜用的植物油25克和其他食品中含的脂肪）。

### 食物来源

含脂肪较多的食物有：各种油类，如花生油、豆油、菜油、麻油、猪油等。食物中奶类、肉类、鸡蛋、鸭蛋等含脂肪也很多，此外花生、核桃、果仁、芝麻、蛋糕、油条中也含有很多脂肪。

一般来说，植物油比动物油脂更适合孕妈妈，两者要交替来食用，不仅消化率在95%以上，亚油酸含量丰富，而且含有大量维生素E。

**快乐驿站**

脂肪不可以摄入过多，孕妈妈若长期摄入脂肪过多，体内贮存脂肪就会增加，最终会导致孕妈妈和新生儿肥胖。

# 动动脑：脑筋急转弯

现在，孕妈妈的身体越来越沉重，感觉到累了就坐下来，动动脑吧，在休息之余，可以让胎宝宝跟自己一起动动脑筋。孕妈妈在动脑时，不但能使自己活跃起来，缓解情绪，而且也有利于胎宝宝大脑的发育。

1.一毛钱可以买几头牛？

2. 哪个数字最懒？哪个数字最勤劳？

3.小张问小李5次同一个问题，小李回答了5次不同的答案，而且每次都对，小张问的是什么呢？

4. 鸡鹅百米赛跑，鸡比鹅跑得快，为什么却后到终点？

5.你能做，我能做，大家都做；一个人能做，两个人不能一起做。这是做什么？

6.“先天”是指父母的遗传，那“后天”是什么？

7.在一次考试中，两个学生交了一模一样的考卷，但老师认为他们肯定没有作弊，这是为什么。

8. 什么情况下，每个人都会主动地发挥赴汤蹈火精神？

9.如何才能把你的左手完全放在你穿在身上的右裤袋里，而同时把你的右手完全放在你穿在身上的左裤袋里？

10.盆里有6个苹果，6个小朋友每人分到1个，但盆里还留着1个，为什么？

11.有种动物，大小像只猫，长相又像虎，这是什么动物？

12.有9个苹果，必须全部平均分给13个小朋友，该怎么分？

13.邻居老李家的屋顶为什么有时漏雨，有时不漏雨？

14.每个人睡觉前，一定不会忘记的事是什么？

15.一个袋子里装着黄豆和绿豆，一个人把豆子倒在地上，很快就把黄豆和绿豆分开了，请问他是怎么分的？

答案：

1.9头（九牛一毛）

2.一不做二不休

3.几点了？

4.鸡跑错了方向

5.做梦

6.明天的明天

7.他们交的是白卷

8.吃火锅的时候

9.反穿裤子

10.最后一个小朋友把盆子一起拿走了

11.小老虎

12.榨汁

13.下雨天才漏，晴天不漏

14.闭上眼睛

15.一颗黄豆，一颗绿豆

## 简笔画：毛毛虫和蝴蝶

每一只美丽蝴蝶都有一段“毛毛虫”时光，蝴蝶变美丽之前会经过四个阶段：卵、幼虫（毛毛虫）、蛹、成虫期，这四个时期又称为“完全变态”。一只毛毛虫在经过“完全变态”后，终于变成人见人爱的美丽花蝴蝶时，我们称之为蜕变。

其实，孕育何尝不是毛毛虫化蝶的过程。学习一下毛毛虫和蝴蝶的画法吧，用心感受一下宝宝的蜕变。

### 快乐驿站

所有的毛毛虫都会变成蝴蝶吗？其实不是。我们所说的毛毛虫通常是指鳞翅目昆虫的幼虫，但鳞翅目昆虫分成两大类，一类是蛾子，另一类就是蝴蝶，也就是说，所有的毛毛虫将来有可能变成蝴蝶或者是蛾子。

# 讲故事《小鸭一家》

## 小鸭一家

鸭先生和鸭太太为找一个孵小鸭的好地方，已经飞很久了，飞到波士顿城时，就再也飞不动了。

在波士顿，他们一开始觉得公园是落脚的好地方：那里有池塘，池塘里有小岛，可是那里自行车来来往往，太不安全啦。

于是，他们飞到山那边的广场，广场倒是还行，就是没有游泳的地方。不一会儿，他们飞到了一条河的上空，下面出现了一个小岛。“这儿好。”鸭先生说，“这儿安静，离广场也只一小段路。”“好的，就在这儿吧！”鸭太太绕着小岛飞了一圈说。

他们在矮树林里找了个又挨水又背风的地方，安下了家。不久，鸭太太生了8个蛋，并开始孵蛋。她耐心地在8个蛋上蹲了许多天，终于，小鸭子出来了，最先出来的是杰克，接着是卡克、拉克、马克、奈克、威克、帕克和夸克。

一天，鸭先生决定到河对岸的公园去看看，一定会比这里更好，出发前，他对鸭太太说：“过一个星期，我在公园等你们，你可要照顾好孩子们！”

“你放心去吧。”鸭太太说，“我会把孩子一个不少地带到你那儿去的。”

鸭先生走后，鸭太太开始教小鸭游水、扎猛子，还训练他们走路排成一条直线，同自行车和各种有轮子的东西保持一个安全的距离。

鸭太太觉得把孩子们训练得差不多了，于是，一天早上，她说：“孩子们，跟我走！”

8只小鸭子，像平常妈妈教他们的样子，排成长长的一排，鸭太太率先跳进河里，小鸭子们纷纷跟着妈妈下水，游到对岸去。

到了对岸以后，他们摇摇摆摆来到公路上，鸭太太走在前面，领着孩子们快步穿过十字路口，公路上飞驰的汽车“嘀——嘀”叫个不停。鸭太太带领孩子，大喉咙小喉咙一齐“嘎——嘎——嘎”，对着汽车也叫个不停。

嘀——嘀——嘀，嘀——嘀——嘀！

嘎——嘎——嘎，嘎——嘎——嘎！

吵闹声把警察米歇尔给引了过来，他边跑边吹警哨，又站在路中间，举起一只手，让行人和汽车全停下来，接着用另一只手招呼鸭妈妈带着孩子们穿过公路。之后，米歇尔赶回警亭，给总部挂电话：“有一家鸭子，大大小小9口，正往大街走去！”

总部的警察一下子弄糊涂了，直问：“一家什么？”“一家鸭子！”米歇尔大声说，“赶快派警车来，要快！”

不一会儿，鸭太太一家9口已经来到一家书店，再拐弯就上大街了。街上行人们一个个都看呆了，一位老太太喃喃地说："这可是一辈子没见过的！"一个扫街的男人说："噢，排得真整齐！"鸭太太听到这些赞扬，感到非常自豪，高高地抬起头，走起路来更加摇摆了。

另一条大街的拐角处已经停着一辆警车和4名警察，警察举手挡住了行人和车辆，让鸭太太带着小鸭子们顺利通过十字路口，再从那里进到公园里去。

他们走进公园大门以后，又全部转过身子，围成一个半圆，向警察表示感谢。警察们笑了，挥手向鸭子一家告别："再见！"

鸭先生早已经在公园里迎接他们了。

——罗伯特•麦克洛斯基（美国）

**快乐驿站**

像鸭爸爸鸭妈妈一样，父母也应该为孩子的到来尽量创造更合适的环境。孩子不仅需要精致的玩具，更需要到大自然中去，听鸟叫声，感受置身于绿树花海中的感觉。

## 准爸爸胎教：折个"东南西北"大家一起玩游戏

记得小时候玩的"东南西北"游戏吗？在上面写各种整人的小东西，小伙伴围在一起数，最后就等着看谁挨整。"东南西北"这个折纸是一个很好玩的游戏，孕妈妈现在不妨折一个"东南西北"，与准爸爸一起重温儿时的回忆吧。

### "东南西北"折法

首先准备一张正方形的纸，不用太大，边长有10厘米就行。

随便一边，对折。

打开，另外一边也对折。

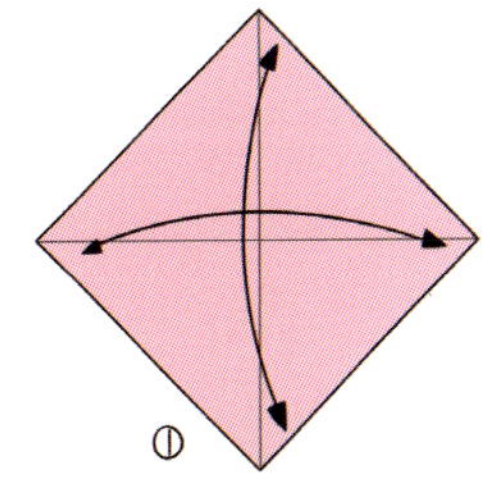

打开，把一个角对准中心点折一下。

四个角都这样折好。

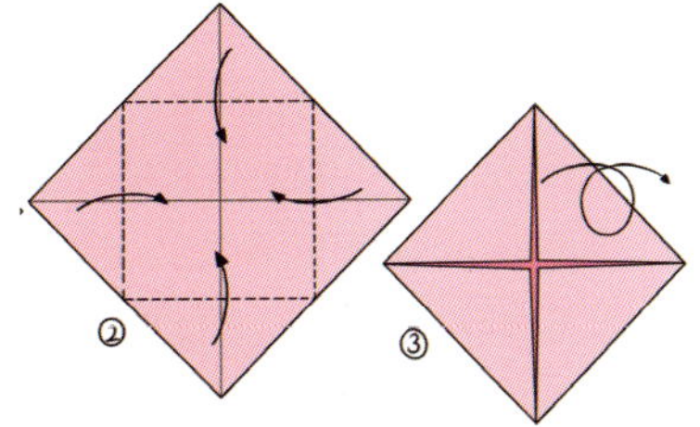

翻过来。

把角对准中心折一下。

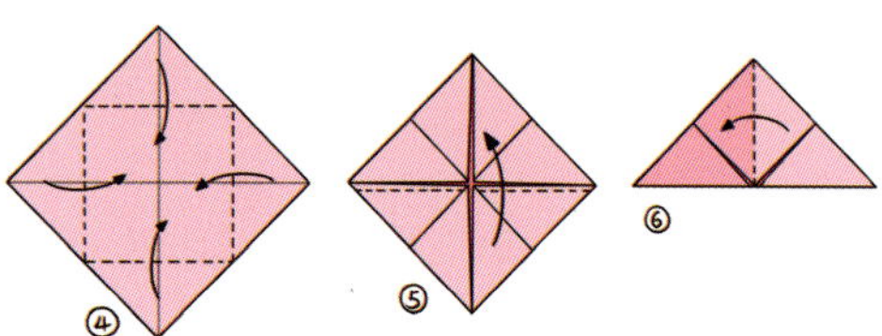

四个角都折好。

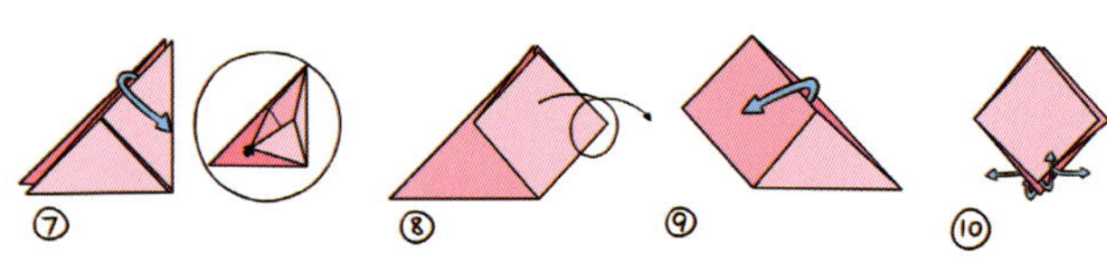

翻过来，将四个角全打开。

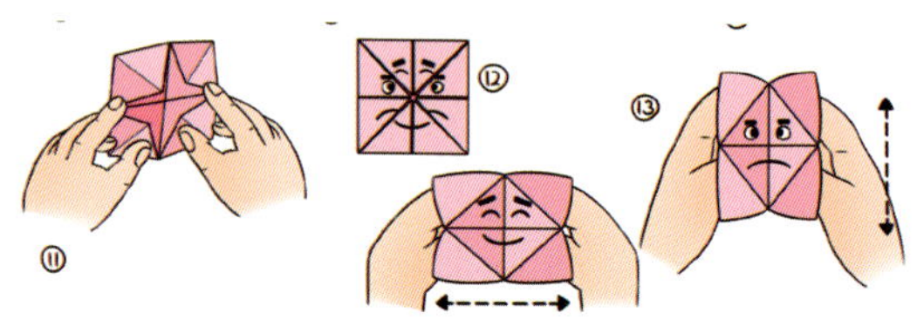

在折好的“东南西北”四面分别标上“东南西北”四个字，在里层的八个面分别写上有趣的表示各种要求的词就可以了。这些要求代表想要对方做的一些事情，比如：

胎教“东南西北”：内容可以包括说个故事，唱个儿歌，深情地对胎宝宝说爱你等。

点心“东南西北”：将孕妈妈喜欢吃的东西写上去，可以给自己的加餐增添不少乐趣。

搞笑“东南西北”：如笑一笑马上又哭，帮对方捶背，学猫叫，学狗叫……

## 游戏规则

很简单，先选择方向，再要求开合若干次。孕妈妈拿着搞笑“东南西北”，问准爸爸：你要哪个方向，动多少次？如果准爸爸要东面动12次，孕妈妈一张一合动12次后停下，看看标注着“东”内的要求是什么，然后让准爸爸照做。当然，准爸爸也可以向孕妈妈提要求。

### 快乐驿站

“东南西北”有着神奇的力量：它能提出一些要求，让对方无条件地去做。孕妈妈不妨将自己想象的胎宝宝的要求写上去，让准爸爸照做，胎宝宝一定会高兴得手舞足蹈的。

# 孕22周

Yun Ershi'er Zhou

## 知识课堂：尝试一下英语胎教

若希望宝宝将来精通多种语言，最好在胎儿期给宝宝进行英语启蒙教育。

### 英语胎教的好处

英语胎教可令胎宝宝在母体中像听别的声音一样熟悉英语环境，对英语产生亲切感，并为神经系统的语言功能发育打好双语基础。但英语胎教的主要作用还是促进妈妈和胎宝宝间的情感交流。

### 英语胎教的原则

英语胎教可以通过英语谈话、英语歌曲、英语录像带、英语童话书等方式实施。随着人们对英语教育的持续关注，英语胎教也越来越受重视。孕妈妈不要认为英语好难而背负过多的心理压力，根据自身情况制订好计划，以愉快轻松的心情完成就可以了。

## 试一试用英语和胎宝宝说话

在妊娠四个半月时，胎宝宝的内耳和鼓膜已经发育成熟，从这时开始，胎宝宝就非常注意外界的声音了，孕妈妈和准爸爸可以尝试用英语进行胎教了。

### 和胎宝宝说说英语

一开始，孕妈妈可以讲一些简单点的日常用语，比如：“This is Mommy”“It’s a nice day”“Let’s go to the park”“That is a cat”等，将自己看到、听到的东西简单地告诉胎宝宝，胎教效果都很好。

渐渐地，孕妈妈可以说得长一些了，可以描述一件事情，比如：“David，I am your Mom and I love you so much！”“Johnny，you are my lovely baby and I will try to give anything that you like！”

晚上的时候一边播放柔和的音乐，一边阅读英语童话书或者观看音像教材，还可以用英语把当天经历的事说给胎宝宝听，如果不会熟练地用英语表达情感，先说些“I love you，sweetie！”之类的简单句子就可以。熟练后再逐渐升级为每天读一篇文章给胎宝宝听。

## 巩固胎教成果

和胎宝宝说一段时间的英语后，孕妈妈可以看看成效如何，如果当孕妈妈对着胎宝宝说英语时，他有用脚踢妈妈肚子的反应时，表示胎宝宝有学习。这种成果的保持仍然需要坚持练习，多加巩固，不然日久胎宝宝就会生疏了。

### 快乐驿站

不论孕妈妈的英文水平如何，都要坚持为胎宝宝进行英语胎教，因为对胎宝宝来说，重要的是孕妈妈阅读英文时勤奋积极的情绪和声音。

# 好书推荐：《夏洛的网》

《夏洛的网》是一个诞生于1952年的经典童话，一首关于生命、友情、爱与忠诚的赞歌！

### 一只蜘蛛和一头猪的友情

在朱克曼家的谷仓里，住着一群小动物，其中有一只蜘蛛名叫夏洛，还有一头名叫威尔伯的猪，正是在这个谷仓里，这只蜘蛛和这头猪建立了真挚的友情。

然而，威尔伯未来的命运却是成为熏肉火腿，作为一只猪，他只能悲痛绝望地接受这种命运，好朋友夏洛却坚信她能救小猪，她吐出一根根丝在猪栏上织出了被人类视为奇迹的网上文字，这让威尔伯在集市上赢得了特别奖，和一个安享天年的未来，小猪得救了，但夏洛的生命却走到了尽头。

没有威尔伯，夏洛的网就不会那么独一无二的完美；没有夏洛，威尔伯永远也不会闪光。友谊的意义及价值也就在这里。

夏洛和威尔伯之间奇特而温馨的友情感染了无数的人，相信孕妈妈和胎宝宝也会被这种纯真的友谊而感动的。

## 精彩语录

1. 早起的人终究是有好处的。（勒维）

2. 这跟幸运没有关系，这是精心照料和辛苦工作的结果。（母鹅）

3. 有什么事人想不出来啊！呵呵，不管夏洛说的是坏事，还是好事，这句话绝对的正确。（夏洛）

4. 哭是一种宣泄情绪的方式，非常正确。但是这个社会上擅于掩饰自己情绪的人才算得上成熟。（夏洛）

5. 生命到底是什么啊？我们出生，我们活上一阵子，我们死去。一只蜘蛛，一生只忙着捕捉和吃苍蝇是毫无意义的，通过帮助你，也许可以提升一点我生命的价值。谁都知道人活着该做一点有意义的事。（夏洛）

### 快乐驿站

作者E.B.怀特（1899—1985）生于纽约蒙特弗农，毕业于康奈尔大学。多年来他为《纽约人》杂志担任专职撰稿人。怀特是一位颇有造诣的散文家、幽默作家、诗人和讽刺作家。

# 讲故事《小猫和小鲫鱼》

## 小猫和小鲫鱼

有一只小猫，它正在向屋后的水田信步走去，走上了窄窄的田埂，水田中有一条小鲫鱼，看到了白色的小猫，问道："你是谁呀？"

"我是小猫。"小猫回答说，它那圆圆的眼睛滴溜溜地看着小鲫鱼，这还是第一次有小鲫鱼跟他说话呢，它不由得想多和小鲫鱼聊一会儿。

这时，水田里鲫鱼妈妈说话了："孩子啊，你可不要跟小猫讲话呀，一声不响地快躲开吧，千万别吵嚷！"

"为什么呢？"小鲫鱼很疑惑地问妈妈。

"孩子，你不知道，猫抓走了我们许多伙伴，万一被那家伙抓住，我们可就完了。"妈妈着急地解释给小鲫鱼听。

小鲫鱼觉得有点奇怪，它觉得小白猫还挺友善的，于是，它在水中悄悄地望着田埂上的小白猫，问："听说你会抓我，是真的吗？"

"不，不，我不抓，可爱的小鲫鱼，我不抓你。"小猫可没想要抓小鲫鱼，它忙这样说着，然后就走开了。

小猫在附近随意散了下步，一会儿就回家了。走廊上，猫爸爸在睡觉。

"水田里有一条小鲫鱼，爸爸。"

"在水田的什么地方？"猫爸爸关切地问。

"在那边一个浅浅的水坑里。"

"那么，你抓住它了吗？"

"没有抓。"

"为什么不抓呢？只要伸出前爪就抓住了嘛！抓住了，吃起来可香呢。"

小猫摇摇头："还是不吃吧！那么一个小小的，怪可爱的孩子。"

小猫的脖子上挂着一个小铃铛。"是呀，是呀！小猫真是个善良的孩子。"小铃铛这样说着，丁零，丁零，发出温柔悦耳的声音，猫爸爸明白小猫的意思了，它亲切地摸了摸孩子的小脑袋。

——佚名（日本）

### 胎教提示：

这是一只懵懂的可爱小猫，虽然鲫鱼是猫的美味食物，可是小猫初次见到小鲫鱼，打心眼里觉得小鲫鱼很可爱，不抓它，连小铃铛都忍不住夸小猫呢。准爸爸可以和孕妈妈分别饰演其中一两个角色，把故事生动地讲给胎宝宝听，提高胎教效果。

## 知识课堂：学会应对此期常见的失眠与烦心

怀孕后孕妈妈体内的雌激素和孕激素的水平都会大大上升，这就会导致内分泌发生紊乱，而身体一时承受不了这些变化，就会产生一系列的问题，如失眠、烦心、头痛等。

激素变化引发的这些身体问题都是正常现象，孕妈妈不必过于担心，但也不能听之任之，加速其恶性循环。虽然不能从根本上解决问题，但还是有一些办法来应对。

### 用意念控制情绪

当出现失眠问题时，不要过分焦虑，这样会使情绪变得更焦躁。无法安然入睡时，先深呼吸，调整好自己的情绪，闭上眼睛，想象一下睡眠中的胎宝宝，在安静、平和的心态下，孕妈妈会更容易进入睡眠。

### 寻求帮助舒缓情绪

烦躁时要用正确的方法及时舒解不良情绪，如和朋友聊天、外出散心、购物等。爱人的关怀在此时也很奏效，当孕妈妈失眠烦心时，将这个困扰说给准爸爸听，让准爸爸帮助按摩，给自己讲故事，也能帮助舒缓情绪。孕妈妈千万不要将烦心的感觉憋在心中或毫无节制地乱发脾气，这会让它发展成为孕期抑郁症。

### 吃些安神助眠的食物

1 多吃富含B族维生素的食物。孕妈妈缺乏B族维生素可能导致失眠，因此，孕妈妈要保证饮食中包含谷类、天然食物、酵母提取物、鱼和大量蔬菜，确保摄入足量的B族维生素。

2 多吃富含色胺酸的食物。牛肉、羊肉、猪肉、南瓜子、葵花子、腰果等坚果类都含有色胺酸，具舒缓心情与助眠作用，孕妈妈可适量摄取。

3 科学食用睡前加餐。睡前加餐要安排在合适的时段，既避免让孕妈妈中途饿醒影响睡眠，也会让身体有时间来消化食物。孕妈妈在睡觉前可以吃一些薄脆饼干、一根香蕉或一片全麦面包，或者饮一杯加糖的热牛奶，食用带有芬芳气味的苹果、香蕉、橘子、橙子、梨等水果，促进良好的睡眠。

4 睡前喝杯热饮。孕妈妈在睡前喝杯热饮也有好处，比如洋甘菊茶，但是注意不要超过一杯，更不能喝浓茶，因为喝得太多或者茶太浓都会适得其反，让失眠加重。

## 用言行与想象教胎宝宝认识图形

虽然胎宝宝现在还无法看见妈妈手上拿着的是什么形状的玩具，但是这并不妨碍我们教胎宝宝认识图形，因为胎宝宝和孕妈妈之间是心意相通的，孕妈妈可以用自己的言行和想象来教胎宝宝认识各种图形。

### 认识图形应与生活相结合

图形学习与数的学习一样，重要的是将学习内容与生活紧密地联系在一起，将图形视觉化后用生活中存在的东西来进行描述是最有效的。

例如学习正方形时，孕妈妈可以找出身边是正方形的实物来进行讲解。孕妈妈可以引导胎宝宝来发现这样一些东西，如："宝宝，你看和这个图形一样的东西在哪儿呀？"然后和他一起寻找，"有坐垫、桌子、镜子、电视机……"这时，孕妈妈要将这些东西的样子在头脑中成像，传递给胎宝宝，然后告诉他："宝宝，这些都是正方形。"同时，孕妈妈还可以用手描这个图形的轮廓，这样胎宝宝就能更好地认识正方形了。

### 认识图形要循序渐进

对任何事物的认识都有一个过程，一般学习都是循序渐进的，根据这个规律，在教胎宝宝认识图形时，也可以一步一步来，如可以先学完正方形、长方形、正三角形、圆形、半圆形、扇形、梯形、菱形等平面图形，然后再认识立方体、长方体、球体等。

**快乐驿站**

如果有兴趣的话，现在可以去买一套积木玩具，在认识图形时将积木与生活用品进行联想，如怀表与圆形积木，这对认识图形很有帮助，而且宝宝出生后玩时也会有熟悉的感觉。

## 腹式呼吸法传给子宫充足的新鲜空气

腹式呼吸法能刺激人体分泌微量的激素，使人心情愉快。孕妈妈心情愉悦会使胎宝宝感觉很舒服，同时，还能为子宫传送更多的新鲜空气。

### 准备

找一个空气清新又比较安静的地方，可以先把卧室的窗户打开通一下风，然后在床上或是在地板上进行。

### 方法

练习前，孕妈妈可以轻轻地跟胎宝宝说："宝宝，妈妈马上要把新鲜的空气传送给你了哦，开不开心呢？好，那我们现在就开始吧。"

1 挺直腰部，双腿自然盘坐，双手轻轻放于腹部，想象胎宝宝正居住在一个宽广的空间里。

2 吸气，慢慢地用鼻子吸气，直到腹部鼓起为止，让气流带动双手自然分开。

3 呼气，腹部向内收，将腹中的气全部吐出。

呼吸结束后，别忘了跟胎宝宝交流一下呼吸的效果，可以问问胎宝宝："宝宝，妈妈已经把新鲜空气传给你了，你感觉到了吗？"

## 准爸爸胎教：激发孕妈妈的爱子之情

孕妈妈与胎宝宝有密切的心理联系，如果孕妈妈对胎宝宝有任何厌恶情绪或流产的念头，都不利于胎宝宝的身心健康。因此，准爸爸应该想办法激发孕妈妈的爱子之情。

为了培养孕妈妈的爱子之情，准爸爸可以带孕妈妈去逛街，去买一些宝宝的用品，看到漂亮的宝宝衣服，孕妈妈一定会想到要生一个漂亮可爱的宝宝，把他打扮得漂漂亮亮。

准爸爸还要多与孕妈妈谈谈胎宝宝的情况，如询问胎宝宝有没有动，提醒孕妈妈注意胎宝宝的各种反应；与孕妈妈一起描绘胎宝宝在“宫廷”中安详、活泼、自由自在的形象；一起猜想胎宝宝的小脸蛋是那么漂亮逗人，体形是那么健壮完美。这对增加母子生理心理上的联系，增进母子感情都是非常重要的。

另外，准爸爸要与孕妈妈一起多看一些能激发母子情感的书籍或影视片，这对激发孕妈妈的爱子之情也是有帮助的。

### 快乐驿站

有的孕妈妈由于妊娠反应、妊娠负担或因肚子大起来影响了外貌、体形，面部出现色素沉着损害了自己的容颜等，转而会迁怒于腹中的胎宝宝。这时候，准爸爸要学会宽慰孕妈妈，告诉孕妈妈怀孕后更有魅力等。

# 孕24周

Yun Ershisi Zhou

## 知识课堂：补充钙质，促进胎宝宝骨骼发育

现在，胎宝宝骨骼和牙齿正在很努力地发育，骨骼和牙齿的基础营养是钙质，因此，从现在开始，孕妈妈就要提高补钙的意识了。

### 孕妈妈对钙的需求量

普通人及孕早期对钙的需求量是800毫克每天，由于每天的饮食中都或多或少有钙质的摄入，所以不需要特别补钙。到了孕中期，钙的需求量逐渐增长为1000~1200毫克每天。到了孕晚期，孕妈妈对钙的需求量将增加到1500毫克每天。

### 缺钙的表现

如果孕妈妈出现小腿抽筋、牙齿松动、关节和骨盆疼痛等症状，则预示着已经缺钙了。缺钙严重时，还会手脚抽搐，甚至因为骨质疏松引起骨软化症。另外，身体缺钙还容易诱发高血压。

### 合理补钙

孕妈妈需要补充多少钙是由饮食情况决定的，原则就是缺多少补多少。因此，如果孕妈妈能对饮食中获取的钙做出大致判断，将对决定补多少钙很有帮助，比如，500毫升牛奶大约可以提供近600毫克的钙，如果孕妈妈每天喝两杯牛奶，就可以满足身体所需钙的一半。

### 主要含钙食物的含钙量

| 名称 | 数量 | 含钙量 |
|---|---|---|
| 脱脂牛奶 | 250克 | 300毫克 |
| 低脂酸奶 | 250克 | 400毫克 |
| 干酪 | 28克 | 283毫克 |
| 虾皮 | 5克 | 50毫克 |
| 强化钙橙汁 | 250克 | 300毫克 |
| 强化钙面包 | 2片 | 300毫克 |
| 北豆腐 | 150克 | 225毫克 |
| 玉米饼 | 3块 | 150毫克 |
| 小白菜 | 250克 | 220毫克 |

## 饮食补钙窍门

1 鱼类、海带、紫菜、鸡蛋、豆制品、动物骨头、奶类等食物中都含有丰富的钙质，是孕妈妈的好选择。

2 补钙的同时注意补充磷。如果磷摄入不足，钙磷比例不适当，尽管补充了足够的钙，但钙的吸收和沉积并无明显增加。海产品中磷的含量十分丰富，如海带、虾、蛤蜊、鱼类等，另外蛋黄、肉松、动物肝脏等也含有丰富的磷。

3 适量补充维生素D，因为维生素D能够调节钙磷代谢，促进钙的吸收。孕妈妈可以通过晒太阳的方式在体内合成维生素D。每天在阳光充足的室外活动半小时以上就可以合成足够的维生素D。

4 菠菜、油菜以及谷物的麸皮等食物中含有大量草酸或植酸，这会影响到食物中钙的吸收，孕妈妈应避免将此类食物与高钙食物同食。

# 经典的骨盆底肌练习

骨盆底肌肉承载着孕妈妈的尿道、膀胱、子宫和直肠。因此，有意识地锻炼骨盆底肌肉，增强骨盆底肌肉的力量，可以减轻尿失禁，还能预防痔疮，加快会阴侧切或会阴撕裂愈合，还能增强阴道的弹性，对顺产非常有利。

## 找到骨盆底肌肉

紧闭并提拉阴道和肛门，感觉到收紧的那部分肌肉就是骨盆底肌肉。

## 练习方法

1 排空膀胱，找一个让自己舒服的姿势，紧闭并提拉阴道和肛门，收紧骨盆底肌肉。

2 数8~10秒，放松几秒，然后再收紧，就这样反复重复同样的动作。

3 练习时，孕妈妈可以想象一下，是否是自己试着忍住放屁，或者要在小便时中断尿流的感觉。这是一种“收紧和向上提拉”的感觉。如果孕妈妈觉得这种想象不形象，还是不能判断自己的练习方法是否正确，孕妈妈可以将一根干净的手指放入阴道，如果在练习的过程中，手指能感觉到受挤压的话，就表明锻炼的方法正确。

## 注意事项

1 在练习的过程中，注意保持身体其他部位的放松，不要收紧腹部、大腿和臀部，将手放在肚子上，帮自己确认腹部肌肉是否放松。

2 任何运动都是循序渐进的，刚开始时不要急于做太多，随着肌肉弹性的不断增强，可以逐渐增加每天练习的次数，并延长每次收紧骨盆底肌肉的时间。

### 快乐驿站

凯格尔运动并不是一套针对孕妈妈的运动，它适合任何女性，孕妈妈可以从任何时候开始练习，并一直坚持下去，它将让孕妈妈一生受益。特别是产后孕妈妈应该坚持练习凯格尔运动，这对加强产后恢复、提高日后的性生活质量的效果非常好，仅仅几周就可以见效。

# 准爸爸胎教：和孕妈妈一起插花

插花是一项深受人们喜爱的艺术，不仅可以怡情养性，而且，插花也是一种隐性胎教。孕妈妈平和、宁谧的心绪在插花的过程中传递给胎宝宝，让他从小就懂得热爱生活，善于发现生命之美。

## 插花，让心情飞扬

只要肯发挥想象力，孕妈妈也可以是艺术家。连知名的花艺设计师都认为，家居的花艺布置应该是舒适而随意的。随手剪下几朵喜爱的花朵，巧花心思摆放一下，就能成为最美丽的花艺装饰品。在一个闲散的周末，孕妈妈不妨准备些鲜花，开始趣味的插花。如在香槟杯中放入白色鹅卵石，加水，然后在杯口边缘参差插入三四朵玛格丽特或太阳花，就构成了如氧气般透明清新的气场，让孕妈妈的心情飞扬。

## 收集插花材料

插花是一门与插花人的喜好和欣赏风格很有关系的艺术，孕妈妈完全可以根据自己的风格来插出自己的作品来。

准爸爸出门的时候，可以留意帮助孕妈妈收集插花的材料。插花艺术可不仅仅限于花，树叶、蔬果也可以成为孕妈妈很好的插花材料。春天发芽的柳枝，夏天郁郁葱葱的树枝，秋天变红的枫叶、银杏叶，都可以插在花瓶里，为房间里增添自然之色。

**快乐驿站**

日本的孕妈妈就喜欢选择插花作为精神放松法，用以舒缓自己的情绪、感觉和心境，借此来愉悦身心，促进宝宝健康成长。

# 孕七月

# 能听到妈妈的声音

开始吧，孩子，开始用微笑去认识你的母亲吧！

——（古罗马）维吉尔

# 胎宝宝发育情况

Taibaobao Fayu Qingkuang

## 孕25周，大脑发育进入第二个高峰期

### 大脑发育又进入高峰期

胎宝宝大脑细胞迅速增殖分化，体积增大，这标志着胎宝宝的大脑发育进入了第二个高峰期。在接下来的4周时间里，胎宝宝的脑沟脑回将逐渐增多，脑皮质面积也逐渐增大，几乎接近成人脑。相应地，胎宝宝的意识越来越清晰，对外界刺激也越来越敏感，孕妈妈的任何动静都有可能引起他的反应，此时做胎教能得到胎宝宝比较明显的回应。

### 头发的颜色和质地开始显现

现在胎宝宝的味蕾正在形成，再过几天味蕾就会成形，也许他早已经品尝到食物的味道了。胎宝宝现在不仅全身覆盖上了一层细细的绒毛，而且头发的颜色和质地也有所显现，以前头发是完全不着色的，而现在已经可以看得见他头发的颜色和质地了，不过它们在出生后还会有所改变。

### 身体变得饱满多了

此时胎宝宝皮下脂肪虽然还是不多，但整个身体却显得饱满多了，子宫里的空间较前段时间已经有些小了，但整体上来讲还不影响他的活动，他仍可以伸胳膊、踢腿，翻身或者滚动。

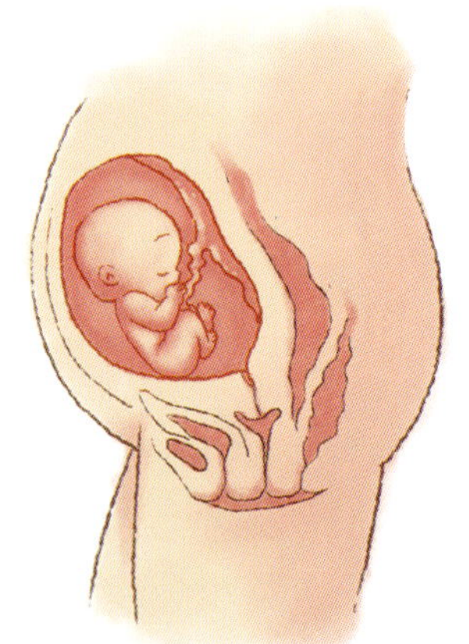

**快乐驿站**

胎宝宝大脑发育进入又一个高峰期，孕妈妈此时可以多吃些健脑的食品如核桃、芝麻、花生等，帮助胎宝宝大脑发育。

# 孕26周，对声音的反应更敏锐

胎宝宝的身体比例十分匀称了。随着骨骼的钙化，脊柱比以前更强壮，不过现在还不足支撑起胎宝宝的身体。子宫的空间相对还够大，小胎宝宝仍可以在里边尽情打滚，所以，如果目前B超发现胎宝宝是臀位并不需担心，他很可能一会儿就调整成头位了。

## 听觉神经系统几乎发育完全

听觉神经系统几乎发育完全，他除了可以听到孕妈妈心跳的声音和肠胃蠕动时发出的咕噜咕噜的声音外，还能听到一些大的噪声，比如吸尘器发出的声音、开得很大的音响声、邻家装修时的电钻声，这些声音都会使胎宝宝躁动不安。

## 肺仍在成熟发育中

胎宝宝的肺仍在成熟发育中，他已经学会了吸气、呼气，当然，现在呼吸的还不是空气，而是羊水。

## 开始囤积脂肪

在接下来的一段时间，脂肪会迅速累积，因为胎宝宝需要用它来帮助自己适应离开子宫后外界更低的温度，并提供出生后头几天的能量和热量。有了脂肪，胎宝宝皮肤也会很快变得更光滑、漂亮。

## 眼睛已经能睁开

胎宝宝的视觉有了发展，眼睛已能够睁开了。如果用一个打开的手电筒照射妈妈的腹部，胎宝宝就会自动把头转向手电筒所在的位置，这说明胎宝宝视觉神经的功能已经在起作用了。昼夜黑白的变化胎宝宝也能感觉得到了。

### 快乐驿站

孕妈妈要经常关注胎宝宝的发育情况，如果胎宝宝生长速度过于缓慢，应在医生指导下，进行氨基酸等营养液的输液治疗；如果胎宝宝生长速度过于快速，应适当调整饮食，防止巨大儿出生。

## 孕27周，子宫空间越来越小

本周，胎宝宝发育得较大了，身体几乎可以碰到子宫壁，所以活动不那么自由了。

### 能够记住声音和味道

胎宝宝的耳朵神经网已经完成，听觉得到了进一步的发展，而此时孕妈妈的腹壁变得较薄，趴在孕妈妈的肚皮上甚至可以听到胎宝宝的心跳声，外界很多声音都可以传到子宫里，当声音传到子宫里，胎宝宝会分辨并记忆这些声音，记忆最深刻的是妈妈说话的声音。

嗅觉也已经形成，胎宝宝逐渐会记住妈妈的味道。听觉和嗅觉记忆是宝宝出生后寻找妈妈的最基本依据。

### 吸吮大拇指

胎宝宝脊髓越来越坚韧，胎动也更频繁了，调皮的胎宝宝已经会将自己的大拇指放到嘴里吸吮了，还会抓住自己的小脚丫玩耍。

#### 快乐驿站

现在，孕妈妈可能感觉到胎宝宝的一些有节奏的运动，大多数情况是胎宝宝在打嗝，每次打嗝通常只持续几分钟，这是正常现象。

## 孕28周，可以睁开眼睛了

胎宝宝的体重继续增长，几乎已经快占满孕妈妈整个子宫空间。

### 胎动减弱

随着子宫空间的变小，胎宝宝的活动范围变小了，胎动也在减弱。但如果孕妈妈把手放在肚皮上，仍然可以感觉到他的活动。当他踢腿或转动时，甚至可看到脚丫或小屁股的形状。

### 睡眠变得规律

本周有一个重大变化，胎宝宝的眼睛可以睁开和闭合了，同时有了比较原始的睡眠周期，醒着和睡着的时间间隔变得比较有规律。在睡着的时候会做梦，醒着的时候会不停运动、玩耍，伸胳膊、踢腿都很平常，也经常将手指放到嘴里吮吸或用手抓脐带。

#### 快乐驿站

此时胎宝宝的内脏系统构造几乎与成人无异，功能也在快速发育，包括呼吸功能，虽然还不是很完善，但是胎宝宝如果在此时出生，他可以依靠呼吸机辅助呼吸，逐渐学会自主呼吸，生存的概率非常高（高达90%）。

# 孕妈妈身体变化情况

Yunmama Shenti Bianhua Qingkuang

进入孕7月，孕妈妈的身体会出现很多让人不那么愉快的状况，比如之前提到的妊娠纹、妊娠斑、身体水肿、小腿抽筋等都会随之而来或加重。这些变化都是正常的，不要担心也不要烦躁，尽量调整出平和、愉快的心态应对这些变化。

## 妊娠纹明显

这时孕妈妈的腹部和乳房上的妊娠纹会越来越明显，颜色也会更暗红，好像皮肤要被撑裂了似的。不过不用担心，这些妊娠纹会在产后逐渐变淡。

## 越来越臃肿

孕妈妈的腹部还在增大，变得越来越臃肿，低着头可能都看不到自己的脚了，以前很轻松就能做的事情，现在做起来会觉得吃力。为了保证行动安全，建议孕妈妈走路要缓慢、稳当，避免跌倒；不要做剧烈运动，不要搬动重物。

## 被便秘、痔疮等困扰

逐渐膨大的子宫日渐压迫肠胃，胀气、便秘的情况可能都在延续。此外，随着子宫的增大，还会慢慢影响孕妈妈盆腔内静脉血液的回流，使得孕妈妈肛门周围的静脉丛发生瘀血、突出，从而形成痔疮。便秘和痔疮是孕期非常常见的病症，且相互影响。

如果孕妈妈在此时得了痔疮，不用过于惊慌，一般分娩后即可消除。为了避免痔疮随着孕期而加重，首先必须采取措施使便秘的症状得到缓解，并注意不要久坐。久坐会加剧瘀血程度，造成血液回流困难，诱发痔疮或加重痔疮。

### 快乐驿站

只要时间允许，建议准爸爸陪孕妈妈一起去参加分娩学习班，多了解一些分娩知识，既可缓解孕妈妈对分娩的恐惧，也能为即将到来的分娩做更充分的准备。

# 本月胎教专家指导

*Benyue Taijiao Zhuanjia Zhidao*

这个月胎宝宝的身体功能、感觉系统、神经系统都有明显的进步，做游戏、对话或者听音乐等都对孕妈妈和胎宝宝的情绪特别有好处。

## 跟胎宝宝玩游戏

胎宝宝在第7个月的时候已经有足够的能力进行互动游戏，在子宫内伸个懒腰，打个呵欠，或踢一下子宫壁，玩弄一下身边漂浮的脐带等，这些都会使胎宝宝感到很满意、很快乐。那么，孕妈妈和准爸爸不妨多和宝宝互动一下，做做游戏，这对于宝宝智力的发育是有益的。

## 坚持对话胎教

每天和胎宝宝说说话，可以使他保持快乐的情绪，准爸爸更是应每天坚持。例如，清晨孕妈妈时可一边轻轻抚摸肚子一边说："宝宝，你睡得好不好？天亮了，我们起床了。宝宝，起来活动活动，看今天的天气多好。"对话的时间不需要长，内容可轻松、愉快些，可重复地练习，宝宝是喜欢重复以前的对话的。

## 一起听音乐

胎宝宝能感受到子宫外的音乐旋律，并从中体会到理智感、道德感和美感。孕妈妈会从美妙的音乐中感到自己在追求美、创造美，这种美好的感受和情绪会使得胎宝宝也感觉格外良好。

此外，现在听听音乐对胎宝宝右脑的艺术细胞发育是有利的，若是出生后继续在音乐气氛中学习和生活，会对宝宝智力的发育带来更大的益处。

## 憧憬未来

胎宝宝的感觉是敏锐的，通过孕妈妈的情绪，他会知道自己在这个世界上是不是一个受欢迎的人，这对他未来与父母之间的亲子关系和他的性格有很大的影响，因此，孕妈妈不妨时常想象宝宝来到这个世界上以后，一家人的美好生活，这会让宝宝感觉幸福，期待自己的降生。

# 孕25周

Yun Ershiwu Zhou

## 知识课堂：多吃核桃等坚果，宝宝未来发质好

现在胎宝宝的头发正在生长中，虽然现在头发的质地还没有到确定的时候，但是充足的营养可以为宝宝日后的头发质地打下良好的基础。如想出生后的宝宝发质更好，孕妈妈应在孕期吃一些坚果类的食品。

### 吃一些核桃等坚果

核桃含有欧米伽3系不饱和脂肪酸，可以帮助护理头发。同时，核桃也含有丰富的锌，腰果、胡桃、杏仁也含有丰富的锌，锌缺乏会使头发易分叉、脱落，所以坚果是保持头发健康的有益食物，适当吃一些坚果可以令头发更乌黑浓密，更有光泽。

另外，坚果对宝宝脑部的发育也十分重要，例如核桃中的磷脂对脑神经有良好的保健作用，坚果中的不饱和脂肪酸是宝宝脑部发育的重要物质。

### 吃坚果要适度

大多数坚果中的脂肪含量非常高，吃得过多会造成身体发胖，进而影响血糖、血脂和血压，因此孕妈妈要记得控制量，每天吃20~30克就可以了，若用坚果来炒菜，则可适当减少用油量。

### 健发美食——核桃酪

**原料**：核桃仁200克，江米100克。

**调料**：白糖、水淀粉各适量。

**做法**：

1 核桃仁泡软，用竹签挑去里面的膜，洗净；江米淘洗干净，浸泡2小时。

2 炒勺上火，放入适量花生油烧热，下核桃仁炸酥，捞出凉凉后和泡好的江米一起加水磨成浆。

3 炒勺上火，放入适量清水和白糖烧沸，撇去浮沫，倒入江米核桃浆搅开，烧沸后撇去浮沫，用水淀粉勾薄芡即成。

# 讲故事《春夏秋冬》

## 春夏秋冬

在很久很久以前，一年只有两个季节，它们分别是寒冷的冬季和酷热的夏季。

那时，由两个巨人轮流统治着人们：

一个叫冬，他是一个冷酷而且力大无穷的老人，每年的十二月到来年的六月，都是他在统治着人们。每逢冬的统治时，天气都非常寒冷，人们因此盼望能暖和一些。

另一个巨人叫夏，他是一个强壮而又脾气暴躁的青年，每年的六月到十二月，在他的统治下则酷热难熬，因此人们又盼望气候变得凉爽一些。

冬和夏都很自傲，看不起对方，他们每次一见面就要争吵、厮打。

冬有一个女儿，叫春姑娘，夏有一个妹妹，叫秋姑娘，春姑娘和秋姑娘是好朋友，她们两个性格温和，非常善良，跟冬和夏正相反，她们都为人们的苦恼而苦恼，所以她们商量好，要一起想办法解除人们的困苦，让人们生活得好一些。

这年十二月，当冬板着面孔到来时，和往年一样，他带来了狂风暴雪，和使人难以忍受的严寒，就这样，三个月过去了，气候变得越来越冷。到了三月，春姑娘悄悄来到了她爸爸的身旁，笑着对冬说："爸爸，您一定很累了！这剩下的三个月就让女儿来代替您工作好不好？"冬怀疑地看着自己的女儿说："你能行吗？"春姑娘撒娇说："我可是您的女儿哦！"冬点点头答应了。于是，他高高兴兴地到一个大山谷里睡觉去了。

在一场小雪中，春姑娘带着甜蜜的微笑悄然而来。她穿着一身鲜艳的花衣，头上包着一块淡红色的薄纱巾。她温柔的微笑使冰冻、积雪逐渐融解，使地面上笼罩着的寒气慢慢散开。春风和畅，生命开始活跃起来，百鸟争先恐后地歌唱，柳树发芽了，杨树开花了，各种野花含苞待放，人们在欢歌笑语中忙着春耕和播种！

三月过去了，四月、五月也过去了。春姑娘工作得很好，人们脸上有了久违的笑容。

六月初，暴烈的夏带着怒火来了。春姑娘微笑着很有礼貌地跟夏打招呼："欢迎你，现在该你工作了。我们这儿应该热一阵，这样，谷物才好成熟。请你开始吧！"就这样六月过去了，七月、八月也过去了。

九月初，秋姑娘调皮地对夏说："哥哥，这三个月你也太辛苦了，剩下来的时间就让妹妹来帮你效力吧。"夏有些不相信地说："真的？这是一个好主意。不过你可得好好干啊！"秋姑娘充满信心地回答："没问题，你就放心吧！"于是夏一头钻到地洞里酣睡去了。

虽然暑气还在蒸腾，但秋姑娘带来了爽爽的秋风，人们忙碌地收获着成熟的作物，碧空万里，秋虫也愉快地开起了音乐会。秋姑娘专心地工作着，一转眼九月过去了，十月、十一月也过去了，她给人们带来了一个金色的、硕果累累的季节！

从此，一年由极端而又单调的两季变成了色彩丰富的四季，四季如歌、如诗、如画！有了春夏秋冬的轮换交替，人们的生活也变得既丰富多彩又安定有序，万事万物生生不息！

## 有趣又动脑的猜谜语游戏

现在是胎宝宝神经系统完善的关键时期，孕妈妈一定要勤于动脑，如果孕妈妈在孕期始终保持着旺盛的求知欲，则可使胎宝宝不断接受刺激，促进他的大脑神经和细胞的发育。

1.白嫩小宝宝，洗澡吹泡泡，洗洗身体小，再洗不见了。（打一物）

2.一个老头，不跑不走；请他睡觉，他就摇头。（打一物）

3.白胖娃娃泥里藏，腰身细细心眼多。（打一植物）

4.脱了红袍子，是个白胖子，去了白胖子，是个黑圆子。（打一植物）

5.身穿大皮袄，野草吃个饱，过了严冬天，献出一身毛。（打一动物）

6.会飞不是鸟，像鼠不是鼠。白天躲暗处，夜晚捉害虫。（打一动物）

7.来到屋里，赶也赶不走，时间一到，不赶就会走。（打一自然现象）

8.从一算起。（打一成语）

9.兄弟七八个，围着柱子坐，兄弟要分家，衣服就扯破。（打一植物）

10.上边毛，下边毛，中间一颗黑葡萄。（打一人体器官）

**谜底：**

1.香皂

2.不倒翁

3.藕

4.荔枝

5.绵羊

6.蝙蝠

7.太阳光

8.接二连三

9.蒜

10.眼睛

## 练习毛笔字陶冶情操

毛笔字是我国的一种伟大艺术，数千年来，这种独具特色的艺术为书写中华文化、传承中华文明发挥了巨大作用，其无与伦比的美术效果让人叹为观止，是一种富含文化和哲学意味的艺术，甚至包含了做人的道理。

怀孕后，孕妈妈不妨练习练习毛笔字，练字不仅能使孕妈妈得到美的熏陶，培养审美观，而且练习毛笔字可融身心于一体，提高修养，为生活增添乐趣。

### 练毛笔字的方法

1 准备好工具，买齐毛笔、墨汁，字帖。刚开始练习颜真卿的字比较好。

2 从笔画开始练起比较好，再循序渐进，穿插带笔画的字进行练习，如“三、王”练横画，练熟后可以临古诗帖。

#### 快乐驿站

毛笔字最好能天天练，两三天练一次也可以，坚持不懈地练习对身体及性格调整会有益处，不过孕妈妈不必拘泥于形式，随心所欲也可以。

## 准爸爸胎教：和孕妈妈对弈

对弈在古时候是指下围棋，现在我们将下棋统称为对弈。下棋是一种有益的智力运动，在不断提出和解决问题的过程中，能使得大脑得到良好的锻炼，是培养思维能力的高雅运动，因此，下棋也被人们形象地称为“智慧体操”。

现在胎宝宝的大脑正在形成，他的脑部发育非常迅速，是对他进行适当脑部刺激的好机会，孕妈妈多动动脑，玩益智游戏，可以帮胎宝宝开发他的潜能。

准爸爸一般都喜欢下棋，现在，可以多找机会与孕妈妈下棋。至于下哪种棋则可根据孕妈妈的喜好选择，围棋可以，象棋也不错，跳棋、五子棋等也是合适的选择。

#### 快乐驿站

准爸爸一般都对下棋有更多的兴趣，更了解下棋的规则和战术。因此准爸爸要掌握和孕妈妈下棋的技巧，不要让孕妈妈赢得轻松，也不能让孕妈妈输得难堪。

# 孕26周

Yun Ershiliu Zhou

## 知识课堂：胎宝宝可以理解妈妈的感情

胎宝宝和孕妈妈的心灵是相通的，孕妈妈大脑中所感觉所思考的事情，通过与大脑皮层直接相连的下丘脑转化为情感，继而转化为躯体的感觉，这个过程中会产生剩余神经激素，它能通过胎宝宝的下丘脑而对宝宝产生影响，使孕妈妈的感情传达给胎宝宝。

### 保持与胎宝宝良好的感情交流

良好的心态、融洽的感情是优生的重要条件，健康向上、愉快乐观的情绪会使胎宝宝发育得更健康，分娩时也更顺利；反之，不良的情绪则会使得胎宝宝的身体和神经发育受到损害。

因此，孕妈妈要保持良好健康的心态，与胎宝宝保持良好的感情交流，用自己的温暖和慈爱同化胎宝宝，使其形成热爱生活、活泼外向、果断自信等优良性格。

### 帮助孕妈妈保持良好心态的方法

1 陶冶情操，多听一些优雅的音乐、多看美好的风景和图片，这样可以心态平和。

2 做做白日梦，幻想一下腹中胎宝宝的样子，猜猜胎宝宝在想什么，在心里跟胎宝宝说说话，这是和胎宝宝联络感情的好方法。

3 写日记，日记是个抒发感情的好方法，写日记时要怀着一种让宝宝长大后来看的想法，这样会发掘更多令人愉快的事情。

### 快乐驿站

孕妈妈由于受激素的影响，有时候会感觉心情烦闷，特别是有时候和准爸爸闹情绪斗气的时候，有时甚至有放弃腹中宝宝的念头，这时候胎宝宝会很伤心，而且这种伤害会持续很长时间。因此，不论什么时候，孕妈妈都要想到，现在是胎宝宝的妈妈了，胎宝宝需要妈妈的爱护和照顾，更重要的是，胎宝宝需要孕妈妈有个好心情。

## 动一动脑：好玩的七巧拼板

无论在现代或古代，七巧板都是启发孩子智力的好伙伴，能够培养宝宝的观察力、想象力，以及形状分析和创意逻辑上的能力，还可引导宝宝辨认颜色，领悟图形的分割与合成，增强耐性。孕妈妈玩七巧拼板也有助于开发胎宝宝的智力。

### 七巧拼板里的无穷变化

1 拼几何图形，如三角形、平行四边形、不规则的多角形等。

2 拼各种人物形象或者动物，如猫、狗、猪、马等，或桥、房子、塔，或是中、英文字符号。

3 说故事，将数十幅七巧板图片连成一幅幅连贯的图画，再根据图画内容说给胎宝宝听，如先拼出数款猫、几款狗、一间屋，再以猫和狗为主角给胎宝宝讲述一个动人的故事。

**快乐驿站**

七巧拼板是由一种古代家具演变来的。我国宋朝有个叫黄伯思的人，他热情好客，发明了一种用6张小桌子组成的宴几（请客吃饭的桌子），后来为了用餐时人人方便，气氛更好，有人把它改进为7张桌，可根据吃饭人数的不同，把桌子拼成不同的形状，比如3人拼成三角形，4人拼成四方形等，后来宴几演变成一种拼图玩具，由于巧妙好玩，人们叫它“七巧板”。

## 给胎宝宝写一首小曲子

有没有想过试着自己作曲子呢？写下自己的心情，记录自己的感动，和胎宝宝一起分享，是一件多么有意义的孕期乐事呀，如果孕妈妈心动了，那就动手为胎宝宝写首曲子吧。

### 写下歌词

如果孕妈妈爱好文字，那写歌词肯定是轻而易举，如果孕妈妈不经常动笔，也不要害怕写不出来，只要记录下自己的感觉即可。每一次有了灵感，就拿笔记录下来，准爸爸也是如此，过一阵，很多灵感积累在一起，稍加润色，属于自己和宝宝的，也是最有意义和价值的歌词就写成了。

另外，除了从自己的角度去看待生活，宝宝这个小人儿也肯定有不少想法了，试着想想胎宝宝现在想说些什么吧，现在问一问胎宝宝，妈妈可帮忙记录下来。

歌词案例：我的好妈妈，多么辛苦呀，宝宝我要长大，保护我的好妈妈。

### 谱曲

现在有专门用来记曲子的软件，即便孕妈妈对谱曲不在行也没关系，只要哼唱，软件便能记录，如果有兴趣，可以试试。或者，孕妈妈可以把写好的歌词，灌进自己熟悉的曲子里，这样也很有趣。当然，如果孕妈妈或者准爸爸有不少乐理常识，能谱一首属于自己的曲子是再好不过的。

# 讲故事《豆腐桥》

## 豆腐桥

在杭州上城，一条河上有四座桥，一座“安乐桥”，还有三座“豆腐桥”，怎么一条河上有这么多桥呢？原来有这么个故事：

据说南宋岳飞大破金兵的时候，手下一个叫王佐的将军立了功，但他因此缺了一只胳膊，不能再打仗了，岳飞保举他做安乐王，皇帝降旨在杭州城内造一座王府给他。

王府造在河边，泥沙、石灰、石板、木材堆满河埠，河上本没有桥，原来的一只摆渡船，又被运砖送瓦的工匠占用了，老百姓没法来往，心里很生气，便编了个歌儿：

“安乐王，安乐王，为你安乐大家忙！”

王佐到杭州后知道了这件事情，他想：我一个人要那么大的王府做啥！不如拿这些材料在河上搭座桥，好让大家方便些。

于是，他就吩咐工匠挑扎实的青砖石板，在河上搭一座大桥，剩下的材料造两间房子做王府便可。

百姓听说后都来帮忙，人多力量大，不到一个月工夫，河上便造起一座宽阔平整的大桥，有了桥，往来方便多了，老百姓一高兴，又编出新歌儿来：

“安乐王，好心肠，造座大桥通四方。”

你唱我唱，一传两传，安乐桥越来越出名，宰相秦桧也知道了，心里很妒忌：“造一座桥也扬名！我如今就造它三座，一座比一座阔，一座比一座高，跟你王佐斗斗富，看看你强还是我强！”

就这样，秦桧动动嘴，官员们便开始增捐加税，强迫老百姓不分昼夜地造桥。三个月后，不远处就并排造起了三座桥，果然是一座比一座阔，一座比一座高，秦桧亲自给它们起名叫“斗富桥”。

可桥是给人走的，一条河上有一座桥就够了，要造那么多做什么！老百姓恨死了秦桧，都赌气不走他那三座斗富桥，管他的桥叫作“豆腐桥”，直到今天。

### 快乐驿站

知史令人明智，多了解一些历史故事，对爸爸妈妈自己和胎宝宝都是有好处的。家乡的古迹也是取之不竭的文化宝藏，多了解一下，然后讲给胎宝宝听，这个过程会非常有趣的。

# 准爸爸胎教：特别纪念日给孕妈妈祝福

孕期过了一大半了，准爸爸还记得是在哪一天，发现了两道令人欣喜的红杠杠？是在哪一天看到宝宝的第一张B超照片的吗？宝宝第一次出现胎动是在什么时候呢……

记住这些特别纪念日吧，在以后的某一天，一些简简单单的事情也会因此而特别，给自己和孕妈妈带去很多的感动和快乐。

## 记住一些特别的日子

孕期的一些标志性日子，如末次月经、早孕的确诊日期、早孕反应出现及消失的时间、胎动出现的时间、B超检查的时间、产前检查的时间、预产期等，这些日期都非常重要，是关系到整个孕期的重要标志，准爸爸不但要记在日历上，最好也能记在心里，这不仅有助于了解胎宝宝的情况，也是对孕妈妈心理上最好的支持。

## 悄悄备一份小礼物

礼物是寄托人们情意的东西，无关是否贵重，也不是生日或结婚纪念日的专属，只要有心，即便是一句简单的话语也暖人心脾。

为家庭小成员的到来，孕妈妈做了太多的努力，而胎宝宝也正以旺盛的精力成长着，他需要父母的关怀，在一些孕期纪念日里，准爸爸不要吝啬自己的心意，给孕妈妈和胎宝宝准备一份礼物，一双合脚的鞋、一本有趣的画册、一次体贴的下厨……这些都是意外的惊喜，相信孕妈妈会因此感到高兴和感动的。

# 孕27周

Yun Ershiqi Zhou

## 知识课堂：学习过的内容需要巩固

从胎宝宝具有学习能力到现在，他已经学习了不少知识，但是那么多东西，胎宝宝有可能很难一一记住，会忘记一些，这时候，孕妈妈要多帮助胎宝宝记忆，巩固胎教效果。

### 认真回忆

在开始复习前，先放松心情，认真地回忆一下之前学过哪些内容，回忆起来的内容可以用笔记下来。孕妈妈尽量详细地在头脑中还原学习这一内容时的场景，这会让孕妈妈感觉很好，胎宝宝也会很有成就感，或者孕妈妈还可以将想起来的内容说出来，引导胎宝宝一起回忆，效果会更好。

### 找找遗忘的内容

找出自己的孕期日记，或者其他学习材料的笔记，翻翻看，是哪些知识被遗忘在记忆的角落里了呢？将找到的知识也记下来，然后再和宝宝一起回忆一下，看能不能想起当时学习时的场景，如果记不得了也不要紧，那么就重点再学习这些知识，和宝宝一起再学习一次吧，现在胎宝宝的学习能力比以前强多了，这次学习以后，他就记忆深刻，很难忘记了。

# 童年记忆中的纸飞机

还记得童年的纸飞机吗？随便一张长方形的纸经过胖嘟嘟的小手折几下就能变成一只美丽的纸飞机，努力哈一口气，站得高高的扔出去，看能飞得多远。今天与胎宝宝一起来折个纸飞机，一起去找回儿时的记忆吧。

## 纸飞机折法

①准备一张长方形的纸，对折出痕；

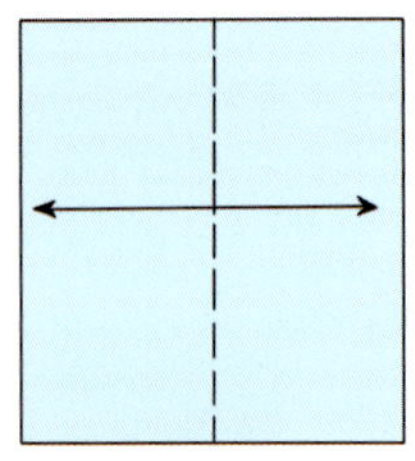

②将两角对齐中心折痕，对折；

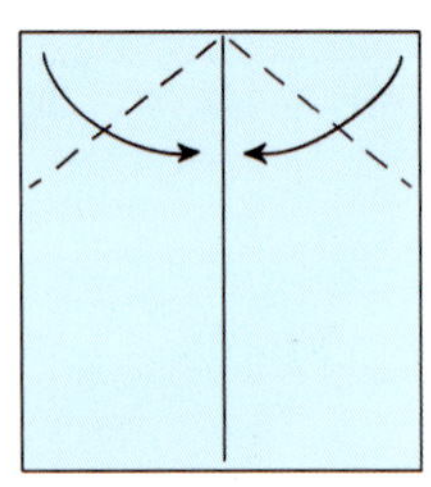

③再折一次；

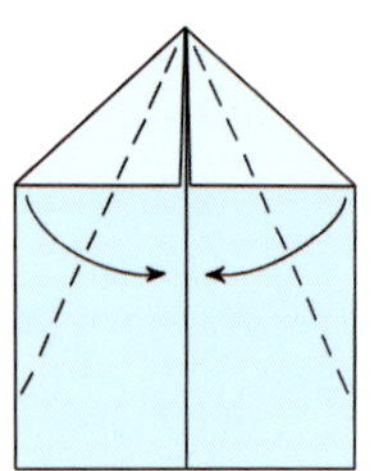

④将飞机尖端从中间对齐折起；

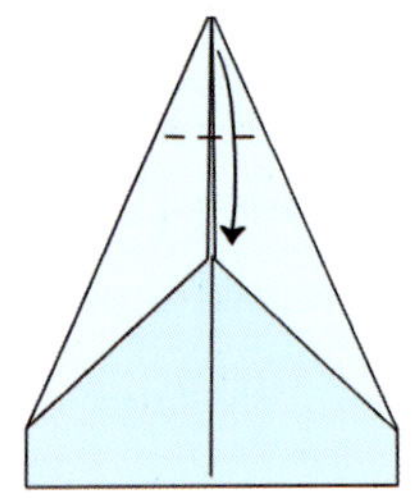

⑤翻折过来；

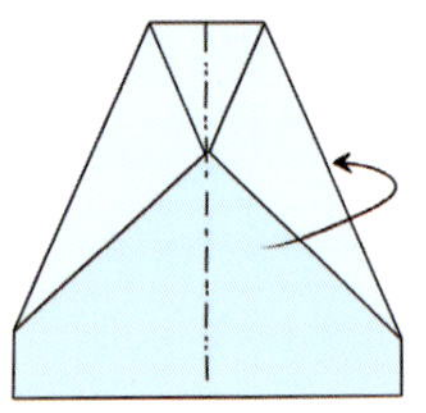

⑥两边同时沿着虚线对折；

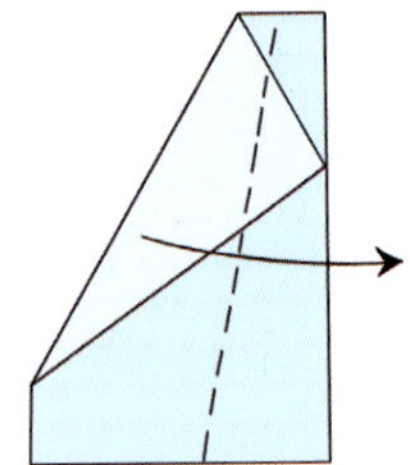

⑦折出来就是这个模样。

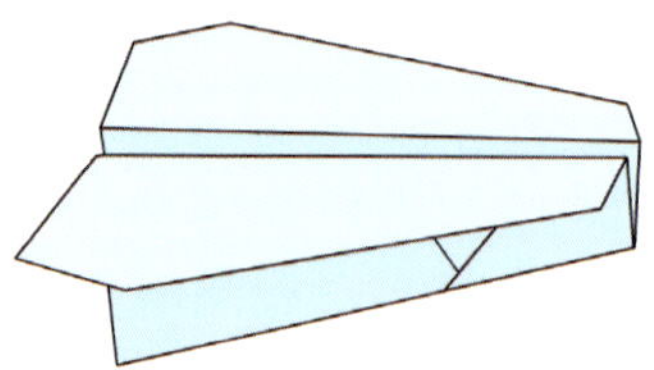

# 讲故事《月亮与太阳》

## 月亮与太阳

从前，月亮和太阳上的人都十分富有，每个人都拥有许多金子，可是他们很自负，喜欢炫耀自己的万贯财产和博学才智，自以为不可一世，觉得大家都要对他们顶礼膜拜。

有一天，来了一个人，他决心教训一下这些自命不凡的人，于是，做了很多很多香喷喷的面饼和玉米饼，然后，他又用最好的麻绳，精心编织了两条巨大的口袋。

“这条红口袋是给太阳的。”他微笑着自言自语，接着，又把玉米饼装进蓝口袋，“这是给月亮准备的。”他说道。

一切准备就绪以后，他施了一点魔法。中午时分，他用面饼引诱太阳，没过多久，就把太阳装进了口袋，接着，扣紧了口袋，使太阳无法逃脱。晚上，他用同样的办法把月亮装进了口袋。

太阳和月亮被装进口袋以后，天下就变得一片漆黑，可是，对此人们并不感到恐惧，反而喜形于色，因为那批炫耀富有、自命不凡的人受到了惩罚。

这时，月亮和太阳上的人开始求饶，“请你放开我们吧！”他们向口袋的主人乞求道。起先，这个人坚决不肯，可是，过后心就软了，决定给他们自由。

月亮和太阳走出口袋后，上面的人举行了一次盛大的舞会，也邀请了曾经抓过他们的那个口袋的主人，大家跳呀！唱呀！高兴极了。

可是，月亮和太阳上这批人的首领心怀不良，企图刺杀口袋的主人，哪里知道，口袋的主人是一个刀枪不入的人，梭镖根本伤害不了他一根毫毛。

然而，在口袋的主人忍无可忍的时候，人们反而把首领一枪刺死了，于是，他便成了领袖，他对臣民们说：“你们拥有的黄金不应该占为己有，而应该把它散布在地球和其他星球上，让它发出光芒，造福于全人类。”

### 快乐驿站

太阳和月亮是全人类的共同的财富，孕妈妈每天都需要晒一会儿太阳，帮助身体补充天然钙，冬天要多到阳光下走走，夏天要注意防晒，多吃含维生素C丰富的蔬菜水果。

## 准爸爸胎教：烘焙一个爱心蛋糕

胎宝宝已经7个多月了，想不想试着为他做一个蛋糕呢？那么，今天来学做一款美味的爱心蛋糕吧。

### 制作工具

烤箱、手工打蛋器、八寸蛋糕模（可用能耐高温的类似盆具代替）。

### 材料

面粉适量，酸奶200毫升，鸡蛋4个，黄油50克，白醋少许，白糖3大匙。

### 做法

1 将黄油隔水熔化（装黄油的容器放在水中），加入酸奶，用手工打蛋器搅拌均匀。

2 将鸡蛋磕破一个小孔，蛋清均倒入一个空容器中，留蛋黄在壳内。

3 放入一个蛋黄到酸奶黄油中，搅拌均匀，再放入第二个，拌匀，依次放入所有的蛋黄。

4 将面粉倒入蛋黄糊中，翻拌均匀（不要转圈搅拌，而应像炒菜一样翻拌）。

5 烤箱预热，温度设定在165~170℃，用一个烤盘装上开水放在烤箱最下层，倒数第二层放烤网。

6 蛋清中加几滴白醋，用手工打蛋器低速打出粗泡沫，加入一大匙白糖，低速打20秒左右后，加入第二大匙白糖，中速打20秒左右，再加入第三大匙白糖，高速打20秒左右，换成中速一直打到硬性发泡（用打蛋器头舀起蛋清糊，有三角瓦片状出现）即可。

7 将打好的蛋清糊舀起3/1放入蛋黄糊中拌匀，再将蛋黄糊全部倒入蛋清糊中，翻拌（不是转圈搅拌）均匀。

8 将拌好的蛋黄糊倒入八寸蛋糕模中，放入烤网上，烤制60分钟就好了。

# 孕28周

Yun Ershiba Zhou

## 知识课堂：提早练习助分娩的拉梅兹呼吸法

拉梅兹分娩呼吸法，也被称为心理预防式的分娩准备法。通过一系列的学习与持续的练习，使每位孕妈妈在情绪上、理智上、心理上及生理上都有所准备，从而有效地让孕妈妈在分娩时将注意力集中在对自己的呼吸控制上，转移疼痛，适度放松肌肉，达到加快产程并让宝宝顺利出生的目的。

### 准备工作

在客厅地板上铺一条毯子或在床上练习，室内可以播放一些优美的胎教音乐，孕妈妈可以选择盘腿而坐，在音乐声中，孕妈妈首先让自己的身体完全放松，眼睛注视着同一点，然后开始练习拉梅兹呼吸法。

### 拉梅兹呼吸法练习方法

| 阶段 | 呼吸法名称 | 呼吸方法 | 应用时机 |
|---|---|---|---|
| 阶段一 | 胸部呼吸法 | 孕妈妈可以学习由鼻子深深吸一口气，随着子宫收缩就开始吸气、吐气，反复进行，直到阵痛停止才恢复正常呼吸 | 应用于分娩开始的阶段。此时宫颈开3厘米左右，孕妈妈可以通过这种呼吸方式准确地给家人或医生反映有关宫缩的情况 |
| 阶段二 | 嘻嘻轻浅呼吸法 | 首先让自己的身体完全放松，然后用嘴吸入一小口空气，保持轻浅呼吸，让吸入及吐出的气量相等，完全用嘴呼吸，保持呼吸高位在喉咙，就像发出“嘻嘻”的声音。当子宫收缩强烈 | 应用于胎宝宝一面转动，一面慢慢由产道下来时（子宫颈开7厘米以前） |

续表

| 阶段 | 呼吸法名称 | 呼吸方法 | 应用时机 |
| --- | --- | --- | --- |
| | | 时，需要加快呼吸，反之就减慢。练习时由连续20秒慢慢加长，直至一次呼吸练习能达到60秒 | |
| 阶段三 | 喘息呼吸法 | 先将空气排出后，深吸一口气，接着快速做4~6次的短呼气，感觉就像在吹气球，比嘻嘻轻浅式呼吸还要更浅，也可以根据子宫收缩的程度调解速度<br>练习时由一次呼吸练习持续45秒慢慢加长至一次呼吸练习能达90秒 | 子宫开至7~10厘米时，孕妈妈会感觉到子宫每60~90秒钟就会收缩一次，这已经到了产程最激烈、最难控制的阶段了 |
| 阶段四 | 哈气呼吸法 | 阵痛开始，先深吸一口气，接着短而有力地哈气，如浅吐1、2、3、4，接着大大地吐出所有的气，就像在吹一样很费劲的东西。练习时每次呼吸需达90秒 | 第二产程的最后阶段。此时孕妈妈想用力将宝宝从产道送出，但是医生却要求孕妈妈不要用力，以免发生阴道撕裂，等待宝宝自己挤出来 |
| 阶段五 | 用力推 | 下巴前缩，略抬头，用力使肺部的空气压向下腹部，完全放松骨盆肌肉。需要换气时，保持原有姿势，马上把气呼出，同时马上吸满一口气，继续憋气和用力，直到宝宝娩出。当胎头已娩出产道时，孕妈妈可使用短促的呼吸来减缓疼痛。每次练习时，至少要持续60秒用力 | 此时宫颈全开了，助产士要求产妇在即将看到宝宝头部时，用力将宝宝娩出。孕妈妈此时要长长吸一口气，然后憋气，马上用力 |

# 动一动脑：有趣的立体拼图

无论在现代或古代，拼图都是启发智力的好伙伴，能够培养人的观察力、想象力，以及形状分析和创意逻辑上的能力，拼图过程往往也是增强耐性的过程，好比是给人补脑的维生素。

在一定的时间里，将一堆十分混乱、毫无头绪的图块，拼组成固定的、一块都不能错的美丽图案，要调动敏锐的观察力和相当的耐心才能完成，在相互无关的画片中，寻找能够连接的结合点，对培养思维能力是非常好的锻炼。

## 玩一玩立体拼图

传统的拼图大多是平面拼图，立体拼图是在平面拼图的基础上延展开的拼图，趣味性和难度都大大增加它的变化多端，难度不一，令人百玩不厌。

与平面拼图一样，立体拼图有很多题材可以选择，如果孕妈妈钟情公主风，那么可以选择美丽的庄园、可爱的白雪公主与小矮人这样的拼图；如果孕妈妈是地理控，地球仪、世界知名建筑这类的拼图是不错的选择；当然，童心未泯的孕妈妈还会喜欢足球、笔筒，甚至小小钥匙链这样好玩的拼图的。

## 告诉胎宝宝妈妈的想法

在做拼图时，孕妈妈会有许许多多思路和想法，还有很多美丽画面，不要吝啬自己的语言，将它们一一告诉给胎宝宝听，这就好比讲述一个动人的故事，能锻炼胎宝宝的语言能力、启迪智慧。

### 快乐驿站

闲暇的时候，孕妈妈不妨在自己的脑海里做一做记忆拼图。一本相册、一张照片、一个日记本、一篇日志，它们都是生活拼图中的一小片，然而将它放在专属的地方，拼凑起来的却不仅仅是一个画面，而是一个故事、一段回忆、一缕温情。

# 孕八月

# 孕妈妈肚子越来越大了

对孩子来说，父母的慈善的价值在于它比任何别的情感都更加可靠和值得信赖。

——罗素

# 胎宝宝发育情况

Taibaobao Fayu Qingkuang

## 孕29周，身体光润又饱满

这时胎宝宝的皮下脂肪已初步形成，看上去比原来显得胖一些了，整个身体光润、饱满了许多，皮肤也不再是皱巴巴的了，十分可爱。

### 大脑继续发育

数十亿的脑神经细胞正在形成，大量神经细胞的形成，让胎宝宝头部在继续增大，这让脑袋比其他部位显得重，因此大多数的胎宝宝在最后固定胎位的时候都是头朝下的。

### 胎毛在退化

胎宝宝除了背部和肩部还保留有浓密的毛发外，其他部位的胎毛正在退化，到出生时，宝宝就变得光溜溜了。

### 不停变换体位

有的孕妈妈因自己的胎宝宝现在还是头朝上而担心临产时胎位不正，其实，这时的胎宝宝可以自己在妈妈的肚子里变换体位，有时头朝上，有时头朝下，还没有固定下来，此后两周左右胎位就会固定下来，孕妈妈不必太担心。

## 孕30周，胎位相对固定了

胎宝宝现在的体型较大了，子宫里的活动空间相对变小，所以胎宝宝在子宫中的位置相对固定了，不会再像以前随意转动、翻身了。

由于胎宝宝体型在不断增大，他所占据的子宫空间越来越多，羊水也会有所减少。同时，胎宝宝的头部也还在不断增大，大脑和神经系统已经发达到一定的程度。

主要的内脏器官基本已经发育完全，骨骼和关节也很发达了，免疫系统有了相应的发育。不过肺部的发育还有所欠缺，正在合成肺泡表面活性物质，这些物质可以帮助肺泡膨胀张开，是宝宝将来自主呼吸不可缺少的。

生殖器的发育正在进行，男胎的睾丸还没有进入阴囊，尚在腹腔中，但开始了沿着腹股沟向阴囊下降的过程。女胎的阴蒂突出，覆盖阴蒂的小阴唇还没有最后形成。

## 孕31周，身体发育高峰

本周之后，胎宝宝身长的增长减慢，但体重却开始迅速增加，皮下脂肪更加厚实，这是胎宝宝在为即将到来的出生储备脂肪。

### 会转头了

胎宝宝大脑反应更快，控制能力也有所提高，现在，胎宝宝已经能够熟练地把头从一侧转到另一侧。眼睛也是想睁开就睁开，想闭上就闭上，而且能够分辨明暗，也逐渐适应了光亮环境，当有光照进子宫，胎宝宝不会再像以前一样避开，而是把脸转向光源，追随光源。

### 视觉、听觉器官正稳定地发挥作用

胎宝宝的视觉系统已经发育到能辨认和跟踪光源，此时腹内的胎宝宝已经能大致看到子宫中的景象了。胎宝宝的听觉器官已经大致发育完成，经过过去几个月的训练，他应该已经非常熟悉孕妈妈的声音了。

### 肺部基本发育完成

胎宝宝的肺部已经基本发育完成，呼吸能力也基本具备，如果宝宝现在出生，大多可以建立自主呼吸，并能适应子宫外的生活了。

## 孕32周，进入神经系统完善关键期

### 神经系统完善

胎宝宝的神经系统变化最大，脑细胞神经通路完全接通，并开始活动。神经纤维周围形成了脂质鞘，脂质鞘对神经纤维有保护作用，这使得神经冲动能够更快地传递。因此，胎宝宝逐渐有能力进行复杂的学习和运动，并且意识会越来越清楚，能够感觉外界刺激，能区分黑夜和白天。

### 各器官发育完善

胎宝宝的各个器官继续发育完善，肺和胃肠功能已接近成熟，胎宝宝已具备呼吸能力，能分泌消化液，如果这时早产，存活的可能性也很大。

现在胎宝宝的体位已经基本固定在头朝下了，已经做好了出生的准备；皮下脂肪继续储备，这是为了出生后的保暖而准备的。

**快乐驿站**

如果经过产检发现胎宝宝此时不是头朝下而需要纠正的话，医生会给予孕妈妈适当的指导。孕妈妈只要按照医生的要求去做就可以。

# 孕妈妈身体变化情况

Yunmama Shenti Bianhua Qingkuang

## 频繁出现假性宫缩

孕妈妈这时会觉得肚子偶尔会一阵阵地发硬、发紧，可能有类似月经来时的疼痛感，有可能没有任何疼痛，间隔的时间不等，可能10多分钟1次，也可能1个小时1次，没有规律性，这是假宫缩，是这个阶段的正常现象。

### 胃部不适

由于激素变化的原因，孕妈妈的消化系统运作会变慢，尤其是胃部，所以吃饭后往往容易感觉不适，主要表现为胃胀、恶心想吐、喉咙灼烧感等。另外，孕妈妈会明显感觉到子宫顶到了胃部，一吃东西就会觉得胃不舒服，食欲也减弱了。

### 背部肌肉紧张

这时候是负担迅速加重的一个时期，身体越发沉重，肚子大到低下头都看不到脚的地步，行动越来越吃力，孕妈妈经常会感觉到背部的肌肉紧张。

### 呼吸困难

进入孕晚期，孕妈妈子宫不断上升，顶到了横膈膜，所以孕妈妈可能会感到呼吸困难，喘不上气来。这种呼吸困难的感觉也是妊娠期的正常现象。

### 感觉疲惫

随着怀孕的进程，孕妈妈的体重继续增加，而且增加的速度比孕期任何时候都快得多，子宫的顶端已经上升到最高点，到达肚脐以上12厘米处。

这时的孕妈妈经常会感到很疲劳，而且休息不好，加上行动不便，所以常常会感觉不耐烦，有时候情绪会不佳。

### 胎动越来越少

随着胎宝宝的长大，胎宝宝的活动空间越来越小，胎动的幅度减小，频率降低，不过即使没有明显动作和感觉也不要担心，一般只要能感到胎宝宝在蠕动即可。

# 本月胎教专家指导

Benyue Taijiao Zhuanjia Zhidao

胎宝宝的听觉和意识能力都已经比较完善，听声音不在话下，理解能力也更好，因此，胎教上可多增进情感交流和性格培养，听音乐、唱歌、对话都很必要。

## 和胎宝宝聊天

这个月不仅可以在上个月的基础上继续有计划地进行对话，还可多结合实际生活中出现的各种事情，不断扩大对话的内容和范围，比如："宝贝，不久以后你就会来到这个世界了，妈妈好盼望这一天"或者"外面的世界很美丽，宝宝一定会喜欢的"等。

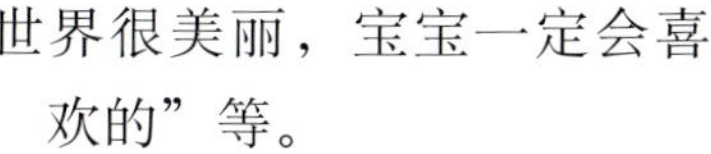

## 读好书、看好电影、做有趣的事

读好书、看好电影会收到令人意想不到的胎教效果，要知道，胎教就是一种潜移默化的工作，需要的是孕妈妈的爱。

## 听音乐

音乐是情感表达，是心灵的语言，能唤起胎宝宝的心灵，打开智慧的天窗，对于陶冶胎宝宝的情操起着不同的作用，有的乐曲能促进胎宝宝恬静、稳定，有的则能激发热情、奔放等，久而久之可影响胎宝宝气质的形成。现在正是培养宝宝气质的好时机，孕妈妈可以每天听3次音乐，每次15分钟左右。

## 保持好情绪

到了第8个月，孕妈妈可能容易变得焦虑起来，有时候会觉得烦躁不安，可能是由于比较敏感，所以容易激动，现在孕妈妈的情绪对胎宝宝的性格形成会有影响，因此，孕妈妈要多保持乐观，不要因为一些小事、小矛盾而烦恼，要让自己快乐起来。

# 孕29周

Yun Ershijiu Zhou

## 知识课堂：孕妈妈是胎宝宝的性格老师

人与人性格存在个体差异，早在胎宝宝时期就已表露出来，有的安详文静，有的活泼好动，有的淘气调皮。人的性格形成除了受后天生活经历的影响，还与胎宝宝时期的经历有关。在怀孕6个月后，胎宝宝不仅具备了理解孕妈妈情感的能力，而且他还可以将情感转化成自己的情绪。

### 胎教可塑造胎宝宝性格

胎教对胎宝宝性格有关键性作用。如果孕妈妈生活在和谐、温暖、充满慈爱的家庭，胎宝宝幼小的心灵将受到同化，潜意识里等着自己那个美好的世界，逐步形成热爱生活、相信自己、活泼外向的性格。相反，如果孕妈妈生活在充满了吵架、打骂甚至充满敌意的怨恨、离婚等不和谐、不美满的家庭氛围中，或者准父母不欢迎小宝宝的到来，从心理上排斥、厌恶小宝宝，胎宝宝也会体验到周围的冷漠、仇视，形成孤寂、自卑、多疑、怯弱、内向的性格。

### 当好胎宝宝的性格老师

孕妈妈的子宫是胎宝宝生长的第一个环境，这个小小的生命在这里直接感受妈妈的思维和心理活动及对他的态度，并将感受转化为自己的情绪和性格，可以说，孕妈妈是胎宝宝性格形成的第一任老师。

胎宝宝是具备热爱生活、自信、活泼的性格基础，还是形成孤寂、自卑、多疑、怯弱、内向的性格基础，取决于孕妈妈的情绪和对生活的态度。因此，孕妈妈要时刻注意当好胎宝宝的老师，塑造胎宝宝良好的性格，多留心自己的一言一行，并且保持一个平稳、乐观、温和的心境。

# 讲故事《小公鸡和小鸭子》

## 小公鸡和小鸭子

小河边树木青翠，麻利的翠鸟点过水面，留下圈圈圆晕；起风了，粼粼的波光在阳光下格外明丽耀眼。

只听“咕咚”一声，一颗松子掉进了小河里。“哎哟！”老松树的树洞里发出一声惊呼，小松鼠伸出了头，瞧着在小河里一上一下的松子，小松鼠急得直哭，边哭边喊：“小鸭哥哥你在哪呀？快来帮我把松子捡回呀！”

小松鼠的喊声正好被路过的小公鸡听见，小公鸡自傲地说道：“小松鼠妹妹你别急，干吗喊小鸭子呀？有哥哥我在，我帮你把松子捡回来。”说着“扑通”一声就跳进了河里，河水瞬间就把他淹没了，他急忙使劲地扑腾着翅膀，可是没用，他的羽毛越来越湿，沉沉地压在身上，让他越来越没力气。

就在他马上要沉入河底的时候，小鸭子及时赶到，救了小公鸡。

小公鸡醒来，听说是小鸭子救了他，很不服气地说：“你干吗救我，我自己能行。”

没等小鸭子说话，松树公公笑着说：“真是个蛮不讲理的小公鸡，人家小鸭子救了你，你不但不感激，还怪罪人家救你。”

小公鸡听完松树公公的话争辩道：“谁说我蛮不讲理，你看看我们基本长得差不多，为什么他能下水我却不能？”

大树笑着问：“小松鼠你来说说小公鸡和小鸭子有什么不一样好吗？”

小松鼠听了松树公公的话，认真打量着小公鸡和小鸭子说：“他们虽然长得体型比较相似，可是仔细看的话，小鸭子的羽毛比小公鸡的要光滑许多，就像抹了一层油，又光又亮，他的脚长得像个大蒲扇，走起路来没有小公鸡灵活，大树公公我说得对吗？”

松树呵呵笑着说：“你说得很对，小鸭子的羽毛像抹了一层油，在水里不沾水，所以就像小船一样浮在水面上，他那两只大蒲扇一样的脚，就像两只船桨，能推动他在水里自由地活动，而小公鸡没有具备这些身体素质，所以，他根本不能在水里游泳。”

小公鸡听完脸红红地低下了头，很伤心地说：“我连游泳都不会，呜呜……”

松树呵呵笑着继续说：“你虽然不会游泳，但是你的嘴很尖锐，能吃到石缝里的小虫子，当然你还有更多的本领……这要你自己去琢磨，去发现，所以在你没发现自己比别人强的时候，应该更加努力地去学习，知道吗？”

小公鸡听完松树公公的话，认真地点点头。

# 准爸爸胎教：给孕妈妈适当的“精神刺激”

准父母要争取为胎宝宝提供一个良好性格形成的环境氛围，努力为胎宝宝创造一个充满温暖、慈爱、宽松、积极的生活环境，避免各种不良的刺激，使胎宝宝拥有一个健康美好的精神世界，使其良好性格的形成有一个理想的开端。

准爸爸有意识地对孕妈妈进行“精神刺激”，如时常制造一些小惊喜，使孕妈妈有片刻的情绪波动，孕妈妈的这种情绪波动会影响胎宝宝，有利于胎宝宝良好性格的形成。

## “精神刺激”的方法

“精神刺激” 实际上就是准爸爸想办法逗着孕妈妈玩，给孕妈妈制造一些有利的刺激。这些有益的刺激，能为宝宝日后养成坚强、自信的性格奠定基础。例如，孕妈妈往往会猜测胎宝宝的性别，怕生了女孩家人不喜欢。此时，准爸爸可以和孕妈妈猜猜小宝宝是男孩还是女孩，准爸爸可以先装出喜欢男孩、讨厌女孩的表情，刺激孕妈妈，然后再解释，无论生男生女都非常高兴；准爸爸还可以为孕妈妈买一件纪念品，或趁孕妈妈不备时给将要出生的小宝宝买漂亮的衣物，悄悄放在床头，给孕妈妈一个意外的惊喜。

## “精神刺激”的注意事项

1 对孕妈妈精神上的刺激不能过强，只能是小小的、短暂的、心情愉悦的。

2 为了能使孕妈妈有一个意外的惊喜，准爸爸要在孕妈妈毫无心理准备的时候进行。

3 选择孕妈妈心情最好的时候，如果孕妈妈心情不好，有一些烦恼，此时刺激不当，就会对胎宝宝不利。

### 快乐驿站

“江山易改，本性难移”，一旦不良性格形成，要想改变是很困难的，因此，为了宝宝一生的幸福，准爸爸孕妈妈要抓住怀孕阶段这一关键时期。

# 孕30周

Yun Sanshi Zhou

## 知识课堂：缓解胃灼热的饮食技巧

妊娠中晚期50%以上的孕妈妈都可能出现胃部灼热即烧心的症状。这是因为，孕妈妈在怀孕的过程中，由于激素及解剖结构的改变，进而影响其各器官的生理反应。一般而言，随着胎宝宝的发育，孕妈妈子宫逐渐增大，对胃体的压迫也会相应增强，再有孕期胎盘分泌孕酮，除了会使子宫平滑肌变得松弛，也会使隔离食物和胃的贲门变松，子宫压迫与激素的双重作用下会导致酸性的胃内容物回流到食管里，孕妈妈就会产生烧灼样的感觉。此时，孕妈妈在饮食上注意调整可以缓解胃灼热。

### 少食多餐

在饮食安排上，孕妈妈不要一顿吃太多，放慢吃饭的速度，细嚼慢咽，少食多餐，可以防止孕妈妈过饱而使胃部向上顶横隔膜。

### 避免油腻高脂类食物

这类食物不但会让孕妈妈的体重增长过快，消化时所用的时间比较长，还很容易引起食物和胃酸的反流。

### 少吃甜食

蛋糕、巧克力、冰淇淋、糖果等食物很容易令人有饱足感，同时也需要一定时间让胃部进行调整和适应，引起孕妈妈胃部泛酸，应注意少吃。

### 不吃辛辣、味重的食物

咸菜、辣椒等食物容易刺激胃黏膜，引起胃肠不适。

**快乐驿站**

怀孕晚期的孕妈妈，若有胃灼热的症状，则应于产检时向妇产科医师提及。

## 好书推荐：《杧果街上的小屋》

每个人心底深处都有一些解不开的情结，比如小时候曾经生活过的某个地方，又或者是一些总是不经意间想起来的人……

### 牵动记忆的纯净小书

《杧果街上的小屋》是一本优美纯净的小书，一本“诗小说”，一个关于成长，关于追求现实和精神家园的故事，书中每一个散落的韵脚都会敲打到孕妈妈微妙的神经，每一下纤细的笔触都将牵动起孕妈妈久远的记忆。

孕妈妈会爱上它，爱上它的简单，它的自然而不故作高深，一眼可以看到底的心，以及记忆深处一小块朴素的青草地，它们会让孕妈妈想要停下来，回望自己走过的路以及自己的内心，这是一本会让孕妈妈和胎宝宝感到温暖的书。

### 埃斯佩朗莎——希望

埃斯佩朗莎是西班牙语里“希望”的意思，生活在美国芝加哥拉美移民社区杧果街的女孩埃斯佩朗莎，生来就有对他人痛苦的同情心和对美的感觉力，她用清澈的眼打量周围的世界，用诗一样美丽稚嫩的语言讲述成长、讲述沧桑、讲述生命的美好与不易，讲述年轻的热望和梦想，清澈如水，而又回韵悠长，关于亲人，关于头发、云朵、树木和荒原……

## 讲故事《小蜗牛的忧愁》

**小蜗牛的忧愁**

有一天，有一只蜗牛想到了一件不得了的事：“直到现在，我都有注意到，我背上的壳里面，装满了挥之不去的忧愁。”

这个忧愁怎么处理好呢？

于是，这只小蜗牛去找他的蜗牛朋友。

小蜗牛跟朋友说：“我已经活不下去了。”

朋友问他：“你怎么啦？”

“我是多么的不幸啊！我背上的壳里面装满了忧愁。”小蜗牛说道。

然后，朋友说话了：“不只是你，我的背上也装满了忧愁啊。”

小蜗牛心想，没办法，只好再去找别的蜗牛倾诉一下啦。

可是，其他蜗牛朋友也对他说：“不只是你，我的背上还不是也装满了忧愁。”

于是小蜗牛又到别的朋友那里去。

就这样，他一个又一个地寻访朋友，但是，不管是哪个朋友，都说一样的话。

终于，小蜗牛注意到了：“不只是我，每个人都有忧愁。我必须化解自己的忧愁才行。”

——新美南吉（日本），

## 做做心理体操

现在，孕妈妈的房间里一定放了不少宝宝用的物品吧，如果有兴致的话，不妨将这些小物品摆放得更舒服一些，它们会随时提醒孕妈妈一个小生命即将到来，然后，孕妈妈可以在这个温馨的环境中做一做放松身心的心理体操。

### 第1节——深呼吸

坐在椅子上，双脚平放，闭上眼睛，用鼻子慢慢吸气，手指向外扩张；然后张嘴呼气，一点一点呼出体外，至身体放松。

### 第2节——重复快乐的词句

反复诵读一些乐观的词或句子，可以使呼吸变慢，思维集中到声音上，使自己和胎宝宝安静、快乐起来，比如“宝贝，我爱你”。

### 第3节——接受音乐的洗礼

每天花20分钟静静地接受音乐的洗礼，也可以哼唱胎宝宝喜欢的歌曲，这样会使孕妈妈和胎宝宝的情绪达到最佳，还能促进胎宝宝的身心发育。

### 第4节——与幽默亲密接触

欣赏喜剧，看一些幽默、风趣的散文和随笔，收集一些幽默滑稽的图片，每天欣赏一下，幽默能让孕妈妈的笑焕发光彩，笑是生活中极大的享受，可以变消极为积极，进而转变成力量。

### 第5节——记心情日记

每天都写上一段日记，记录一下自己当天的心情，这将是一份长久的纪念，整整280天，和胎宝宝一起走过，这是值得骄傲的，记录下的每一天都是给宝宝的一份充满意义的礼物。

**快乐驿站**

孕妈妈可以邀请准爸爸一起来进行心理体操，这会让做操气氛更温馨，并且准爸爸还可以通过自己的幽默让孕妈妈感觉更愉快，体操效果会更好。

# 准爸爸胎教：和孕妈妈一起去孕妇学习班

现在妇产医院一般都开设了免费的孕妇课堂，可以学到不少孕产知识，准爸爸记得抽空给医院打电话咨询开课时间，拉着孕妈妈一起去听一听，让孕妈妈感受到温馨与踏实，安心度过孕期。

## 课程内容

上课是很有效的获取知识的途径，在孕妈妈学习班，孕妈妈可以学习胎教、孕期保健、营养等等各方面的知识，在关键时刻能及时派上用场。

## 准爸爸的课程

许多孕妈妈学习班都会要求准爸爸也听几次课，可以让准爸爸意识到学习孕产知识的重要性，以便更好、更专业地照顾孕妈妈，而且有了准爸爸的陪伴，孕妈妈的学习也不会那么枯燥无味，学习积极性和效率会更高。

除了孕妇学习班外，准爸爸还可以和孕妈妈一起阅读孕产类图书，让自己的孕期生活过得充实、从容。

## 学习一点早教知识

孕妈妈学习班的课程会涉及产后早教，宝宝出生后怎么教，这一点孕妈妈从现在起就要做好心理准备，必要的知识储备能够帮助孕妈妈尽快适应。

# 孕31周

Yun Sanshiyi Zhou

## 知识课堂：帮胎宝宝摆正姿势

在孕30周前，子宫的空间相对于胎宝宝来说还是比较宽敞的，胎宝宝在子宫内可以自由变化体位，但如果到现在胎宝宝头还没向下，孕妈妈可以坚持做一些矫正的动作，帮助胎宝宝摆正姿势了，如果超过36周胎位还不正的胎宝宝，要再转回去的机会就很小了。

### 练习前的准备

1 保持空腹，排空膀胱，松开腰带。

2 确保周围有人，以便一旦觉得头晕时，能及时得到帮助。

### 俯撑抬臀动作

双膝跪于地上或硬板床上，双手撑地，双臂伸直或贴于头部两侧的地面上，头偏向一侧，胸部尽量贴近地面，臀部尽量抬高，不要压在小腿上，大腿与地面垂直。每天练习3次，每次5~10分钟。

### 仰卧抬臀动作

仰卧，弯曲双腿，慢慢抬起臀部，使其比床面高出25~30厘米，然后用枕头支起臀部，保持这个姿势5~15分钟。

练习完毕后躺下来休息30分钟左右，采用左侧卧的方式，上面的腿向前，膝盖略微弯曲。

## 准爸爸胎教：孕妈妈和胎宝宝喜欢甜言蜜语

“老公，给我说句甜言蜜语吧！”这样的话准爸爸偶尔会听孕妈妈说起吧，或许准爸爸有意无意地就忽视了此时孕妈妈的需要。女人如水，是感性的动物，往往感动她们的不是一件惊天动地的大事，而仅仅是准爸爸的一句甜言蜜语，腹中的胎宝宝似乎更是如此。

### 爱是最好的礼物

准爸爸要多腾出些时间来跟孕妈妈说说甜蜜的话，通过自己磁性的声音向胎宝宝传递爱心。无论是讲述自己辛苦奔忙的一天，还是描述卧室的布置，抑或与孕妈妈深情相拥回味最初相遇时的情景，只要言语中体现着爱的暖意，就是给胎宝宝的最好礼物。

爱可以让人的情绪变得更加高昂，声音也会随着情绪的变化显得更加有节奏，这种节奏感正是腹中的胎宝宝最容易感知到的刺激，同时爱的温情也让这种刺激显得更加柔和并易于接受，因此对胎宝宝的成长是非常有利的。

**快乐驿站**

准爸爸在对着孕妈妈的大肚子说话时，不要刻意贴着肚皮说，避免分贝过大，言语之间应多些赞美之词。

# 孕32周

Yun Sanshier Zhou

## 知识课堂：了解胎宝宝的作息规律

现在，胎宝宝已经睁开了眼睛，可以感觉白天和黑夜的变化，初步形成了自己的作息规律。了解胎宝宝的作息规律，这方便孕妈妈根据胎宝宝的作息来安排胎教。在胎宝宝活跃的时候，与他说话、念诗词会取得很好的效果。

### 了解胎宝宝的睡眠周期

胎宝宝的作息规律表现在他的睡眠与觉醒的交替周期上，通过胎动，孕妈妈可以了解宝宝的睡眠周期。

孕妈妈可以在数胎动时，详细地记录一下自己的感受，如胎动的变化是增加还是减少，是大动还是小动，这样，一段时间后，就能总结出胎宝宝初步的作息规律了。

### 孕妈妈的作息习惯影响胎宝宝

胎宝宝在孕妈妈的腹中，孕妈妈的生物钟对胎宝宝有着直接的影响，一般来说，胎宝宝会形成和母亲相似的生活习惯。因此，在孕期，孕妈妈要注意安排好自己的作息时间，早睡早起，千万不要熬夜。

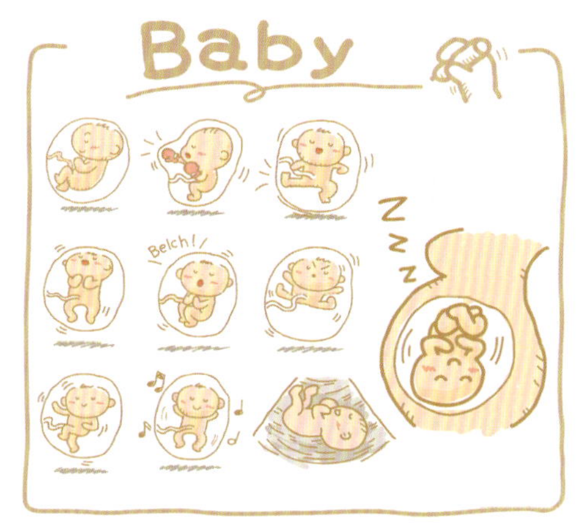


**快乐驿站**

现在各种不适很容易让孕妈妈失眠，睡觉时采用左侧卧的姿势，把一个或两个枕头放在双膝盖之间，再在肚子下面放一个枕头，睡前舒缓一下情绪，都会对改善睡眠有帮助。

# 教胎宝宝认识苹果

小朋友们都很爱吃苹果，相信宝宝以后也一定会喜欢苹果的，那么，孕妈妈现在就教胎宝宝认识苹果吧。

## 借助于书刊画册

孕妈妈可以拿出一张苹果的卡片，对卡片的讲解要视觉化，以便更具体地将苹果的信息传递给胎宝宝。例如，孕妈妈可以这样对胎宝宝描述："这是一个漂亮的苹果。它浑身红彤彤的，散发着诱人的果香味，看着就让人好想咬上一口。"然后，孕妈妈可以闭上眼睛，在脑海中想象一下，苹果是什么样子的，通过自己的意念告诉胎宝宝它长什么样。

## 唱儿歌：《我是一个大苹果》

唱儿歌也有利于向胎宝宝传递苹果的信息，孕妈妈可以学习这首《我是一个大苹果》，只要有时间，就给胎宝宝唱一唱，渐渐地，宝宝就会熟知这首曲子了。

我是一个大苹果，
小朋友们都爱我，
请你先去洗洗手，
要是手脏别碰我。

## 讲故事：《大科学家牛顿与苹果》

三百多年前的一个晚上，一位青年坐在花园里观赏月亮，他仰望那镶着点点繁星的苍穹，思索着为什么月亮会绕着地球运转而不会掉落下来。

忽然，有个东西打在了他的头上，这并不很重的一击，把他从沉思中惊醒。他低头一看，原来是一只熟透的大苹果从树上掉落下来。他捡起苹果，又一次陷入了沉思：为什么苹果不落向两旁，不飞向天空，而是垂直落向地面？这一定是地球有某种引力，把所有的东西都引向地球。这个青年就是发现万有引力的科学家牛顿。

从此，牛顿与苹果的故事便广为流传，这棵苹果树后来被移植到剑桥大学中，死后还被分成好几段，分别在英国皇家学会等地方保存了起来。

在给胎宝宝讲这个故事时，你不妨根据自己对故事的理解，跟宝宝说一说从故事中可以得到什么样的启发，比如：学习牛顿爱思考的精神；生活中处处都是学问，只要做个有心人就一定能从中得到启发等。

### 快乐驿站

苹果是一种对身体很有益的漂亮水果，苹果家族有很多的成员，按颜色来分有红的、黄的、绿的，按名字来看就更是丰富了，红富士、嘎啦、红将军、乔纳金、红星、秦冠、黄元帅、黄香蕉等，五花八门。

## 用心感受身边的小幸福

幸福是一种心境，一种感悟，一种心态，用心去体会，我们身边充满了幸福。

把自己的小家收拾得干干净净，沏上一杯香茗，上上网，看看电视，站在阳台上看看绿叶晒晒太阳就是一种幸福；晚上没事了依偎在准爸爸怀里看看电视，即便什么也不说就是一种幸福；买了一件新衣服，站在镜子面前自我欣赏，把老公拉过来问问他好不好看，就是一种幸福。

现在，胎宝宝的到来更是让孕妈妈倍感幸福。一个小小的生命那么执着地生存着，在与他相处的每一天里，孕妈妈都似乎忘掉了烦恼和琐事，只是尽情地享受着、感恩着。

当胎宝宝开始在肚子里动起来时，孕妈妈心里的幸福、骄傲感一定是油然而生的，那种作为一个女人、一个妈妈的感觉，令人感到神奇、幸福。每当想到自己越来越大的肚子里装着一个一天天长大的小人，想到他正在调皮地啃脚指头，想要和自己玩时就会手舞足蹈起来，弄得自己的肚皮这里鼓一下、那里又鼓一下时，孕妈妈的幸福感一定是满满的。

出门在外，更多的人对自己露出友善的笑容，公交车上人们主动给自己让座，甚至当孕妈妈走在路上，还会有许多人投来羡慕的目光。

在家里，准爸爸每天变着花样给自己买各种各样的水果，香蕉、苹果、梨似乎从来没有断过；亲戚朋友们拿出了自家的孕妇装、婴儿床、宝宝旧衣服，跟自己分享怀孕的种种经验……

生活中有太多太多令人感动的事情，只要孕妈妈用心去体会，身边处处都是幸福的存在，这些小小的幸福就像阳光般照在自己的身上，感受到这些，孕妈妈和胎宝宝都会觉得很开心。

# 讲故事《宝贝》

## 宝贝

苏格拉底带着他的学生打开了一座神秘的仓库，这座仓库里装满了放射着奇光异彩的宝贝。这些宝贝不知道是什么时候存放的，也不知道存放者是谁。仔细看看，每件宝贝上都刻着清晰可辨的字纹，分别是：骄傲、妒忌、痛苦、烦恼、谦虚、正直、快乐……

这些宝贝是这么漂亮，这么迷人，学生们见一件爱一件，抓起来就往口袋里装。

可是，在回家的路上，他们才发现，装满宝贝的口袋是那么沉。没走多远，他们便感到气喘吁吁，两腿发软，脚步再也无法挪动。

苏格拉底说：“孩子们，我看还是丢掉一些宝贝吧，后面的路还长呢！”

学生们恋恋不舍地在口袋里翻去翻来，不得不咬咬牙丢掉一两件宝贝。但是，宝贝还是太多，口袋还是太沉，年轻人不得不一次又一次停下来，一次又一次咬着牙丢掉一两件宝贝。

“痛苦”丢掉了，“骄傲”丢掉了……口袋的重量虽然减轻了不少，但年轻人还是感到它很沉很沉，双腿依然像灌了铅似的重。

“孩子们，”苏格拉底又一次劝道，“你们再把口袋翻一翻，看还可以甩掉一些什么。”

学生们终于把最沉重的“名”和“利”也翻出来甩掉了，口袋里只剩下了“谦虚”“正直”“快乐”……一下子，他们感到说不出的轻松，脚上仿佛长了翅膀一样。

苏格拉底长舒了一口气：“啊，你们终于学会了放弃！”

### 快乐驿站

苏格拉底（公元前469—公元前399），是古希腊著名的思想家、哲学家、教育家，他和他的学生柏拉图，以及柏拉图的学生亚里士多德被并称为“古希腊三贤”，更被后人广泛认为是西方哲学的奠基者。

生活中值得追求的美好事物有很多，但因为一个人的精力是很有限的，所以需要放弃一些东西才能获得更多的，或许孕妈妈深有体会，因为自己在给腹中胎宝宝讲这个故事的时候，可能放弃了更成功的事业，更多的个人空间……不过也正因为此，自己收获了沉甸甸的幸福。

# 准爸爸胎教：手指游戏——一对燕子住房梁

可爱的歌谣、舞动的手指不但可以帮助孕妈妈转移注意力，对促进胎宝宝大脑发育也非常有好处。

### 一对燕子住房梁

**盖新房，喜洋洋，**（两手指尖相对）

**一对燕子住房梁，**（双手拇指食指捏成圈套在一起，其余三指来回抖动）

**四月蛋，五月孵，**（双手成圈做成一个一个蛋状，然后并拢虚捧）

**六月雏儿叫爹娘，**（掌心向外食指对碰，掌心向内小指对碰几次）

**七月叽叽八月唱，**（双手拇指食指对捏，开合几次）

**九月飞飞上南洋。**（双手伸直，掌心向内，拇指相勾，并拢的四指微扇成飞翔状）

## 教胎宝宝认识燕子

一身乌黑光亮的羽毛，一对俊俏轻快的翅膀，加上剪刀似的尾巴，这就是活泼机灵的小燕子。

燕子是最亲近人类的鸟，被人们称之为“喜鸟”， 自古以来，人们乐于让燕子在自己的房屋中筑巢，生儿育女，并引以为吉祥、有福的事。

燕子是季节性很强的候鸟，只要见到燕子，就是提醒人们：春天来了！然后就可以欢喜地看到燕子用嘴衔泥，将巢安在房梁上。小燕子出世后，经常把脖子伸到窝外，张大嫩黄的嘴，叽叽地叫着待哺，这也让我们感到鸟儿也有全家乐融融的温馨与快乐时光。小燕子长大后，跟着爸爸妈妈飞到南方，空留燕巢等着下一年燕子归来，周而复始。

相信燕子曾经给很多准爸爸孕妈妈的童年带来无穷的乐趣，现在，准父母可以把对燕子的感情一一向胎宝宝描述，胎宝宝一定也能觉得很有意思。

### 快乐驿站

燕子在冬天来临之前的秋季，会迁徙到南方过冬。燕子有着惊人的记忆力，无论迁飞多远，哪怕隔着千山万水，它们也能够靠着自己惊人的记忆力返回故乡。

## 孕九月

# 胎宝宝越来越胖了，无比可爱

在孩子的嘴上和心中，母亲就是上帝。

——（英）萨克雷

# 胎宝宝发育情况

Taibaobao Fayu Qingkuang

## 孕33周，胎宝宝身体骨骼变硬

此时胎宝宝软软的骨头都在变硬，但颅骨还没有完全闭合。颅骨由分离着的骨板组成，之间存在着空隙，这就可以使胎宝宝的头在经过相对狭窄的产道时有伸缩性。很多宝宝在经过产道时头部受到强烈挤压，以至于变成圆锥形。不过不用担心，这只是暂时性的，宝宝的头很快会变圆的，但是颅骨板直到出生后9~18个月时，才会完全闭合。

胎宝宝的皮下脂肪较前段时间大为增加，身体真正变得圆润。

胎宝宝的生殖器发育也赶了上来，男胎的睾丸从腹腔降入了阴囊，当然也有的宝宝会在出生当天或者更晚一些时候才让睾丸进入阴囊；女胎的外阴唇已经明显隆起，左右紧贴，可以说胎宝宝的生殖器发育已接近成熟。

另外，胎宝宝的手指甲和脚趾甲长得盖住了手指头和脚趾头，其尖端通常还没有超过手指头和脚趾头。

有的胎宝宝现在头发已经非常浓密，也有的胎宝宝比较稀少，不过这跟日后的发质没有必然联系，不必太在意。

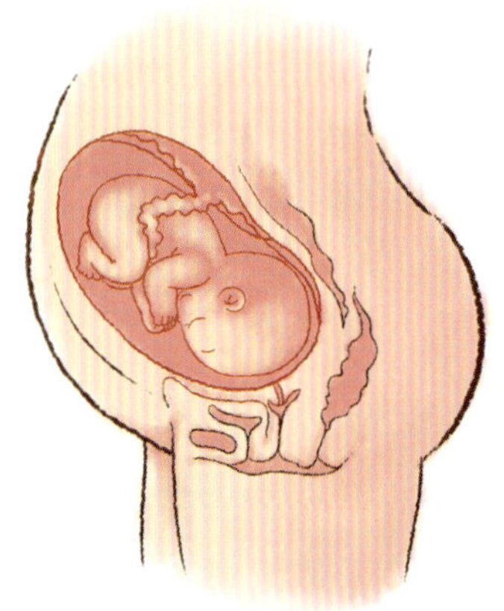

### 快乐驿站

在本周，少数性急的胎宝宝头部开始降入骨盆，不过大多数都要在34周以后才会有这样的举动。孕妈妈要时常关注胎头的位置，及时咨询医生，胎位正常与否直接关系到孕妈妈的正常分娩。

# 孕34周，胎宝宝已经准备好了出生的姿势

## 准备好了出生的姿势

胎宝宝已经准备好了出生的姿势，头朝下的体位固定下来。大部分胎宝宝的头部已经下降入骨盆，紧压在子宫颈口，也有的胎宝宝会到分娩的时候才入盆。

## 中枢神经系统仍然在完善

此时胎宝宝的消化系统和排泄系统都在日趋成熟，胎宝宝每天会排出接近600毫升的尿液。胎宝宝的肺部已经发育得相当良好，现在出生，也可以自己呼吸了。

## 头部进入骨盆

胎宝宝已经为分娩做好了准备，将身体转为头位，即头朝下的姿势，完全倒立了，头部开始进入骨盆，紧压在孕妈妈的子宫颈口。但此时的姿势尚未完全固定，还有可能发生变化，需要密切关注。

### 快乐驿站

胎宝宝的生命力在此时已经非常顽强，如果现在早产也能很好地存活下来，并且基本上不会有与早产相关的长期严重问题。

孕妈妈如果在这个月内发现阴道出血，应引起高度重视，这有可能是发生了胎盘早剥、前置胎盘、早期破水等，都是早产的征兆。

# 孕35周，身体的大部分发育完成

## 完成了大部分的身体发育

胎宝宝听力已充分发育，肾脏已经完全发育，肝脏也能够代谢一些废物了，大部分身体发育都已完成，除了不会哭，他现在基本具有新生儿所有的行为能力。

## 不再漂浮于羊水中

胎宝宝变得越来越大，孕妈妈子宫空间越来越小，所以他已经不是在羊水里漂浮着，早已不翻跟斗了，尽管受限于狭窄的子宫，但是他的活动并不会减少得太快，频率跟以前一样。

# 孕36周，胎宝宝越来越漂亮了

覆盖胎宝宝全身的绒毛和在羊水中保护胎宝宝皮肤的胎脂正在开始脱落，皮肤变得细腻柔软，变得越来越漂亮了。

胎宝宝现在会吞咽这些脱落的物质和其他分泌物了，它们将积聚在胎宝宝的肠道里，直到他出生。这种黑色的混合物叫作胎粪，它将成为胎宝宝出生后的第一团粪便。

由于子宫的空间越来越小，胎宝宝的动作空间大大缩减，但动作却变得更有力、更明显，有时隔着孕妈妈的肚皮都能看到胎宝宝的动作。

# 孕妈妈身体变化情况

Yunmama Shenti Bianhua Qingkuang

## 腰酸背痛

从这个月起，孕妈妈的身体会变得比较笨重，行动也不太灵活，因而容易疲倦，加上胎宝宝的头部开始进入骨盆，压迫腰骶脊椎骨，容易引起腰背痛。尤其是怀孕前就有腰椎间盘突出、腰肌损伤、经常穿很高的高跟鞋的孕妈妈，进入孕晚期，腰背疼痛感更明显。

## 出现尿频

进入孕晚期，由于胎头下降进入骨盆腔，使得子宫重心再次重回骨盆腔内，膀胱受压症状再次加重，尿频的症状又变得较明显。孕晚期尿频也是正常的生理现象，不用治疗。

## 不规则宫缩次数增多

胎宝宝转为头朝下的姿势，宫缩开始了，有些孕妈妈刚开始时还没感觉，只有用手去摸肚子时，才会感受到宫缩，宫缩是迫使胎宝宝胎头下降的手段。

## 身体开始为分娩做准备

孕妈妈骨盆和耻骨联合处的肌肉和韧带还在继续变松弛，而全身的关节和韧带也都开始变得松弛，外阴也变得柔软而肿胀，都是为分娩准备的。

## 水肿更厉害

孕妈妈在此时可能腿脚会肿得更厉害，也都属正常，注意休息即可。但是如果发现自己的脸或手也都突然肿胀起来了，就要及时看医生，及时发现并控制妊娠高血压疾病。

### 快乐驿站

孕妈妈如果出现尿频的症状，注意不要憋尿，要立即去厕所。如果发现小便浑浊，或出现尿痛的感觉，则有可能是尿路受细菌感染，应及时就医。

# 本月胎教专家指导

*Benyue Taijiao Zhuanjia Zhidao*

怀孕第9个月，胎宝宝已基本发育成熟，因此这个月可以将各种胎教方法轮流实施，但良好的胎教效果还是取决于坚持，不妨抽几天再次复习一下前面学习过的知识，另外，孕妈妈还可以多和胎宝宝一起欣赏音乐，胎教时间可适当延长，内容也可适当增加。

## 静静聆听喜欢的音乐

这个阶段，孕妈妈不妨在音乐胎教的时间段选择安静的环境，闭上眼睛，展开丰富的想象，静静地聆听，那些柔和、节奏舒缓、优美动听的音乐（比如古典音乐）可很好地舒缓孕妈妈因分娩临近而产生的烦躁和紧张心理，与胎宝宝一起投入艺术氛围中。

## 营养胎教——吃一点海洋食物

在这个月里，孕妈妈如果对海鲜产品不过敏，征得医生的允许后，可以适当吃一些营养丰富的海洋食物，这类食物被营养学家称为高价营养品，富含脂肪、胆固醇、蛋白质、维生素A 和维生素D，还可以提供丰富的矿物质，如镁、铁、碘等元素。

## 抚摸胎宝宝的身体

孕妈妈的腹壁上现在能清楚地摸到胎宝宝的头、背和四肢，可以轻轻地抚摸他的头部，有规律地来回抚摸胎宝宝的背部，也可以轻轻抚摸他的四肢，轻柔有序的抚摸将有利胎宝宝感觉系统和神经系统及大脑的发育，每次数分钟，要注意胎宝宝的反应，好及时做出回应。

## 保持平和、愉快的情绪

距预产期越来越近，一方面孕妈妈会为宝宝即将出世感到兴奋和愉快，另一方面又难免对分娩怀有紧张的心理，这是可以理解的，但要注意调整，保持平和、欢乐的心态直接关系到胎宝宝的健康与分娩，多和准爸爸聊聊天，学习一些必要的分娩知识等，都将对孕妈妈有所帮助。

## 用美育净化胎教氛围

大自然、绘画、书法、雕塑以及戏曲、影视文艺作品等，能陶冶性情，开阔眼界，具有奇妙的魅力，生活中处处充满了美，也是净化胎教氛围的必要手段。多接受一些美的艺术熏陶，可以令胎教效果更好。

# 孕33周

Yun Sanshisan Zhou

## 知识课堂：防止营养过剩，造成胎宝宝过大

营养并非越多越好，大多数孕妈妈都是健康的，只要补充身体所需的食物和营养即可，大量补充是完全不必要的。

### 营养过剩的危害

摄入营养过多，会使多余的热能转变成脂肪，堆积在体内，造成肥胖，而肥胖是与高血压、心血管病、高血脂、高胆固醇血症和糖尿病密切相关的，是许多疾病的高危因素。

另一方面，过多的营养可使胎宝宝生长发育加速，成为体重大于4千克的巨大儿。

对孕妈妈来说，巨大儿是导致难产的重要原因之一。正常大小的胎儿都是通过母体的骨盆娩出的，但由于巨大儿的胎头大而硬，往往胎头会在骨盆入口处“搁浅”，再加上胎宝宝身体过胖或肩部脂肪过多，同时并发肩难产，则困难更大，常需施行剖宫产。如果处理不当，可危及产妇的健康和生命。

对于胎宝宝来说，不仅增加了分娩时的危险，而且出生后的适应能力一般较差，而且比普通新生儿晚成熟一至两周，肺部尤其

如此，因此易出现呼吸不良的状况。巨大儿长大后，比正常体重出生儿患病的概率也有所增加。

### 判断是否营养过剩的方法

判断孕妈妈摄入的营养是否过剩，最方便、最常用的判断方法就是查看孕妈妈的体重增长速度。怀孕期间，建议孕妈妈每月称体重至少1次。孕早期的3个月，孕妈妈大约会增加1.2千克。孕中期每周体重的增加量在0.35~0.5千克。孕晚期大约增重4千克，其中孕9月体重增加会减缓，孕10月体重会停止增加，甚至会轻一些。如果孕妈妈的体重超出以上的平均值太多，最好去医院就诊，在医生指导下进行调整。

### 防止营养过剩的办法

1 养成良好的饮食习惯。可将一天的总量分成5~6顿进食。

2 控制进食量。最好不要增加饭量，可多吃些辅食，如蔬菜、豆类和动物性食品等。

3 食物品种要多样化。多吃一些新鲜绿色蔬菜，少食高盐、高糖及刺激性食物。

4 烹饪应按少煎、炸，多蒸、煮的原则。

**快乐驿站**

俗话说，药补不如食补，食补不如心补，每天都怀有愉快的心情，相信自己会拥有一个活泼可爱的宝宝，这是很有效的营养补充。

## 手工：用饮料瓶做花瓶

孕妈妈闲暇无事的时候，可以用家里大大小小的废弃饮料瓶做些漂亮的花瓶，自己动手做花瓶，不仅可以让自己和胎宝宝一起大展插花的手艺，而且还能变废为宝、愉悦心情，真的是一举多得。

### 手工材料

塑料饮料瓶、剪刀、彩色胶带（如果能有几种不同的颜色就更好了）

### 手工步骤

1 将饮料瓶从距离上口三分之一处剪开，取下面的部分，共剪三个，一个大的，两个稍小的。

2 取一个小瓶子，将彩色胶带顺着瓶子竖直贴出若干条纹，如果有几种颜色的话，可以将几种颜色错开来贴。

3 再取一个小瓶子，将彩色胶带按第二步转圈贴出若干条纹，颜色可根据自己的喜好选择。

4 最后一个大瓶子将开口部分沿着圆周剪成0.5厘米宽的细条，长5厘米左右，然后将所有细条弯曲，用彩色胶带绕圈固定在细条底部。

5 三个漂亮花瓶就做好了，插花时，可以在花瓶底部放一些小石块，这样花瓶就不会因为太轻而倒下了。

## 电影欣赏：《看上去很美》

导演：张元

编剧：宁岱，张元，王朔

主演：董博文，宁元元，陈曼媛，李晓枫

语言：国语

片长：92分钟

### 影片简介

在大人和老师眼里，方枪枪不是个好孩子，他调皮捣蛋不听话，一进幼儿园，就被老师追着剪了辫子。方枪枪生活的幼儿园里有几百名小朋友，在那里他认识了杨南燕、杨北燕。幼儿园里有统一的标准管理着所有小朋友，按时拉屎、自己穿衣，表现优秀的人会被授予小红花，贴在他们名字后面。慈眉善目的唐老师让方枪枪感到亲近，而不苟言笑的李老师则让他感到恐惧。总也得不到5朵小红花的方枪枪在一次意外后，对小红花失去了兴趣。他编故事，给小朋友起外号等。有天晚上他做了个怪梦，第二天醒来，他把这个秘密告诉别的小朋友，说李老师是一个吃人的大妖怪！

### 胎教点读

我们长大了吗？从什么时候起，我们不再是孩子？这些看似好笑的问题，实际是值得我们深思的。或许，我们每个人都童心未泯，想高兴了就大笑，委屈了就哭泣，想不着边际地幻想，想玩恶作剧……而事实是我们不够有勇气，不敢表达自己的这些情感。

看《看上去很美》，让我们体验那些久违了的快乐悲伤，释放那些内心的冲动与美好。也许孕妈妈会发现，每个大人身上，永远都有一个奔跑的孩子，不管容颜变得多么苍老，他的心灵永远年轻。

## 讲故事《年》

### 年

传说在很早很早以前，有一个叫“年”的怪兽。它非常凶猛，也很懒，喜欢睡大觉，一睡就是三百六十五天。每年除夕，当它从睡梦中醒来的时候，总是感觉肚子咕噜咕噜地叫个不停。这时候，它就爬上岸来，见到什么就吃什么，就连那些住在村子里的老人和孩子都不放过。等肚子填饱以后，它才会满意地一摇一摆地走回家去继续睡大觉，然后在下一个三百六十五天后醒来。

因此，每年除夕这天，人们都逃往深山，以躲避“年”兽的伤害。有一年除夕，桃花村的人们正上山避难，从村外来了个乞讨的老人，他手拄着拐杖。乡亲们有的封窗锁门，有的收拾行装，有的牵牛赶羊，到处

一片匆忙恐慌景象。这个时候，谁还有心关照这位乞讨的老人。

只有村东头一位老婆婆给了老人一些食物，并劝他快上山躲避“年”兽，那老人笑着说：“婆婆若让我在家待一夜，我一定把‘年’兽赶走。”可她继续劝说乞讨老人赶紧走，老人无动于衷。婆婆无奈，只好撇下家，上山避难去了。

半夜时分，“年”兽闯进村。它发现村里气氛与往年不同：村东头老婆婆家，门贴大红纸，屋内烛火通明。“年”兽浑身一抖，怪叫了一声。“年”朝婆婆家怒视片刻，随即狂叫着扑过去。将近门口时，院内突然传来“噼噼啪啪”的炸响声，“年”再不敢往前凑了。原来，“年”最怕红色、火光和炸响。这时，婆婆的家门大开，只见院内一位身披红袍的老人在哈哈大笑。“年”大惊失色，狼狈逃窜了。

第二天是正月初一，避难回来的人们见村里安然无恙十分惊奇。这时，老婆婆才恍然大悟，赶忙向乡亲们述说了乞讨老人的许诺。乡亲们一齐拥向老婆婆家，只见婆婆家门上贴着红纸，院里“啪啪”炸响，屋内几根红蜡烛还发着余光……

原来这位老人是天上的神仙，这次是专门下凡来帮助大家对付“年”的，现在这只野兽已经被吓跑了，以后大家每年都可以用这个方法来驱赶它，然后开开心心地过个快乐除夕了！

乡亲们为庆祝吉祥的来临，纷纷换新衣戴新帽，到亲友家道喜问好。这件事很快在周围村里传开了，人们都知道了驱赶“年”兽的办法。

从此每年除夕，家家贴红对联、燃放爆竹；户户烛火通明、守更待岁，初一一大早，还要走亲串友道喜问好。这风俗越传越广，春节成了中国民间最隆重的传统节日。

## 快乐驿站

春节是很盛大的节日，难免有大鱼大肉，所以孕妈妈要给自己单独准备一些清淡而营养丰富的食品，在两餐中间加用一些易于消化的食品，多吃些蔬菜水果，想吃时就吃一些东西，但一定不要暴饮暴食，不要吃太多的主食或甜食，不然可能会导致体重增长过多。

俗传正月初一是扫帚生日，这一天不能动用扫帚，否则会扫走运气、破财，而把“扫帚星”引来，招致霉运。假使非要扫地不可，那就要从外头扫到里边。这一天也不能往外泼水倒垃圾，怕因此破财。今天许多地方还保存着这一习俗，大年夜扫除干净，年初一不动扫帚，不倒垃圾，备一个大桶，以盛废水，当日不往外泼。

# 准爸爸胎教：给胎宝宝讲自己小时候的故事

出生前的最后2个月，胎宝宝不仅能听到人们的讲话声和其他声音，而且还能分辨男性和女性的声音、熟悉与不熟悉的声音。

## 胎宝宝最喜欢爸爸的声音

胎宝宝在子宫内最适宜听中、低频调的声音，而准爸爸的说话声音正是以中、低频调为主。因此，准爸爸坚持每天对胎宝宝讲话，最能够让胎宝宝熟悉爸爸的声音，从而唤起胎宝宝积极的反应，有益于胎宝宝出生后的智力发育及情绪稳定。宝宝出生后，如果准爸爸轻柔地对他说话，他会觉得很舒服，能马上由哭泣转入安静。

## 给胎宝宝讲讲自己的小时候

还有两个多月宝宝就要出生了，他将要开始自己小时候的生活，相信想到这里准爸爸和他一定都对这样的生活充满了期待，准爸爸是不是情不自禁地想起了自己的小时候呢？那些和一大群小朋友一起玩到天黑的日子，那些跳皮筋、丢沙包、跳房子的故事……不妨将自己记忆中的这些美好情景讲出来，让胎宝宝也一起分享。

## 邀请外婆或奶奶一起分享

准爸爸还可以邀请宝宝的外婆或者奶奶，讲一讲自己或者孕妈妈小时候的事情，很可能自己和胎宝宝都会是第一次听到这些事情呢，这会带给大家很多的惊喜，不过由于胎宝宝较熟悉准爸爸的声音，因此在和老人家聊天的时候，准爸爸不妨巧妙适时地对胎宝宝重复一次谈话的内容，比如：“宝宝，你听到了吗？奶奶说爸爸小时候可爱哭鼻子呢。”

# 孕34周

Yun Sanshisi Zhou

## 知识课堂：食物调理，预防孕晚期便秘

大便间隔超过48小时，粪便干燥，引起排便困难就称为便秘。怀孕后，孕激素使孕妈妈胃酸分泌减少，肠道肌肉蠕动减弱，就会发生便秘。尤其到了孕晚期，胎宝宝的迅速长大，将子宫撑大，宫底抬高，压迫着孕妈妈的肠道，使食物在肠道停留时间加长，其中的水分被肠壁细胞重新吸收，粪便因此变得又干又硬。而此时孕妈妈因大腹便便，活动量自然减少了，造成排便时腹压推动力不够。所以，在孕晚期，便秘的确是困扰孕妈妈的一个大问题。

### 便秘的危害

严重的便秘（指1周以上未排出大便者）会导致肠梗阻，可并发早产，危及母婴安全。甚至在分娩时，因堆积在肠道中的干硬的粪便妨碍胎儿下降入盆腔，而使产程加长引发难产。

### 饮食调理

1 多吃富含膳食纤维的食物。富含膳食纤维的食物多种多样，粮食、蔬菜、水果中都广泛存在。如粮食中的粗粮、杂粮；蔬菜中的叶菜、茄果类及薯类蔬菜以及果胶中都含有丰富的膳食纤维。富含膳食纤维的食物可以促进肠道肌肉蠕动、软化粪便，起到润肠滑便的作用。

2 多吃一些能产生气的食品。气体可以鼓起肠管，刺激肠蠕动，利于排解大便，所以孕妈妈可吃一些如大蒜、生葱、蜂蜜和一些含益生菌的食品，促进肠道活动。

**快乐驿站**

在身体日益沉重时，孕妈妈也一定要坚持适当的活动，比如散步。走一走，动一动，可增加孕妈妈的腹肌收缩力，增加肠道的排便动力。

# 讲故事时细心体会胎宝宝的反应

在过去的时间里，胎宝宝已经听过不少故事了，现在准父母不妨在预定的讲故事时间里，将以前讲过的故事再讲给胎宝宝听，这样不但能加深胎宝宝的记忆，而且会让他有一种安全与温暖的感觉，如果能坚持讲给他听，可以使得胎宝宝的神经系统变得对语言更加敏锐。

## 胎宝宝喜欢这样听故事

1 讲故事时，孕妈妈保持平静的心态，集中注意力，这样胎宝宝能更充分地理解和感受故事的信息。

2 故事开始前，先将内容在脑海中形成影像，这样胎宝宝能更生动地感受到，孕妈妈也可以将故事中的主人公自己动手画一画，这样的效果也会令胎宝宝很满意。

3 孕妈妈还可以发挥自己的想象，将故事中简单出现的事物清楚地描述一番，比如出现“太阳”了，可以描述一下太阳的颜色、太阳的样子、太阳是什么感觉等，这样胎宝宝会更好地融入故事描绘的世界中。

4 每天在固定的时间为胎宝宝讲故事是比较受胎宝宝欢迎的，比如晚饭后第一次胎动的时间，这样胎宝宝能更快地建立条件反射，另外，孕妈妈和准爸爸配合一起来讲也会很不错。

## 观察胎宝宝的反应

这样有规律地讲一段时间后，孕妈妈不妨试着问胎宝宝：“宝宝，你还记得这个故事吗？”细细体会一下胎宝宝的反应，比如，是否对有些特别的字或句子有特定的反应，故事的某一段是否特别容易让胎宝宝感到平静，胎宝宝是不是会对不同的故事做出不同的反应，他对孕妈妈和准爸爸的声音是不是也有不同的反应？

### 快乐驿站

孕妈妈每天多读一些书，多给胎宝宝讲讲故事说说话等，这些都会给胎宝宝传达爱的信息。相信胎宝宝的能力并对他倾注自己的爱与耐心，胎教将取得令人满意的效果。

# 讲故事《月下老人》

## 月下老人

唐朝时候，有一位名叫韦固的人，有一次，他到宋城去旅行，住宿在南店里。

一天晚上，韦固在街上闲逛，看到月光之下有一个老人席地而坐，正在那里翻一本又大又厚的书，而他身边则放着一个装满了红色绳子的大布袋。

韦固很好奇地过去问他说：“老伯伯，请问你在看什么书呀？”

那老人回答说：“这是一本记载天下男女婚姻的书。”

韦固听了以后更加好奇，就再问说：“那你袋子里的红绳子，又是做什么用的呢？”

老人微笑着对韦固说：“这些红绳是用来系夫妻的脚的，不管男女双方是仇人或距离很远，我只要用这些红绳系在他们的脚上，他们就一定会和好，并且结成夫妻。”

韦固听了，自然不会相信，以为老人是和他说着玩的，但是他对这古怪的老人仍旧充满了好奇，当他想要再问他一些问题的时候，老人已经站起来，带着他的书和袋子，向米市走去，韦固也就跟着他走。

到了米市，他们看见一个盲妇抱着一个三岁左右的小女孩迎面走过来，老人便对韦固说：“这盲妇手里抱的小女孩便是你将来的妻子。”

韦固听了很生气，以为老人故意开他玩笑，便叫家奴去把那小女孩杀掉，看她将来还会不会成为自己的妻子。

家奴跑上前去，刺了小女孩一刀以后，就立刻跑了。当韦固再要去找那老人算账时，却已经不见他的踪影了。

光阴似箭，转眼十四年过去了，这时韦固已找到满意的对象，即将结婚。对方是相州刺史王泰的掌上明珠，人长得很漂亮，只是眉间有一道疤痕。韦固觉得非常奇怪，于是便问他的岳父说：“为什么她的眉间有疤痕呢？”

相州刺史听了以后便说：“说来令人气愤，十四年前在宋城，有一天保姆陈氏抱着她从米市走过，有一个狂徒，竟然无缘无故地刺了她一刀，幸好没有生命危险，只留下这道伤疤，真是不幸中的大幸呢！”

韦固听了，愣了一下，十四年前的那段往事迅速浮现在他的脑海里。他想：难道她就是自己命仆人刺杀的小女孩？于是便很紧张地追问说：“那保姆是不是一个盲妇？”

王泰看到女婿的脸色有异，且问得蹊跷，便反问他说：“不错，是个盲妇，可是，你怎么会知道呢？”

韦固证实了这件事的时候，真是惊讶极了，一时间答不出话来，过了好一会儿才平静下来，然后把十四年前在宋城，遇到月下老人的事全盘说出。

王泰听了，也感到惊讶不已。

韦固这才明白月下老人的话并非开玩笑，他们的姻缘真的是由神做主的。

因此夫妇俩更加珍惜这段婚姻，过着恩爱的生活。

不久这件事传到宋城，当地的人为了纪念月下老人的出现，便把南店改为“订婚店”。

由于这个故事的流传，使得大家相信：男女结合是由月下老人系红绳，加以撮合的，所以，后人就把媒人叫作“月下老人”，简称为“月老”。

## 准爸爸胎教：为孕妈妈烹调缓解便秘的食物

胎宝宝还在一天天长大，他的身体侵占了太多子宫空间，迫使子宫挤压到肠胃，所以孕妈妈现在或多或少有些便秘，准爸爸这时候要记得继续督促孕妈妈保持适当的活动，另外，准爸爸要经常下厨为孕妈妈做可以缓解便秘的美食。

下面这两道菜对孕妈妈便秘、水肿等症状都有很好的缓解作用，准爸爸可以学一学。

### 口蘑烧茄子

**材料：**嫩茄子300克，口蘑50克，青豆50克。

**调料：**盐5克，酱油、水淀粉少许。

**做法：**

1 将嫩茄子洗净、去皮、切成丁；口蘑洗净，切片；青豆洗净，用开水煮熟，控净水。

2 锅内放油，烧热后放茄子丁，用中火炒至茄子软。

3 加入口蘑、青豆，注入少许清汤，调入盐、酱油，用小火烧透，再用水淀粉勾芡即可。

### 醋熘白菜帮

**材料：**白菜半个（约500克）。

**调料：**醋，水淀粉、盐各适量。

**做法：**

1 白菜择洗干净，将白菜帮切成薄片。

2 取一个空碗，放入盐、醋、水淀粉，混合均匀，调成淀粉汁。

3 锅内放入适量植物油，烧至七成热，下白菜帮片，爆炒至七成熟。

4 加入调好的淀粉汁，翻炒片刻，至汁透明，出锅即可。

**快乐驿站**

早晨定时排便是一个让人受益终生的好习惯，每天早上无论是否有便意，孕妈妈都应该去厕所酝酿一下。足够的饮水量也是不可或缺的，孕妈妈早上起床后及时喝一杯水，随手带上水杯，每隔1~2个小时就提醒自己喝点水。

# 孕35周

Yun Sanshiwu Zhou

## 知识课堂：分娩没有想象的那么疼

中国人的传统观念中，加上影视剧等多年来惊悚地渲染，“生子犹如过鬼门关”的观念至今仍在一些人心中根深蒂固。其实在许多情况下，分娩的痛可能并没有孕妈妈想象的那样严重，可能比严重的痛经还要轻。

### 疼痛是一种主观的感受

其实，疼痛是一种很主观的感受，分娩的疼痛有很大一部分是来自于恐惧心理，心理负担越重，就越害怕疼痛，而且还会把疼痛放得越大。

一些心理情绪如紧张、焦虑、恐惧等会引起体内一系列神经内分泌反应，使疼痛加剧，因此有的妈妈觉得生产达到“痛不欲生”的地步，与心理因素的关系很大。

分娩是一个自然而然的过程，是瓜熟蒂落，所以孕妈妈要相信自然的力量，相信自己和宝宝，不要因此而恐惧。

如果孕妈妈不将自己的注意力放在分娩会疼上，就会发现，分娩其实是被想象放大的一种疼痛，顺其自然，很快它就会伴随宝宝的一声啼哭而逝去。

**快乐驿站**

分娩过程能让宝宝的肺部和头部得到锻炼，可使他日后迅速建立正常的呼吸。自然分娩还能使宝宝具有更强的抵抗力。同时在产道内受到触、味、痛觉及本位感的锻炼，对今后宝宝的运动及性格均有好处。

# 电影欣赏：《再见了我们的幼儿园》

导演：水田伸生

编剧：坂元裕二

主演：桥本智哉，本田望结，黑田博之，庵原凉香，芦田爱菜，佐藤　生亮，满岛光

语言：日语

片长：105分钟

## 影片简介

电影讲述了一个毕业前夕的幼儿园的故事。洋武小朋友因心脏病住院，可能无法参加毕业典礼了。他的好朋友拓实、康娜、俊武、美琴、优衣，避开了万里老师的视线，跑出了幼儿园，计划前往远方的医院看望洋武。其间，不断换乘轨道交通，不断面对和解决各种问题，他们不仅要学会独立地和社会打交道，还要克服人与人之间的障碍。随着旅途的增长，小朋友一个一个地掉队，并被送回了幼儿园，只有康娜在万里老师的帮助下，成功赶到了医院。她为洋武表演了毕业式的节目，还送给了他蓝色玻璃纸的糖果。

## 胎教点读

“跑步是第一，还爱吃蔬菜”，这样的人怎么会死？小朋友的世界简单而充分，在他们的眼睛里，世界的逻辑就是鲜明的好与坏、是与非、美与丑、善与恶，就是偷吃了草莓，所以警察就会来追捕的最直接的因果关系。

也许，本不是小孩子的世界简单和直接，而是成人的世界太过功利和迂回。看这部电影，孕妈妈会被小孩无邪的情愫触动心弦，仿佛那些儿时经历过的似曾相识的场景重新回到眼前，人长大以后心里一些坚硬的东西也渐渐融化。

# 讲故事《我的爸爸叫乔尼》

### 我的爸爸叫乔尼

电车就要来了。爸爸坐的电车……

秋天开始的时候，我和妈妈搬到了这座小城。从那以后，我一直都没有见到过爸爸。不过，今天我可以和爸爸在一起过一天。

“你听到了吗，狄姆？乔尼来之前，你待在这里不要动！”妈妈说完，把我留在站台上就走了。我的名字叫狄姆，爸爸叫乔尼。

电车终于来了，“唉——”地发出一声好像叹气似的声音，“哐当”一下停了下来。是不是从很远的地方跑来，累坏了呢？门也“吱——”的一声吐了口气，慢慢地打开了。

啊，爸爸！不过，我按照妈妈说的，站在站台上一动也没动。于是，爸爸奔了过来，一把就把我给抱了起来。

一出车站，就有一家卖热狗的小店。我刚一停下，爸爸就叫道：“给我两份热狗！”“我只要番茄酱，不要芥末酱。”我连忙补充说。然后，我们两个人就大口大口地吃起了热狗。爸

爸先吃完了。我用手指着爸爸，告诉热狗店的阿姨："这是我爸爸，他叫乔尼。"

到了电影院一看，正在演卡通片。"你不是喜欢卡通片吗？"爸爸这么一问，我使劲儿地点了点头。在入口，一个留着胡子的伯伯把两张票合到一起撕了。"这是我爸爸！我们一起看电影！"我告诉伯伯。电影院里面虽然黑黑的，但非常暖和，舒服极了。爸爸在不时地发笑，因为他的喉头在颤抖，所以我知道。

电影放完了，我和爸爸去吃比萨，餐馆的名字叫"桑达娜"，店员哥哥是和我住在同一座公寓里的人。哥哥一看到我，就叫了我一声："哟，这不是狄姆吗？""唔，今天我和爸爸在一起，他叫乔尼！"我把胸脯挺得直直的。我要了橘子汁和儿童比萨饼，爸爸要了啤酒和比萨卷。比萨卷是一种用皮卷着馅吃的比萨饼。啤酒在咕噜咕噜地冒泡。我把比萨饼的圆边都剩在了盘子里。爸爸吃得干干净净，啤酒也全都喝光了。"味道好极了！"看见爸爸一边擦嘴，一边掏钱包，我就用整个店里都能听到的声音叫了起来："我爸爸要付钱啦！"

出到外面，天已经有点黑了，我们去了图书馆，并排坐在图书馆的椅子上，爸爸翻起了杂志。我呢，我把书放在膝盖上想开了：现在几点了呢？要是时间能停下来就好了。电车要是不开就好了。

时间差不多了，我慢吞吞地站起来，朝借书的地方走去。爸爸也跟了过来。扎着头发，戴着一副大大眼镜的库妮拉坐在借书的地方，她是常常到幼儿园来给我们讲故事的大姐姐。"今天我是和爸爸一起来的，他叫乔尼。不过，借书的是我，不是爸爸。"我一边用手指着爸爸，一边说，库妮拉笑了起来。

抱着书走出图书馆，到了站台上，我对爸爸说："我要在这儿等着妈妈来接我。"爸爸看了一下车票："没事，还有两三分钟呢！"说完，抱起我就上了电车。

电车里已经坐了好多人，爸爸找到自己的座位，突然大声叫道："大家听一下好吗？"众人都望着爸爸。爸爸伸开一只手，大声地继续说："这孩子，是我的儿子，最好的儿子。他叫狄姆！"然后，爸爸抱着我下到了站台上。

他让我站直，揉了揉眼睛："再见，狄姆！马上还会见面的。妈妈来之前，你在这儿等着别动。"说完，就急忙回到了电车上。电车开了，爸爸在挥手，我也使劲儿地挥手。爸爸的手渐渐地小了下去。我一直挥着手。

"我在冲爸爸挥手，我在送爸爸呢！爸爸叫乔尼！"我对从我身边经过的一位叔叔说，他看着我，点了点头。

电车很快就看不见了，但是从铁轨上还传来了轻微的声音。铁轨很长、很长，一直通到爸爸住的城市……

所以，电车一定还会回来吧？拉着我最喜欢的爸爸——爸爸叫乔尼。

# 准爸爸胎教：负重20斤与孕妈妈换位体验

胎宝宝9个月了，一路走来幸福与艰辛也许只有孕妈妈最清楚，当她偶尔抱怨上个卫生间有多不便时，准爸爸或许不是很理解，试想一下，如果小宝宝在自己的腹中，会是什么样的情景呢？想象可能无法得到切身体会，现在，准爸爸可以玩一个负重游戏，体验一下孕妈妈的感受。

## 做一天“孕妈妈”

准爸爸体验一天“孕妇”生活，感受一下孕妈妈在孕期的饮食起居，以及练习孕妇操等的情景，不仅能深刻地体会到孕妈妈在孕期的艰辛，而且还能增进与孕妈妈的感情。

## 换位体验游戏

1 准爸爸在腹部绑上一个20斤重的袋子，如果不方便的话也可以在家里找一个枕头大小的重物，用枕头也可，但最好有点重量，这样才能体会得更真切。

2 孕妈妈指定几个自己经常做的事情去做，比如打扫房间，或者是擦桌子、睡觉、上厕所等，如果准爸爸的动作可能压迫到“胎宝宝”，要请孕妈妈做出提示，并帮助调整姿势。

3 准爸爸向孕妈妈说说自己的体验感受，然后请孕妈妈对自己的表现做出评价。

4 在游戏的过程中，不要忘了胎宝宝的存在，体验过程中不妨多问问胎宝宝爸爸的表现怎么样，跟他说一说游戏中发生的事情等。

### 快乐驿站

换位体验游戏后，准爸爸不妨扮演一下胎宝宝，模仿胎宝宝的语气与孕妈妈对对话，由于对孕妈妈的感受理解得更真切，因此这时的对话定是饱含深情，可以令一家三口的感情更和美。

# 孕36周

Yun Sanshiliu Zhou

## 知识课堂：脐带绕颈是怎么回事

产检中，孕妈妈可能会听到胎宝宝脐带绕颈的检查结果，在B超报告单上写的是“胎儿颈部有压迹”，根据脐带缠绕颈部的圈数可见U形、W形和品字形，这在孕晚期时很常见。此时的胎宝宝是不停运动的，虽然绕了，但是很松，不会导致窒息，胎宝宝到了分娩的时候可能就转开了，孕妈妈不用担心。

### 脐带绕颈很常见

胎宝宝在宫内不停地动，而脐带是悬浮在羊水中的，这也是脐带绕颈容易发生的缘故，尤其是脐带太长、羊水过多或胎宝宝体型太小的情况下，更容易发生。根据一项研究，在中国脐带缠绕胎宝宝颈部的发生率为20%~25%，其中脐带绕颈一周发生率为89%，而脐带绕颈两周发生率为11%。脐带绕颈3周以上或缠绕胎宝宝躯干、肢体的则比较少见。

### 照顾脐带绕颈的胎宝宝

大多数脐带绕颈不会威胁到孕妈妈和胎宝宝，因为脐带一般不会绕得很紧，少数情况下，如果胎宝宝脐带缠绕过紧或脐带过短，会使胎宝宝脑组织缺血、缺氧，造成宫内窘迫甚至死胎、死产或新生儿窒息。要避免这些情况，孕妈妈要做好监护工作。

1 坚持数胎动，胎动过多或过少时，应及时去医院检查。

2 坚持做好产前检查，及时发现并处理胎宝宝可能出现的危险状况。

3 通过胎心监测和超声检查等间接方法，判断脐带的情况。

4 要注意的就是减少震动，保持睡眠左侧位。

**快乐驿站**

孕妈妈不必因为脐带绕颈就要求剖宫产，而应该咨询医生的意见，毕竟能够顺产的机会还是非常大的。

# 讲故事《蔬菜王国》

## 蔬菜王国

草地上停着一辆小马车。这辆马车是金黄色的，由四匹紫色的小马拉着。谁也不知道这辆小马车从哪里来。

一只小猫跑过来，高兴地说："多可爱的小马车，让我坐一坐吧。"可是，小猫刚迈上一只脚，马车就变成了一个圆滚滚的南瓜，四匹小马变成了四个茄子。小猫很害怕，逃走了。

一只小狗跑过来，高兴地说："多可爱的小马车，让我坐一坐吧。"可是，小狗刚迈上一只脚，马车就变成了一个圆滚滚的南瓜，四匹小马变成了四个茄子。小狗很害怕，逃走了。

这时候，小熊巴巴布来了。巴巴布说："多可爱的小马车，让我坐一坐吧。"巴巴布刚坐上去，四匹小马就飞奔起来，穿过绿色的草地，越过幽暗的树林。当月亮升起的时候，小马车跑进了一个美丽的菜园里。巴巴布忽然记起来，他以前曾经路过这个菜园，还帮这里的每一棵蔬菜浇过水呢。

"欢迎光临！"一位披着红披风、戴着金王冠的茄子向巴巴布走过来，谁都能一眼看出，他是蔬菜们的国王。"今天是蔬菜们的狂欢之夜，所有的蔬菜今晚都会长出腿来，尽情地跳舞。"茄子国王说，"我特别派我的马车去请你，因为你帮助过我们，为我们浇过水。"

欢乐的舞曲就在这个时候响了起来，巴巴布惊奇地看到，那些黄瓜啊、白菜啊、番茄啊什么的，一下子都长出腿来。洋葱、萝卜、土豆从地底下钻了出来，他们也都长着短短的小腿。蔬菜们在月光下跳啊，笑啊，旋转啊，哪怕是全世界最伤心的人，见了这个场面都会笑起来的。

微笑也是一种胎教，孕妈妈看到别人的笑脸会感到愉快，自己常常微笑也会令情绪更好。

# 音乐：《春之歌》

《春之歌》为德国作曲家门德尔松创作于1842年6月，那时正值初夏晚春，门德尔松在一片大草坪附近，写下了这首风一般悠扬的名曲。《春之歌》描写了大地春回，万物苏生的蓬勃气象。

## 体会绚丽多姿的春色

《春之歌》主旋律绚丽多姿、委婉迷人，串串音符犹如飘飞的花絮，展现出春光的明丽与妩媚。伴奏部分是流畅跃动的琶琶音，像是竖琴奏出，仿佛淙淙溪水，烘托出春的意境与活力。

与主旋律相伴，还有一支旋律意在刻画人们置身于春色之中激动兴奋的心情，它装束在《春之歌》的中间部分，使这幅春色画图更增添几许纷纭与迷离，产生一种心旷神怡的愉悦感和一种春深似海的神秘感。

这首乐曲的结尾再现了明媚如歌的主旋律，又回顾了激荡兴奋的惜春之情，在寂静安恬的气氛中，音乐渐渐弱下来，消逝在无尽的春光之中，仿佛获得永恒的生命。

准妈妈只要放松自己去听，很容易被曲中流水般轻柔的浪漫旋律所吸引，而被带入一种快乐的气氛中去。

## 准爸爸胎教：提前准备好母婴用品

待产包需要提前做好准备，那样无论什么时候临产，都可以立刻拎起包包去医院，现在，准爸爸就可以开始着手了，把所有母婴会用到的东西都准备齐全。

### 宝宝用品清单

| 物品类别 | 具体需要准备的东西 |
| --- | --- |
| 衣物、睡眠 | 和尚袍、中号、长袖（可以买大点儿）2件、小被子1条、婴儿床1个（栏杆不要太矮，最好是能一边打开的那种）、蚊帐、小玩具 |
| 洗护用品 | 婴儿浴盆1个、浴巾2条、小毛巾10块（洗屁屁用，可用纱布）、婴儿专用洗发露、沐浴露、润肤露、护臀膏各1瓶、塑料盆2个（用来洗衣物、尿布）、爽身粉（夏天需要）、水温计1个、婴儿洗衣液 |
| 卫生用品 | 纸尿裤1包、尿布（布尿片或纸尿布）不少于10块、纸尿布若干包、婴儿柔湿巾多多益善、指甲剪、体温计1个（有的医院会送）、隔尿纸巾1包（一次性，迅速将尿吸收） |
| 喂奶用品 | 小号奶瓶1个、奶嘴2个（小号、十字开口）、奶粉6小袋（以备不能母乳喂养之需）、奶瓶奶嘴刷、奶瓶清洁液 |

### 妈妈用品清单

| 物品类别 | 具体需要准备的东西 |
| --- | --- |
| 衣物 | 2~3套睡衣，方便更换；拖鞋1双；舒适的帽子1顶；防止乳汁渗漏乳垫2副；哺乳胸罩2个；一次性纸内裤1包 |
| 洗漱用品 | 牙刷，牙膏，毛巾，脸盆等。毛巾至少3条，洗脸、擦身、洗下身各1条；脸盆至少2个，洗脸，擦身各一个 |
| 卫生巾 | 日用、夜用多准备几包，要勤更换 |

续表

| 物品类别 | 具体需要准备的东西 |
|---|---|
| 日用品 | 饮水杯、饭盒等 |
| 食物 | 待产有时是漫长的，要准备些食物补充能量，可准备巧克力、果汁(配上弯曲的吸管，可以方便喝水) |
| 证件 | 准爸爸和孕妈妈的身份证、户口本，孕妈妈的保健手册、病历本等，办住院手续时需要用的钱款 |

## 快乐驿站

如果孕妈妈觉得还有些许遗漏，可以将它们单独列出，挑一个不错的天气，和准爸爸一起去购买吧。

孕十月

# 嘿，宝贝，我们就要见面了

还有什么比父母心中蕴藏着的情感更为神圣的呢？父母的心，是最仁慈的法官，是最贴心的朋友，是爱的太阳，它的光焰照耀、温暖着凝聚在我们心灵深处的意向！

——马克思

# 胎宝宝发育情况

Taibaobao Fayu Qingkuang

## 孕37周，胎宝宝做好了出生的准备

胎宝宝的体重虽然仍在继续增加，但现在已经发育完全，头部现在已经完全入盆，为子宫外的生活做好了准备，随时等待着降临人世。

很多胎宝宝这时候的头发已经长得又长又密了，但是也有一些胎宝宝出生时几乎没有头发，或者只有淡淡的绒毛。孕妈妈不必对他头发的颜色或疏密过多地担心，因为这个时候的头发情况并不决定出生后的情况，日后随着营养的补充，他的头发会自然变得浓密光亮。

## 孕38周，免疫系统已经建立

### 免疫系统已经建立

胎宝宝本身的免疫系统已经建立，不过还不十分成熟，为了补偿这种不足，胎宝宝可以通过胎盘接受来自母亲的抗体，从而抵御一些像流行性感冒等感染。

### 抓握已经很有力了

胎宝宝的抓握已经很有力了，很快孕妈妈就会在他的小手抓住自己的手指时感觉到了。

### 各器官已就位

现在胎宝宝的各个器官发育完全并已各就各位，脑部开始了工作，肺部表面活化剂的产量开始增加，使肺泡张开，脑部和肺部会在出生后继续发育成熟。

**快乐驿站**

分娩临近，孕妈妈的羊膜囊可能会破裂，羊水一般是细细流出而不是大量涌出，它独特的味道容易与小便区分，羊水流出时孕妈妈应尽快联系医生。

## 孕39周，脂肪层还在加厚

### 脂肪层正在加厚

胎宝宝外层皮肤正在脱落，取而代之的是下面的新皮肤。他的脂肪层也还正在加厚，这会帮助他在出生后控制体温。

### 皮肤变得光滑

这一周，胎儿身上覆盖的一层细细的绒毛和大部分白色的胎脂还在继续脱落，并随着羊水吞入胎宝宝的肚子里，储存在他的肠道中，等出生之后通过胎便排出。胎宝宝的皮肤变得光滑，胎毛正在消失，若胎毛保存到出生，多会出现在他的肩部、前额和颈部。

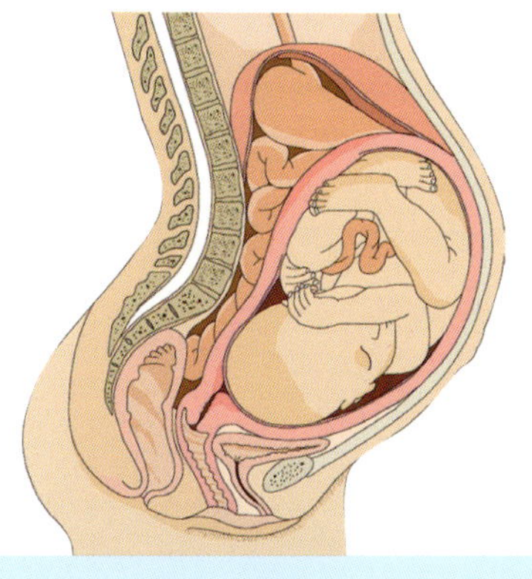

**快乐驿站**

很快，孕妈妈就能够把宝宝抱在怀里了。不过，如果到本周末仍没有动静，也不要担心，只有5%的胎宝宝会刚好在预产期那天出生，75%的胎宝宝的出生时间都会比预产期晚。

## 孕40周，随时可能出生

### 随时可以出生

现在，胎宝宝的腹部可能比头部稍微大些，脂肪的比例非常大，占全部体重的15%左右，身体内的所有器官和系统都已发育成熟，随时可以出生了。

### 胎盘老化，羊水变浑浊

胎宝宝的重要生命线——胎盘正在老化，传输营养物质的效率在逐渐降低，到胎宝宝娩出它的使命就完成了，同时胎宝宝所处的羊水环境也有所变化，原来清澈透明的羊水变得浑浊，成了乳白色液体了。

胎宝宝现在正等待着呼吸第一口空气，当他出生后第一次呼吸时，会激发心脏和动脉的结构迅速产生变化，从而使血液输送到肺部。他出生后第一声啼哭通常都是没有眼泪的，因为他的泪腺功能还没有被开发，这种情况会持续两三周。

**快乐驿站**

一般情况下，宝宝会在本周出生。一旦出现“宫缩”、“见红”、“羊水”等情况时，就要迅速赶往医院分娩。

# 孕妈妈身体变化情况

*Yunmama Shenti Bianhua Qingkuang*

## 食欲增加

随着胎宝宝的入盆，宫顶位置下移，对心脏、肺、胃的挤压减轻，所以孕妈妈的胃胀有所缓解，食欲也开始增加。

## 小腹坠胀感明显

随着胎宝宝的入盆，宫顶位置下移，孕妈妈直肠和膀胱受到的压迫加重，尿频、便秘、小腹坠胀感更加明显了，同时阴道的分泌物也开始增多。

## 宫缩与阵痛来袭

宫缩更加频繁，孕妈妈会感觉子宫收缩变硬，持续大约30秒钟后再松弛下来，这种收缩感觉不到疼痛，当这样的宫缩时断时续一整天或一整晚后才成为临产宫缩。

有部分孕妈妈会在此期出现没有规律的阵痛，稍加运动就会消失的阵痛不是临产前阵痛，临产前阵痛有规律性，其规律性可能由20分钟痛一次，渐渐变为15分钟，甚至到8分钟或6分钟痛一次，而疼痛的时间会越来越长，且不论用任何方式都无法缓解，孕妈妈要注意区分。

## 分娩前“见红”

分娩前24~48小时，孕妈妈一般会发生分娩前的“见红”，具体特征是从阴道排出少量血性黏液。不过，“见红”也可能持续几天，每天有少许排出，也可能一下子突然“见红”。

# 本月胎教专家指导

Benyue Taijiao Zhuanjia Zhidao

在最后一个胎教月里，孕妈妈和准爸爸可以给胎宝宝继续实施各种胎教，复习一下前9个月所学的内容会使胎教效果更好，另外，由于分娩临近，孕妈妈还需要多为此做些身体和心理方面的准备，同时为早教做一些必要的预习。

## 放松练习，对话胎教

孕妈妈现在要认真练习有助于分娩的呼吸法，使得自己放松，还要注意坚持练习一些有助于分娩的简单分娩操，如果能在分娩时正确运用这些分娩辅助动作，将对顺利分娩起到很好的作用。

在进行这些分娩辅助动作的练习时，不妨和胎宝宝说说话，告诉他要好好配合，乖乖地诞生，争取早点和大家见面。

## 静心听音乐，养精蓄锐

这个阶段，孕妈妈不妨多静下心来欣赏一下喜欢的音乐，不仅能缓和因分娩临近而产生的紧张心情，还有助于养精蓄锐，为分娩积聚能量。每天早中晚各欣赏15分钟左右会有不错的效果，欣赏时，孕妈妈还可以想象宝宝正张开蓓蕾似的小嘴跟着节奏在快乐地哼唱着，这将更富情趣。

## 学会勇敢

恐惧和害怕情绪既容易消耗分娩体力，也会对胎宝宝的情绪带来较大的刺激，因此孕妈妈要尽量放松自己，期待着宝宝的到来。其实分娩将是孕妈妈终生难忘的幸福时刻，孕妈妈的勇敢也将是宝宝性格形成的早期教育之一。

## 早教练习

宝宝出生后，胎教期就完成了，马上他就进入了早教期。因此，孕妈妈和准爸爸还要重视在最后一个月里将胎教和早教衔接起来，提前进行一些早教练习，比如视觉训练、听觉训练、触觉训练等，这也是为巩固胎教效果做准备。

# 孕37周

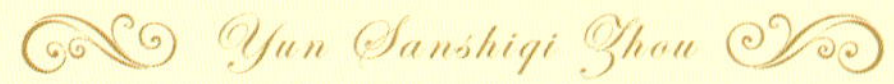

Yun Sanshiqi Zhou

## 知识课堂：练习分娩技巧，调节紧张情绪

现在，宝宝即将到来的喜悦之情和临产的紧张心情交织在一起，孕妈妈要调整好心态，多练习分娩技巧，增强对自己与宝宝的信心，缓解紧张焦虑的情绪。

孕妈妈若能在分娩之前经常“操练”有助于分娩轻松进行的技巧，一旦临产，就会心中有数，镇定自若，这样，不但能够减轻宫缩疼痛，还可积极与助产医生配合，使宝宝尽快顺利生下来。

### 练习呼吸技巧

分娩时的呼吸技巧很重要，正确的呼吸可以使得分娩过程更加顺利，现在孕妈妈要坚持练习拉梅兹呼吸法。

### 练习用力

| 阶段 | 用力技巧 |
| --- | --- |
| 宫口还未开 | 均匀呼吸，不用力。宫缩时慢慢深吸气，慢慢吐出；宫缩间歇期，最好闭眼休息，养精蓄锐 |
| 宫口开了 | 用尽全力，屏气使劲。宫缩时双腿屈曲分开，两手抓住手柄（或陪产人的手），像解大便一样用力向下，时间越长越好，以增加腹压，促进宝宝娩出。宫缩间歇时，充分放松休息，下次宫缩时再开始用力 |
| 宝宝娩出一部分了 | 用尽全力，加快胎盘的娩出，减少出血 |

### 应避免的三种用力方法

1 大声呻吟或大喊大叫，这样做不仅不能减轻疼痛，反而可能引起过度换气，致使母体缺氧，影响宝宝的血液循环，还会过多消耗体力，使真正要用力时无力可使。

2 在第一个阶段就屏气用力，这会过早地消耗体力，而且过长时间屏气易导致呼吸性酸中毒。

3 胎头即将娩出时，仍向下屏气用力，这样可能会使宝宝娩出过快，造成会阴部裂伤。

## 手工：制作黑白图卡

头3个月的宝宝眼里大概只有黑与白，到了4~6个月时，他才渐渐能看见红、蓝、绿及其他更复杂的颜色，所以新生宝宝可能只对黑白鲜明的东西有兴趣，如果孕妈妈常常拿黑白对比强烈的图画给他看，可以刺激他的视神经，增进视觉发展，进而促进大脑发展，开发宝宝无限的潜能。

现在，孕妈妈和准爸爸就可以动手制作黑白卡片，为胎宝宝准备早教工具。

### 黑白图卡制作方法1

**材料**：A4打印纸。

**做法**：

1 首先用电脑绘制出风格简单、对比强烈的图形，黑白色用颜料填充好。

2 将绘制好的黑白图形用A4打印纸打印出来即可。

### 黑白图卡制作方法2

**材料**：略微厚一点的白色纸板、铅笔、橡皮、黑色的填色笔、剪刀、直尺。

**做法**：

1 将白色纸板分割成等大的正方形或长方形卡片。

2 用铅笔在卡片上起草图案。

3 用黑色填色笔填充黑色部分即可。

#### 快乐驿站

新生宝宝的视线范围有限，大约只能看到眼前25厘米的距离，所以图片要放得稍微近一点，但是也不能逼太近，以免宝宝形成斗鸡眼。看图片时还要注意宝宝的反应，如果他已经没有兴趣了，就停止，让宝宝对图片保持新鲜感。

# 电影欣赏：《和声》

导演：康大奎

主演：金允珍、姜艺媛、罗文熙、郑秀英

类型：剧情

语言：韩语

片长：110分钟

## 影片简介

女犯人贞慧在狱中生下儿子珉宇，小珉宇就像上帝派来的小天使，让这些和贞慧一样曾犯下罪过的女人在围墙之内品味久违的温情。

一次慰问演出让贞慧萌生了在监狱里组建合唱团的想法，可是贞慧不仅五音不全，而且完全没有相关经验。小珉宇满18个月后将被领养，为了得到在领养之前与儿子一起外出的机会，贞慧决定无论组建合唱团有多困难都要坚持下去。在众多善良狱友的帮助下，合唱团终于粗具规模，然而令贞慧没想到的是，一起与儿子外出的日子也是与儿子的离别之日。合唱团就像一个幸福的大家庭，它不仅带给那些失去自由的犯人们欢乐，而且也在逐渐弥合曾经的苦难记忆留在他们内心的伤痛……

## 胎教点读

影片中，女犯人们通过自己的歌声感染着身边的人，感情不断加深。即使是人身失去自由、心灵饱受不堪回忆折磨的这些女犯人，在合唱的表演中观众们可以看到、感受到狱衣也无法使之褪色的一脸幸福之光。

她们的歌声让我们感觉到每个人，无论是幸运还是不幸的人，身体里都蕴含着生命的力量。任何时候，面对任何困难，只要我们乐观面对，所有的困难也就不再是困难，我们都能战胜。

# 讲故事《新房子》

## 新房子

有一户人家做了新房子，但厨房没有安排好，烧火的土灶烟囱砌得太直，土灶旁边堆着一大堆柴草。

一天，这家主人请客，有位客人看到主人家厨房的这些情况，就对主人说：“你家的厨房应该整顿一下。”

主人问道：“为什么呢？”

客人说：“你家烟囱砌得太直，柴草放得离火太近。你应将烟囱改砌得弯曲一些，柴草也要搬远一些，不然的话，容易发生火灾。”

主人听了，笑了笑，不以为意，没放在心上，不久也就把这事忘到脑后去了。后来，这家人家果然失了火，左邻右舍立即赶来，有的浇水，有的撒土，有的搬东西，大家一起奋力扑救，大火终于被扑灭，除了将厨房里的东西烧了一小半外，总算没酿成大祸。

为了酬谢大家的全力救助，主人杀牛备酒，办了酒席。席间，主人热情地请被烧伤的人坐在上席，其余的人也按功劳大小依次入座，唯独没有请那个建议改修烟囱、搬走柴草的人。

大家高高兴兴地吃着喝着，忽然有人提醒主人说：“要是当初您听了那位客人的劝告，改建烟囱，搬走柴草，就不会造成今天的损失，也用不着杀牛买酒来酬谢大家了。现在，您论功请客，怎么可以忘了那位事先提醒、劝告您的客人呢？难道提出防火的没有功，只有参加救火的人才算有功吗？我看呐，您应该把那位劝您的客人请来，并请他上座才对呀！”

主人听了，这才恍然大悟，赶忙把那位客人请来，不但说了许多感激的话，还真的请他坐了上席，众人也都拍手称好。

事后，主人新建厨房时，就按那位客人的建议做了，把烟囱砌成弯曲的，柴草也放到安全的地方去了，因为以后的日子还长着呢。

什么事情都要有个预见性，如果自己没意识到，听听别人的建议也是好的，防患于未然总比出了险情再去补救更为重要。

### 快乐驿站

父母是孩子的领路人，需要帮助孩子慢慢适应这个世界，从现在开始，爸爸妈妈就要做育儿的准备了，无论是孕产育儿知识，还是胎教与早教知识，都要多学习，多实践，充分的准备会令育儿生活更加从容不迫，也能有更多收获的机会。

# 准爸爸胎教：保持乐观，远离产前抑郁

“产前抑郁”不是孕妈妈的专利，有些准爸爸，由于工作及家庭的压力，以及对孕妈妈的担忧等原因，也会出现各种各样的心理障碍与抑郁情绪。

产前抑郁一般表现为情绪低落、食欲缺乏、极度缺乏安全感等，越是临近产期，越是容易紧张，如果注意力久久集中在上面，就会胡思乱想，加剧紧张焦虑的情绪，所以必须注意调整。

## 多活动

每天坚持运动，可以改善情绪，降低疲劳感。准爸爸至少每隔一天就要活动一次，可以散步、游泳、骑车或者跑步。其实选择哪种活动形式并不重要，只要能让自己得到运动就行。

## 多跟人聊天

跟孕妈妈和其他亲戚朋友说说早教的感觉，让他们倾听早教的心声，提供帮助，会对产前抑郁症有所帮助。

准爸爸可以考虑通过网络或其他方式加入一个互助群体，聊聊天，彼此谈谈各自的经历，分享一下各自减轻压力和抑郁的方式，将会受益匪浅。

## 保持乐观

准爸爸如果发现自己现在总是很消极，就要尽量用积极乐观的态度来改善自己的情绪。可以做一些让自己感觉良好的事情，把注意力放在每天取得的成绩上面。

如果觉得自己什么都不顺，那就静下心来想想今天发生了哪些好事。即使那件事非常渺小，也要把注意力集中在上面，并牢牢记住。这是认知行为疗法中会用到的办法，简单有效。

## 摸一摸胎宝宝

在胎动时，用手摸摸孕妈妈的肚子，感受胎宝宝的各种动作。这样做有助于让自己体会越来越真实的准爸爸角色，成就感会油然而生。而且这也是在感受宝宝生命的力量，让准爸爸有信心能呵护他成长。

## 多了解孕产知识

通过了解相关知识，准爸爸会相信现在的医疗技术很发达，因为孕产给妻子和胎宝宝带来的风险，目前的医疗条件绝大部分都是可以控制的。

### 快乐驿站

喝酒和抽更多烟不能从根本上防止产前抑郁，这些刺激物品可能会在短期内改善准爸爸的情绪，但实际上，酒精只是一种镇静剂，而抽烟更是只能让准爸爸的状况变得更糟。

# 孕38周

Yun Sanshiba Zhou

## 知识课堂：了解临产的信号

临产的时候，孕妈妈的身体会出现一些症状，这是给孕妈妈的信号，说明胎宝宝离出生的日子不远了，孕妈妈要赶紧入院待产，并随时做好分娩的准备。

### 见红

在分娩前24~48小时，阴道会流出一些混有血的黏液，即见红，这是临产前的一个比较可靠的征象。此时如果只是淡淡的血丝，量也不多，孕妈妈可以留在家里观察，没必要急于去医院；但若阴道出血量较多，超过月经量，则有可能是妊娠晚期出血性疾病，应立即去医院就诊。

### 阵痛

一天内可感觉子宫规律地收缩，膨胀6次以上，表示阵痛开始了。如果孕妈妈是初次生产，那么只要子宫收缩规律达到每10分钟阵痛一次时，就应该入院待产了；有过生育史的孕妈妈，每15~20分钟阵痛一次时，即要入院待产；如果阵痛的间隔时间突然变短，必须马上与医院联系。

### 破水

阴道突然流出清亮的液体，包裹胎宝宝的卵膜破裂使羊水流出，称为破水，稍黏、无色与尿液相似，有时含胎粪或胎脂，称为“胎膜破裂”。一般先阵痛才破水，但也有无阵痛即破水。破水发生后，孕妈妈要尽量采取平卧姿势，并立刻在家人帮助下入院待产，以免危及胎宝宝安全。

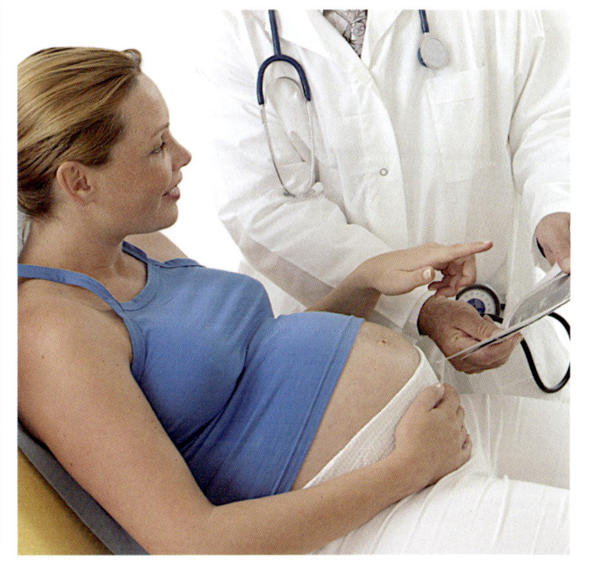

# 学新生儿护理，照顾宝宝不慌张

与幸福伴随而来的是照顾新生宝宝的麻烦，这可能会让孕妈妈有些措手不及，不过不要着急，现在就开始学一点新生儿护理知识，到时候就能完美地完成从孕妈妈到新手妈妈的角色转换。

## 喂奶

宝宝来到这个世界后，最重要的一件事情莫过于吃了，给宝宝喂奶也有不少学问。

把宝宝放在腿上，用手腕托着后背，让宝宝头枕着自己胳膊的内侧。用手托起乳房，待宝宝张开嘴时，把乳头和部分乳晕送入宝宝口中。

宝宝如果出现吐奶，可以把他的上半身抬高，或者将他的脸偏向一侧，防止呕吐物进入气管导致窒息。如果在喂奶时吐奶，那么这时应停止继续喂奶，最好30分钟后用勺子试喂一些白开水。

## 洗澡

新生宝宝简直就是个巴掌大的小人儿，细皮嫩肉的，给他洗澡总是令不少新爸爸新妈妈担心，怕伤害了宝宝。

**做好准备**：

1 室温最好保持在23~27℃，水温在37~37.5℃比较合适。

2 检查一下洗脸小毛巾、大浴巾、棉花棒、婴儿油、尿布和内衣等洗澡用具是否齐全，给宝宝洗浴的盆最好专用，以防感染。

3 新生宝宝用清水洗浴是比较合适的，可以暂时不使用洗浴液，水的深度能盖过宝宝全身大部分为好。

4 新生宝宝在水中的时间在7~12分钟为好，洗澡时可不断加一些热水，使水保持合适的温度，以防着凉。

**洗澡步骤**：

1 先给宝宝脱去衣服，用左手及左前臂托住宝宝的头颈的背部，用大拇指及中指捏着两耳孔，防水入耳，先洗头脸。

2 将宝宝放入盆中，用手迅速而轻柔地洗，特别是颈下、腋下、耳后、腹股沟及皱褶部。

3 出水时，用双手将宝宝抱出，放在浴巾上裹好，轻轻地给宝宝抹干，腋下、颈下及腹股沟皱褶处尤其要注意。

4 抹干后可适当地涂点爽身粉。

5 脐带脱落前，洗澡时可用75%的酒精擦洗消毒，发现潮湿时要及时擦干，不要随便拉动，它会自然脱落。

## 穿衣

新生宝宝全身软软的，他还不会配合穿衣的动作，给新生宝宝穿衣服是要讲点技巧的。

**上衣的穿法**：

1 先将衣服平放在床上，再让宝宝平躺在衣服上。

2 将宝宝的一只胳膊轻轻地抬起来，伸入袖子中，再将宝宝身下的衣服向对侧稍稍拉平。

3 轻轻抬起另一只胳膊，使肘关节稍稍弯曲，将小手伸向袖子中，然后从袖口中将小手慢慢拉出来。

4 结好衣服的带子就穿好上衣了。

**裤子的穿法**：

1 将手从裤脚管中伸入，拉住宝宝的小脚，将裤子向上提就可以穿上了。

2 如果是连衣裤，先将连衣裤解开扣子，平放在床上，让宝宝躺在上面，先穿裤腿，再用穿上衣的方法将手穿入袖子中，然后扣上所有的扣子即可。

新生宝宝新陈代谢活跃，经常出汗，如果不能天天给宝宝洗澡，那么就一定要经常更换内衣和贴身的衣服，最好每天一换。

## 换尿布

换尿布几乎是新手父母的必修课，正确熟练地给宝宝换尿布对宝宝的健康是很重要的。

**更换尿布的步骤**：

1 让宝宝仰卧，解开他的衣服，并拉起来，以免弄脏衣服。

2 一只手稳稳地抓住宝宝的脚踝（最好用自己不常用的那只手），使他的屁股抬高，然后另一只手用尿布比较干净的部位将宝宝的小屁股擦干净，顺势取出脏尿布。

3 清洁宝宝的小屁股，以消毒棉球或蘸了温水的湿布擦拭他的生殖器部位，女宝宝要从前往后擦，避免感染。

4 拿一块折叠好且预热的尿布，一端放到宝宝屁股后，另一端放到宝宝下腹部，固定好后给宝宝穿好衣服。

### 快乐驿站

宝宝出生后的最初几周里，一般他饿了才哭着要喝奶，否则就会一直睡觉，因此孕妈妈要记得把握宝宝睡觉期间的好机会，尽量多睡会儿。

# 跟胎宝宝说说即将到来的这个世界

给胎宝宝讲一讲这个他马上就要见到的世界吧，相信胎宝宝一定会很开心的。

## 说说每天的日常生活

人们每天都要做一些事情，好让自己意气风发地过完一整天，就比如每天习以为常的一些行为，如洗脸、刷牙、洗手、梳头、穿衣等，当自己做这些事的时候，不妨跟胎宝宝也说一说，解释一下这样做的原因，让胎宝宝有养成良好生活习惯的观念，其实，孕妈妈现在生活中的一切都是宝宝以后即将要面对的世界。

## 描述一下所见所闻

路上的行人，公园里飞过的小鸟，街角的花店等，这些都是孕妈妈和胎宝宝所生活世界的一部分，所以，也跟胎宝宝描述一下出现在视野中的这部分内容吧，告诉胎宝宝它们是什么，在做什么等，不管是生机勃勃的大自然，还是人们快乐的话语，这些多姿多彩的片段都会在胎宝宝小小的大脑里留下些印痕，让他感受到世界的丰富和美丽，并充满期待。

## 看看美丽的风景

太阳每天东升西落，人们生活在一个昼夜规律的世界中，晚上睡觉白天醒来，经过一夜的休养生息，整个世界都充满了朝气。早晨起来后，不妨先对胎宝宝说一声“早上好”，告诉他早晨已经到来了，然后跟胎宝宝描述一下周围的美丽景色，比如：太阳公公是什么样子的，花儿草儿现在看起来怎样，天空是什么感觉，有没有漂亮的云朵做伴，天气好不好……

### 快乐驿站

现在，准父母需要时常向胎宝宝传达这样的观念：等待他的是一个很美好的世界，他出生后会过得幸福无比！让胎宝宝信任并喜欢上他将要到来的地方。

# 准爸爸胎教：为孕妈妈准备增加产力的营养美食

在临产前，家人如果为孕妈妈在饮食上多做一些准备，分娩时以至月子里都会给妈妈带来很多益处，以下几款菜肴是专为临产前的孕妈妈量身打造的，不妨尝试一下。

### 归芪羊肉汤

**材料**：优质羊肉350克，红枣100克，红糖100克，黄芪15~20克，当归15~20克。

**做法**：

1 将所有材料加1000毫升水一起煮，在煮成500毫升后，倒出汤汁，分成2碗，加入红糖即可。

2 可以在预产期前3天开始早晚服用。

### 红枣桂圆粥

**材料**：粳米100克，老姜50克，红枣100克，红糖适量。

**做法**：

1 粳米洗净泡水1小时。

2 老姜拍碎，加3碗水煮出味。将姜捞出，锅内加入红枣、粳米和适量水，用小火慢慢炖煮至粥稠，再加入红糖煮10分钟即可。

### 鱼头汤

**原料**：大鱼头1个，五花肉、香菇少许，姜丝、豆腐、大白菜适量。

**做法**：

1 五花肉、香菇切丝，鱼头用油煎到半熟。

2 锅里放少许油加热后，放进五花肉丝、香菇丝、姜丝爆香。

3 再放入大白菜、豆腐、鱼头及水，蒸煮2小时后放进少量盐即成。

### 莲藕干贝排骨汤

**原料**：根据孕妈妈的体重取适量新鲜莲藕、干贝、排骨及少许盐。

**做法**：

1 干贝于前一天晚上用10倍的水浸泡至第2天，浸泡的水留着备用。

2 莲藕不削皮也不切片，留下两头的节，以整节整节的方式下锅。

3 排骨汆烫过后，将所有食材放进锅里，加进6倍的水（含浸泡干贝的水）及少许盐，开大火煮滚后，改用小火炖两个小时即可食用。

# 孕39周

Yun Sanshijiu Zhou

## 知识课堂：巧克力是生产的能量棒

分娩时一般产程要12~16个小时，临产后正常子宫每分钟收缩3~5次，总共要消耗6200大卡的热量，相当于走完200多级台阶，跑完10000米所需的热量，这些被消耗的能量必须在产程中适时给予补充，才能保持足够的力量来屏气用力，促进顺利分娩。

### 巧克力是首推的分娩佳食

对于分娩时补充能量的食物，当前很多营养学家和医生都推崇巧克力，认为它可以充当“助产大力士”，并将它誉为“分娩佳食”。

首先，巧克力营养丰富，含有大量的优质糖类，而且能在很短时间内被消化吸收和利用，产生出大量的热能以供消耗。

其次，巧克力体积小，发热多，而且香甜可口，吃起来也很方便，只要在临产前吃一两块，就能在分娩过程中产生更多的热量。

因此，在临产前，孕妈妈如果适当吃些巧克力，将对分娩十分有益。

### 巧克力不可吃得太多

分娩时吃一两块巧克力对于补充能量非常有用，但也不要吃得太过，一般一两块巧克力就足以产生所需要的热量了，而且巧克力吃多了会觉得腻，甚至犯恶心，这对分娩反而会造成不好的影响。

# 积极调整，避免产前抑郁

因为担心生产过程的痛楚，担心宝宝的健康状况，孕妈妈在产前可能会衍生一些与平常心态反差比较大的负面情绪，这就是产前抑郁。

## 测一测自己是否产前抑郁

如果在一段时间（至少是两周内），孕妈妈有以下的4种或以上症状，则说明有可能是被产前抑郁的情绪所困扰了：

1 注意力无法集中，记忆力减退。

2 总是感到焦虑、迷茫。

3 脾气变得很暴躁，非常容易生气。

4 睡眠质量很差，爱做梦，醒来后仍感到疲倦。

5 非常容易疲劳，或有持续的疲劳感。

6 不停地想吃东西或者毫无食欲。

7 对什么都不感兴趣，懒洋洋的，总是提不起精神。

8 持续的情绪低落，莫名其妙地想哭。

9 情绪起伏很大，喜怒无常。

如果孕妈妈只是偶尔出现以上症状，也不要过于担心，需要做的是照顾好自己的情绪，缓解抑郁的症状，让自己的心情保持良好，并减少出现产后抑郁症的可能性。但如果症状较严重，则必须引起高度重视，并及时寻求心理医生的治疗。

## 避免产前抑郁的方法

1 放松心情。孕妈妈应该及时调节情绪，放松心情，平时适当地进行户外运动，保持充足的孕期营养和休息。

2 学会沟通。对于孕期生活中遇到的难题，可以和准爸爸多沟通，让他成为自己的坚强后盾。孕妈妈也可以向亲密的朋友倾诉，让他们给予自己理解和帮助。

3 学会宣泄情绪。倾诉、唱歌、运动、哭泣、吵架（理智的吵架）、咨询都是很好的宣泄的方法，可以让孕妈妈感觉放松。

4 积极幻想。经常积极幻想一下宝宝出生后的美好生活，这样，当前的困难就变得不那么难解决了。

**快乐驿站**

准爸爸要密切关注孕妈妈的心理变化，多关心、体贴孕妈妈，不给她压力，多承担一些家务，让孕妈妈保持愉快和稳定的情绪。

## 音乐：《晨曲》

《晨曲》是挪威作曲家爱德华•格里格为他的朋友易卜生创作的一部大型音乐组曲《皮尔•金特》中的第一乐章。

这首乐曲极富表现力，像是一缕宁静的阳光穿透心灵，朝阳、晨光、薄雾、河流配合着柔和的旋律，在弦乐上跳动，在管乐间流淌，非常适合作为胎教音乐。

### 希望之歌

乐曲的开始先由长笛吹奏出悠扬美好的晨曲主题，幽静的晨曦中，金色的旭日冉冉升起。短暂的反复后，大提琴表现出一个灰色的乐句，仿佛是乌云的遮挡，叙述出整个主体的矛盾，对喷薄而出的激情的暂时掩盖反而更加突出了背后的希望。

不断上扬的旋律由一个变奏开始渐轻，回到了主题的再现，稍稍地加以变化，增强了配器演绎的空间感。展开了初升的太阳完全跃出地平线的释然之感，希望洋溢其间，仿佛能看到清晨的浓雾徐徐散去，一轮红日缓缓从地平线上冉冉升起，远方的山野孕育着勃勃的生机，清新空气围绕在孕妈妈周围……

### 缓解焦虑情绪

孕妈妈在焦躁不安的时候，不妨静下心来，安静地聆听这首乐曲，可以感觉到像是沐浴在海上吹来的平和晨风里，整个人被笼罩在一片阳光中。那徐徐的微风、冉冉升起的太阳、缓缓流淌着的溪流会帮孕妈妈赶走心头的紧张与焦虑。

## 电影欣赏：《地球上的星星》

导演：阿米尔•汗

编剧：Amole Gupte

主演：阿米尔•汗，达席尔•萨法瑞，塔奈•切赫达，Sachet Engineer，Tisca Chopra，维品•沙尔马，阿皮谢克•巴真

语言：英语

片长：165分钟

### 影片简介

伊夏是一个8岁小男孩，他的世界充满了别人并不以为然的惊奇：色彩、鱼儿、小狗和风筝，这些对于成人世界却并不那么重要，他们对家庭作业、分数和整洁更感兴趣。因此，伊夏是成年人眼中的问题儿童。

当他惹出的麻烦已经超出父母能承受的范围后，他被送到了一家寄宿学校接受教育指导。在新学校，一切并没有什么不同，甚至愈演愈烈。

### 胎教点读

《地球上的星星》是一部洋溢着童真、包容、善良与阳光的电影，温暖而发人深省。

人长大了，就会用大人的思维去看待周围的一切，可是，小孩子却并不像大人一样思考问题，大人与孩子想要得到有效的沟通，得将自己放到孩子的角度才行，无论是现在，还是在不久的将来，准爸爸和孕妈妈都要试着让自己更低一点，从孩子的角度去与宝宝交流，结果会很不一样。

# 准爸爸胎教：帮孕妈妈战胜分娩恐惧

不少孕妈妈由于没有分娩经验，难免对分娩产生恐惧心理，心里往往会七上八下，感到不安。精神紧张时，孕妈妈对氧气的消耗会大大增加，导致胎宝宝缺氧，同时紧张还容易扰乱正确地用力，生产时会浪费很多力气，影响产程。另外，在紧张的情况下，疼痛感更敏锐，而加剧的疼痛会造成进一步的紧张情绪，这对生产是很不利的。因此，准爸爸要想办法帮助孕妈妈战胜对分娩的恐惧。

## 了解分娩知识

准爸爸要多了解一些分娩知识，然后跟孕妈妈讲解，并在她需要的时候给予提醒，告诉她分娩其实是可以控制的，不会出现问题，消除孕妈妈对分娩的未知感和紧张情绪。

另外，准爸爸还要配合孕妈妈练习一些分娩技巧，比如生产时的呼吸技巧、用力技巧、吃东西的技巧等，让孕妈妈对分娩建立自信。

## 给孕妈妈鼓励

准爸爸要告诉孕妈妈不必害怕，每一个孕妈妈都具有顺利生下宝宝的能力，因此她也一定会顺利的，只要心态积极，很快就能见到宝宝了。

准爸爸也可以趁孕妈妈不备时给将要出生的宝宝买漂亮的衣物，给孕妈妈买一件礼物，给她一个惊喜，分散孕妈妈的注意力。

## 为宝宝出生做好准备

准爸爸可以事先找好医院，熟悉去医院的线路，咨询医生采取什么样的分娩方式最合适，然后告诉孕妈妈一切都安排妥当，保证生产宝宝万无一失，让孕妈妈安心。

**快乐驿站**

临近分娩的时候，孕妈妈身边需要始终有人陪伴，无论什么时候都不要让孕妈妈一个人待着，外出时尤其如此。

# 孕40周

Yun Sishi Zhou

## 知识课堂：自然分娩好处多多

自然分娩不仅对宝宝有好处，对妈妈也有好处，一般身体健康的孕妈妈是完全符合自然分娩的条件的，剖宫产只是一种万不得已的分娩替代方式。

### 自然分娩对宝宝的好处

1 在阴道自然分娩过程中，胎宝宝有一种类似于“获能”的过程。自然分娩的宝宝能从母体获得一种免疫球蛋白，出生后机体抵抗力增强，不易患传染性疾病。

2 产道对胎宝宝大脑造成挤压并不像我们想象的只是伤害，脑部受压后血循环加强，刺激脑细胞使之在出生后增强了对缺氧的应激能力，有利于大脑的发育。

3 在自然分娩过程中，宫缩对宝宝的挤压是必要的触觉和本体感的学习，直接影响到长大后宝宝的动作灵敏、协调，注意力集中，情绪稳定等。

4 生产时对宝宝胸廓的挤压使胎宝宝肺内产生的肺泡表面活性物质因此增多，使宝宝出生后肺泡富有弹性，容易扩张，及时建立自主的呼吸。

### 自然分娩对孕妈妈的好处

1 阴道分娩，新妈妈产后感染、大出血等并发症较少，产后体力恢复很快。

2 阴道自然分娩的新妈妈母乳喂养的成功率高。

3 自然分娩既是一种正常的生理现象，对母体造成的创伤也小，产后恢复时间也较短，只要产后坚持正确的饮食调养和适当的锻炼，很容易恢复到产前的体形。

4 自然分娩的阵痛能使孕妈妈大脑产生内啡肽，这种化学物质会给孕妈妈带来快感和满足感，有利于母子亲情的加深，这是剖宫产所无法比拟的。

**快乐驿站**

目前发达国家的剖宫产率已基本稳定在5%~20%范围内。我国剖宫产率现呈逐年大幅度升高趋势，大多数医院剖宫产率为40%~60%。这里面除了病理因素，有一半以上是产妇要求手术的，而要求手术中社会因素占了绝大比例。

# 电影欣赏：《三傻大闹宝莱坞》

导演：拉库马•希拉尼

编剧： Lou Breslow

主演：阿米尔•汗、沙尔曼•乔什、马德哈万、卡琳娜•卡普

类型：喜剧，爱情，励志

语言：英语

片长： 164分钟

## 影片简介

故事以两个好朋友在寻找消失多年不见的好兄弟兰彻（冯苏王杜）的过程中展开的回忆来开头：讲述10年前兰彻顶替他人来到皇家工程学院（ICE，影射印度的IIT）的故事。

这是一所印度传统的名校，这里检验学生的唯一标准只有成绩！成绩不好就意味着没有未来！而兰彻（冯苏王杜）却不愿意随波逐流，他用他的善良、开朗、幽默和智慧影响着周围的人。他用所学的物理知识来教训野蛮的学长，他用智慧打破了学院墨守成规的传统教育观念。最后他用智慧成了印度科学界的一位天才科学家（具有400多项专利），他实现了自己的梦想，也做回了真正的自己。“三人帮”中的拉加想成为工程师，法罕却想成为野生动物摄影家，在兰彻的影响下，他们最终都梦想成真。

## 胎教点读

“心很脆弱，你得学会哄它，不管遇到多大困难，告诉你的心‘一切顺利’。”兰彻与皮娅的感情戏也成了此影片的亮点。

兰彻的乐观积极想法，让我们感受到对生活的一种态度，对感情的一种真实。我们要随时告诉自己“一切顺利”，虽然只是一个极为简单的心理暗示，但它的效果往往超出自己的想象。

### 快乐驿站

《三傻大闹宝莱坞》经典台词：

1. 一出生就有人告诉我们，生活是场赛跑，不跑快点就会惨遭蹂躏，哪怕是出生，我们都得和3亿个精子赛跑。

2. 你的朋友不及格，你感觉很糟；你的朋友考第一，你感觉更糟。

3. 我想说服你，爸。但不会以死相胁，爸，我做一名摄影家又会怎样呢？挣得少一点，房子小一点，车子小一点，但我会很快乐，会真正幸福。

4. 为什么一生下来父母就帮我们决定我们长大要做什么，从来没人问我们想做什么。

5. 如果迈克尔•杰克逊的爸爸逼他成为拳击手，拳王阿里的爸爸非要他去唱歌，想想后果会有多恐怖！

## 平稳情绪迎分娩

日渐临近的分娩使孕妈妈感到忐忑不安甚至有些紧张，这时孕妈妈可以开始意想胎教。意想能够提高自己的自信心，帮助孕妈妈克服焦虑，平稳情绪。

### 意想，帮孕妈妈平稳情绪

1 意想胎教法。孕妈妈摆出舒服的姿势让身体放松，然后想象最令人愉悦和安定的场景。孕妈妈沉浸在美好的想象之中，格外珍惜腹中的胎宝宝，以其博大的母爱关注着胎宝宝的变化。胎宝宝通过感官得到这些健康的、积极的、乐观的信息，这就是胎教最好的过程。

2 意想预产法。孕妈妈在心里祈求平安和顺产时，坐下来，放松呼吸，腰部挺直伸展，两腿盘起双手自然放置膝盖上然后深呼吸。将深深吸入的空气聚集在肚脐下面，然后慢慢呼出去，如此反复。然后在心里想象分娩的每一个过程，尽量想得真切，这对孕妈妈顺产很有好处。

**快乐驿站**

孕妈妈感觉焦虑烦躁的时候，也可以在准爸爸的陪伴下，去环境优美的地方散散步，这对缓解焦虑也很有帮助。

## 准爸爸胎教：陪产，做孕妈妈和胎宝宝的守护神

基本上每个自然分娩的孕妈妈，都会存在心理障碍，紧张是她们的共同特点，所以当家人，尤其是准爸爸在身边时，对孕妈妈的感情、心理都是一种安慰，有利于减轻孕妈妈的痛苦，加快产程。同时，目睹宝宝的艰难出生过程，也可以增强准爸爸对家庭的责任感。

### 确定自己是否适合陪产

如果准爸爸在陪产前没有预期心理准备，对生产的生理过程缺乏认识，或者本身心理承受能力就较弱，那么，准爸爸陪产，就不能给孕妈妈带来任何帮助，还有可能会在心中留下阴影，甚至会导致性欲低下、性功能障碍。因此，准爸爸如果想要陪产，首先要做好心理准备，清楚自己的能力，再做一个心理评估，决定自己是否陪产。

### 待产时准爸爸可以做的事情

待产过程可能在家中，也可能在待产室度过，整个过程可能长达10~20个小时。

1 准爸爸可以在这一时期替孕妈妈补充一些营养可口的食物以储存体力。

2 用被子和枕头做靠垫，让孕妈妈调整到最舒服的姿势，或者带孕妈妈就近散散步。

3 可以用笑话来缓解孕妈妈对产痛的恐惧。

4 如果去医院比较方便，尽量让孕妈妈在家里度过分娩早期，这样精神压力要小得多，等宫缩变得有规律，差不多每10分钟一次的时候，再进入医院的待产室也不迟。

## 进入待产室之后，准爸爸可做的事

1 准备些适合孕妈妈吃的食物，如鸡汤面、花色粥、蛋饺面等，帮助孕妈妈有足够的体力面对生产。

2 协助孕妈妈如厕。

3 协助更换产垫。在待产过程中，护理人员会在孕妈妈的臀部下方垫上一层产垫，保持被褥的清洁。在待产过程中，产垫随时可能会出现下体出血或大量流水的状况，准爸爸要随时观察产垫的状况，一方面是提醒护理人员及时来更换，一方面也是监控孕妈妈是否“破水”。

4 认真观察子宫收缩与胎宝宝的心跳，了解母体与胎宝宝的状况。可以准备一个本子，记录每小时中出现的阵痛次数和胎心音监测结果，提供给护士做参考。

5 轻轻按摩减痛。有针对性的按摩可以大大缓解孕妈妈的痉挛式产痛和坠酸式产痛。准爸爸可以依次按摩孕妈妈的脊椎、尾骨、大腿内侧、腹部、臀部、头颈、上臂以及双脚。

6 呼吸减痛。正确的呼吸方案可以帮助产程顺利进行，减少宫缩时的疼痛。产痛来临时孕妈妈时常忘记其中的一些呼吸原则，准爸爸熟记并且要提醒孕妈妈。

## “娩出期”准爸爸可做的事

1 准爸爸站在不妨碍医护人员行动的地方，帮助孕妈妈小范围地按摩。在这一阶段，按摩孕妈妈的手和脚，哪怕是单侧的按摩，都会对孕妈妈的情绪起到很好的安抚作用。

2 鼓励孕妈妈。准爸爸要学会鼓励孕妈妈：“我看到宝宝的头了，他想出来！”“还差一点点！你做得很棒！咱们就要成功了，握着我的手！再来一次。”诸如此类的鼓励必不可少。

3 补充水分。在娩出过程中，孕妈妈大汗淋漓，消耗了相当大的体力，准爸爸不妨用棉花棒蘸上开水，擦拭在孕妈妈的双唇上，以补充水分。

## “后产期”新爸爸可做的事

1 拍摄整个迎接新生命的过程。包括剪断并结扎脐带、过磅、护士向孕妈妈展示新生儿性别、护士填写出生卡片，给宝宝脚上套辨别卡片，新妈妈欣慰的笑容等，作为日后珍藏的记忆。

2 继续观察陪伴新妈妈。新妈妈产后大出血有六成以上发生在产后1小时内，因此，新爸爸要继续观察新妈妈至少30分钟，预防意外发生。

3 协助哺喂母乳。自然分娩的新妈妈，在产后半小时内就会接手照料宝宝的任务，新爸爸可以在一旁协助妈妈哺喂母乳。